Michael Hennemann

Die schönsten Kanutouren in Südschweden

20 Ein- und Mehrtagestouren

Impressum:

www.dkvgmbh.de
Postfach 10 03 15
D-47003 Duisburg
Tel.: +49 (203) 99759-0
Fax: +49 (203) 99759-61

1. Auflage
Fotos: Michael Hennemann
Titelbild: Michael Hennemann
Gestaltung: www.publicdesign.de
Druck: Silber Druck, Langenhagen
Lektorat: Antje Weber
Karten: Uwe Rex
Kartendaten: © OpenStreetMap-Mitwirkende, www.openstreetmap.org, Lizenz ODbL 1.0
Gewässerdaten: © Deutscher Kanu-Verband e.V., 2022

Aktuelle Infos:
Der Deutsche Kanu-Verband und die Zeitschrift KANU-SPORT bieten aktuelle Informationen über ihre jeweilige Homepage. Anregungen zu diesem Buch werden in der nächsten Auflage berücksichtigt. Verlag und Autor sind für alle Hinweise dankbar und erreichbar unter:
info@dkvgmbh.de

Deutscher Kanu-Verband e.V.
Bertaallee 8, 47055 Duisburg
Tel. 0203/99759-0, Fax -60
Internet: *www.kanu.de*

ISBN: 978-3-937743-99-8

Top KANU Touren

Michael Hennemann

Die schönsten Kanutouren in Südschweden

20 Ein- und Mehrtagestouren

Deutscher Kanu-Verband

DKV Wirtschafts- und Verlags GmbH
Postfach 100315 - 47003 Duisburg

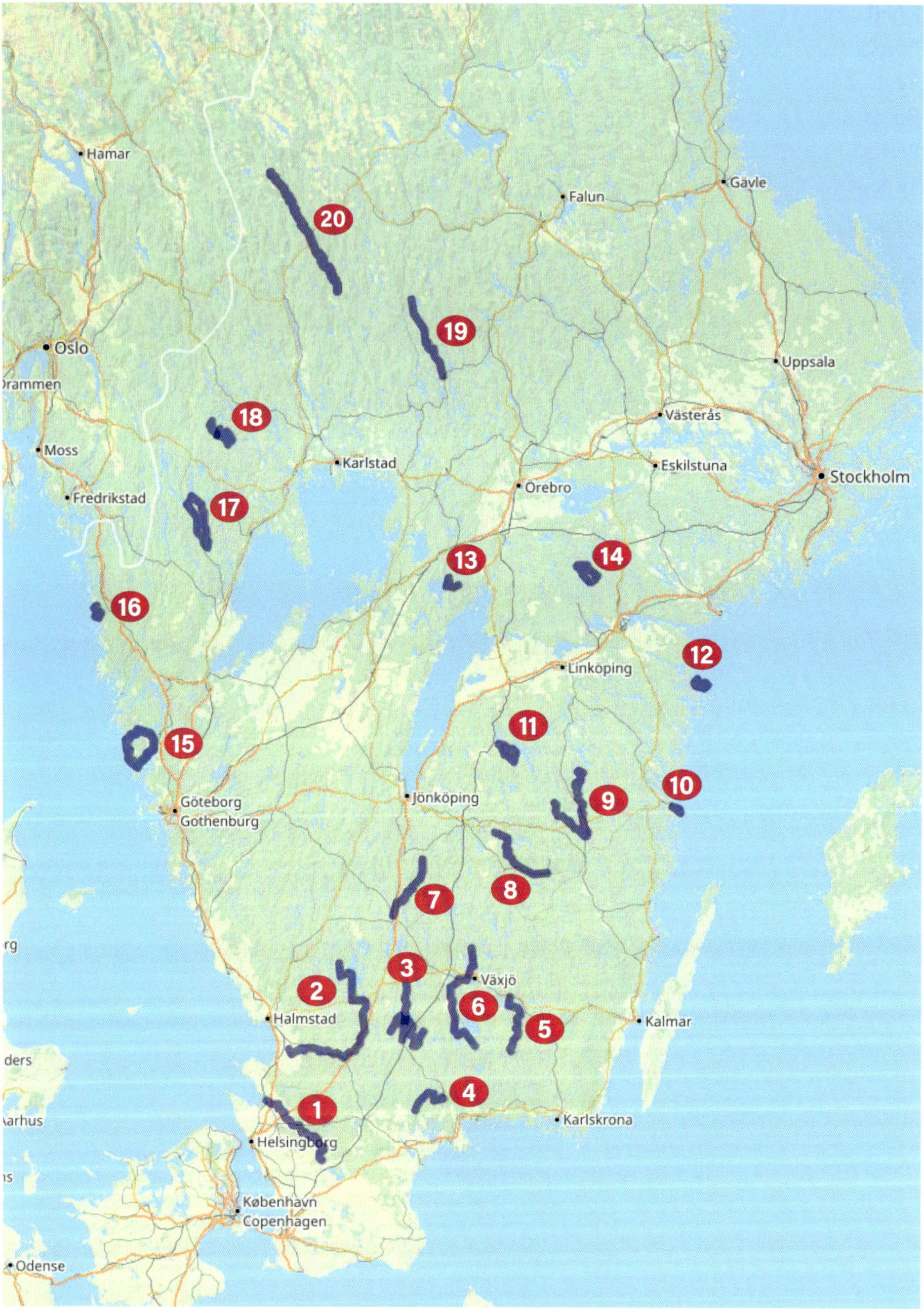
Hamar
Gävle
Falun
20
19
Oslo
Drammen
Uppsala
18
Västerås
Moss
Karlstad
Eskilstuna
Stockholm
Fredrikstad
Örebro
17
13
14
16
12
Linköping
11
15
10
9
Göteborg
Gothenburg
Jönköping
8
7
3
Växjö
2
6
Halmstad
5
Kalmar
4
1
Karlskrona
Helsingborg
København
Copenhagen
Odense

DIE TOUREN

KANULAND SÜDSCHWEDEN

Wer aus Mitteleuropa nach Schweden fährt, denkt in erster Linie an Wälder, Seen und Elche und erwartet von Schweden eine Art Kanada im Kleinformat vor der Haustür. Aber gibt es sie noch, diese ursprüngliche, unberührte Natur? Was erwartet den Besucher, der nach Schweden reist, wirklich?

Dieser Kanuführer beschreibt Kanutouren in Südschweden und der sich anschließenden Mittelschwedischen Senke, einem Gebiet, das sich von Göteborg im Südosten bis Stockholm im Nordosten erstreckt und das sich verständlicherweise von den weiter nördlich gelegenen Landesteilen stark unterscheidet. Hier finden sich zahlreiche größere Städte und der landesweite Durchschnitt von 20 Einwohner/km² wird weit übertroffen, denn diese Region ist ein uraltes Siedlungsgebiet. Auch Eisenbahn- und Straßennetz stehen dem in Mitteleuropa in nichts nach und in weiten Teilen wird intensive Landwirtschaft betrieben. Warum also ist dieses Gebiet für Kanuten interessant?

Neben den vielen großen Städten fallen bereits bei einem flüchtigen Blick auf die Landkarte die riesigen Wasserflächen im Landesinneren auf. Der Fläche nach geordnet sind diese: Vänern (5.585 km²), Vättern (1.912 km²) und Mälaren (1.140 km²). Zum Vergleich und um die binnenmeerartigen Dimensionen zu unterstreichen: Der Bodensee hat eine Fläche von 539 km². Die genannten Binnenseen sind durch zahlreiche kleinere Seen, Flüsse und Kanäle zu einem ausgedehnten, weitverzweigten Gewässernetz verflochten, das praktisch unendliche Kanu- und Wassersportmöglichkeiten bietet. Und es lassen sich immer wieder herrliche Landstriche finden, sei es die småländische Idylle um Vimmerby, in der man sich unvermittelt in ein Buch von Astrid Lindgren versetzt fühlt oder die herbe Schönheit des Tiveden-Urwalds südwestlich von Örebro, der mit seinen schwarzen Wälder, klaren Seen und Felsen mit ihrer dicken Moosschicht die Fantasie anregt.

Genaugenommen beschränken sich hohe Bevölkerungsdichte und starke Industrialisierung auf die Gebiete östlich des Vänern. Die weiter westlich gelegenen Provinzen Dalsland und Värmland hingegen sind wahre Naturparadiese und gelten zu Recht als Wassersport-Eldorado. Im Sommer tummeln sich Paddler, Charterkapitäne und Freizeitmatrosen auf dem Dalsland-Kanal wie Shoppingbegeisterte an einem verkaufsoffenen Sonnabend in der Fußgängerzone einer Kleinstadt. Canadier, Ausflugsdampfer, Motor- und Segelboote wuseln auf den Wasserflächen zwischen Köpmannebro und Töcksfors wie Ameisen entlang einer Ameisenstraße. Aber keine Angst, wenn Sie sich abseits der Hauptrouten bewegen, finden Sie auch hier noch Ihre Ruhe und die eigene Insel für die Nacht.

Fazit: Wer Einsamkeit und Abgeschiedenheit sucht, der kommt in Südschweden nur eingeschränkt auf seine Kosten. Paddelneulinge, Familien mit Kindern und Kanuten, die ein ungetrübtes, leicht zu bewältigendes Paddelerlebnis, ein Mindestmaß an Komfort und die Nähe der Zivilisation nicht missen wollen, die werden auf den Flüssen und Seen zwischen Malmö und Stockholm jedoch einen erlebnisreichen Urlaub

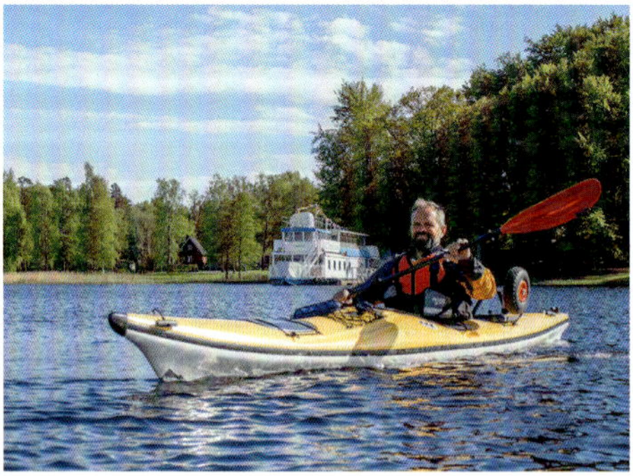

Die Seen locken mit kristallklarem Wasser.

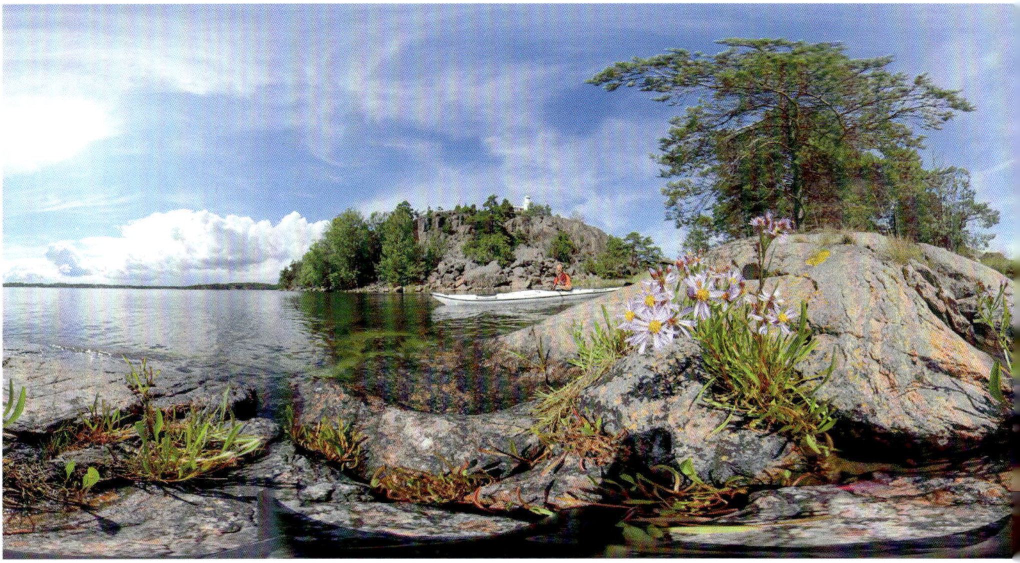

Einmalig schön: Schwedens Schärengärten

mit zahllosen, unvergesslichen Eindrücken erleben. Unerfahrene Paddler und Reisende profitieren von der hohen Beliebtheit des Kanusports in Schweden. Sie können sich auf ein dichtes Netz aus Kanuzentralen und Kanuverleihern, die mit Rat, Tat und Material zur Seite stehen, verlassen.

Das hohe Touristenaufkommen hat dazu geführt, dass Anwohner und Behörden vor Ort versuchen, den Tourismus in verträgliche Bahnen zu lenken. Manch einer mag dieses als Bevormundung empfinden und wirkliche Erstbefahrungen sind in Südschweden selbstverständlich nicht möglich. Auch das Wildzelten ist vielerorts eingeschränkt. Wer sich daran aber nicht stört, der kann sich über hervorragend ausgebaute Kanuwanderwege freuen und den Luxus von Rast- und Übernachtungsplätzen, Feuerstellen, Abfallbehältern und Trockentoiletten genießen. Darüber hinaus sind die Routen meist markiert und die Portagen beschildert.

Das Kanurevier Südschweden stellt keine allzu hohen Anforderungen an das paddlerische Können. Die Touren führen über Seen und ruhig dahinströmende Flüsse, Wildwasser gibt es nicht. Eine interessante Besonderheit, nicht nur in paddeltechnischer Hinsicht, stellen die Schären dar. Diese kleinen Felseninseln wurden von der letzten Eiszeit rund geschliffen und sind entlang der schwedischen und finnischen Ostseeküsten zu finden. Sie bieten nahezu ideale Bedingungen für ausgedehnte Seekajaktouren mit intensivem Naturerlebnis.

Dank der relativ hohen Besiedelungsdichte stellt die Proviantversorgung während längerer Touren auf den Seen oder Flüssen in Südschweden niemanden vor unlösbare logistische Aufgaben, denn in regelmäßigen Abständen kommen Sie an einer Ortschaft vorbei, in der auch ein Supermarkt zu finden ist. Fast immer besteht am Endpunkt einer Tour auch eine – wenn auch stellenweise nur spärliche – Anbindung an den öffentlichen Nahverkehr, um das Auto nach der Paddeltour mit dem Bus von der Einsatzstelle nachzuholen.

Anreise

Süd- und Mittelschweden sind von (Nord-) Deutschland aus bequem und schnell zu erreichen. Die Autofahrt von Hannover über die Vogelflugroute via Dänemark nach Göteborg dauert beispielsweise keine zehn Stunden. Noch bequemer und schneller kommen Sie von Nordostdeutschland nach Schweden: So können Sie z. B. in nur knapp über vier Stunden mit der Fähre von Sassnitz auf Rügen ins südschwedische Trelleborg übersetzen.
Da die unterschiedlichen Anreisemöglichkeiten und Fährverbindungen zahlreich und daher auf den ersten Blick sehr verwirrend sind, im Folgenden ein paar Tipps, die Ihnen dabei helfen, die zu den eigenen Bedürfnissen am besten passende Anreisevariante zu finden.

Mit dem eigenen Auto

Bei Kanuten, die mit dem eigenen Festrumpfboot in den Urlaub fahren wollen, kommt praktisch nur die Anreise mit dem Auto in Frage. Seit der Fertigstellung der Öresundbrücke zwischen Kopenhagen und Malmö am 1. Juli 2000 ist es möglich, Schweden komplett auf dem Landweg, ohne Fährüberfahrt, zu erreichen. Diese Anreisevariante empfiehlt sich aber nur für Einwohner Nord-Westdeutschlands, da sie mit vielen Autokilometern verbunden ist:

- Große Beltbrücke (Nyborg – Korsör)
  www.storebaelt.dk
- Örsesundbrücke (Kopenhagen – Malmö)
  www.oeresundsbron.com

Stressfreier ist die Anreise mit einer der zahlreichen Fährlinien. Wer bequem, entspannt und ohne viel Fahrerei in den Urlaub reisen möchte, der entscheidet sich für eine der Direktfähren zwischen Deutschland und Schweden oder die Verbindung zwischen Kiel und Oslo in Norwegen. Bei allen Direktfähren empfiehlt sich die möglichst frühzeitige Reservierung einer Passage, da die Fähren im Sommer oft ausgebucht sind. Außerdem profitieren Sie bei einigen Reedereien von Frühbucherrabatten. Spontanere Naturelle und Kurzentschlossene reisen besser auf der Vogelflugroute via Dänemark nach Schweden. Die Fähren legen rund um die Uhr regelmäßig etwa alle dreißig Minuten ab, so dass Sie meist auch ohne vorherige Buchung nicht lange warten müssen.

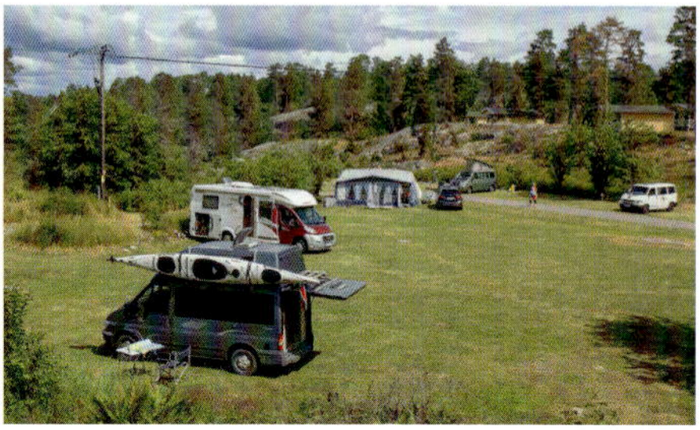

An schönen Campingplätzen in Wassernähe mangelt es nicht.

Nachfolgend finden Sie eine Übersicht der wichtigsten Fähren nach Schweden. Aufgeführt sind die Fahrpreise für die Hin- und Rückfahrt in der Hauptsaison für zwei Erwachsene inklusive PKW und Kabine, soweit erforderlich.

Die Tabelle dient einer ersten Orientierung. Um die genauen Bestimmungen der einzelnen Reedereien (z. B. maximal zugelassene Fahrzeugabmessungen, obligatorische Kabinenbuchung), Sonderangebote und Rabattmodelle zu berücksichtigen, sollten Sie vor dem endgültigen Ticketkauf in jedem Fall ein gutes, auf Skandinavien spezialisiertes Reisebüro konsultieren und die Websites der Fährgesellschaften ganz genau studieren. Je nach Wohnort können auch die Fähren aus dem Nachbarland Polen über die Ostsee interessant sein:

- Gdynia (Polen) – Karlskrona
  www.stenaline.de
- Swinoujscie/Swinemünde – Ystad
  und Gdansk – Nynäshamn
  www.polferries.com

Fährverbindung	Fahrpreis (ca.)	Dauer (ca.)	Kontakt Reederei
Kiel – Göteborg	ab 400 €	14 Std.	*www.stenaline.de*
Sassnitz – Trelleborg	ab 85 €	6 Std. 30 Min.	*www.stenaline.de*
Kiel – Oslo	ab 750 €	20 Std.	*www.colorline.de*
Travemünde – Malmö	ab 120 € (Tagfahrt) / 200 € (Nachtfahrt)	9 Std.	*www.finnlines.de*
Travemünde – Trelleborg	ab 200 €	8 Std.	*www.ttline.de*
Rostock – Trelleborg	ab 100 €	7 Std.	*www.ttline.de*
Puttgarden – Rødby + Helsingør – Helsingborg	ab 115 €	45 Min. + 20 Min.	*www.ttline.de*
Rostock – Gedser + Helsingør – Helsingborg	ab 115 €	1 Std. 45 Min. + 20 Min.	*www.ttline.de*

Mit dem Zug

Wer mit einem Faltboot unterwegs ist oder vor Ort ein Kanu mieten möchte, findet in der Anreise mit Bus oder Bahn eine interessante und günstige Alternative. Südschweden verfügt über ein recht gut ausgebautes Eisenbahnnetz. Um zu den Einsatzstellen der einzelnen Kanutouren zu gelangen, ist man dann allerdings auf lokale Busse angewiesen. Entsprechende Hinweise dazu finden Sie in der jeweiligen Tourenbeschreibung.

Eine besonders komfortable Anreise über Nacht ermöglicht während der Sommermonate der Berlin Night Express (*www.snalltaget.se*), der zwischen Berlin und Malmö verkehrt. Tickets für die einfache Fahrt inklusive Schlafplatz im Liegeabteil kosten je nach Auslastung ab 50 Euro.

Alternativ gelangt man von Hamburg in nur fünfeinhalb Stunden von Hamburg über Kopenhagen und weiter über die Öresundbrücke nach Malmö. Mit dem Super Sparpreis Europa kostet die Fahrt ab 39,90 Euro.

Mit dem Bus

Eine kostengünstige Alternative zur Zugfahrt stellt die Fahrt mit einem Reisebus dar, die aus vielen großen deutschen Städten möglich ist. Diese Anreisevariante ist nicht nur deutlich günstiger, sie hat einen weiteren entscheidenden Vorteil: Da die Fahrpläne der internationalen Busse oft auf den regionalen Personennahverkehr abgestimmt sind, erreichen Sie auch die kleinste Ortschaft in Schweden, ohne lange auf einen Anschlussbus warten zu müssen. Die Fahrtzeit von Berlin nach Stockholm beträgt knapp 19 Stunden, Kosten für Hin- und Rückfahrt ab 120 Euro.

- *www.eurolines.de*
- *www.flixbus.de*

Mit dem Flugzeug

Direktverbindungen nach Stockholm und Göteborg bestehen mit Lufthansa oder SAS von Düsseldorf, Berlin, Hamburg, Frankfurt/M., München und Stuttgart.

- *www.lufthansa.com*
- *www.sas.se*

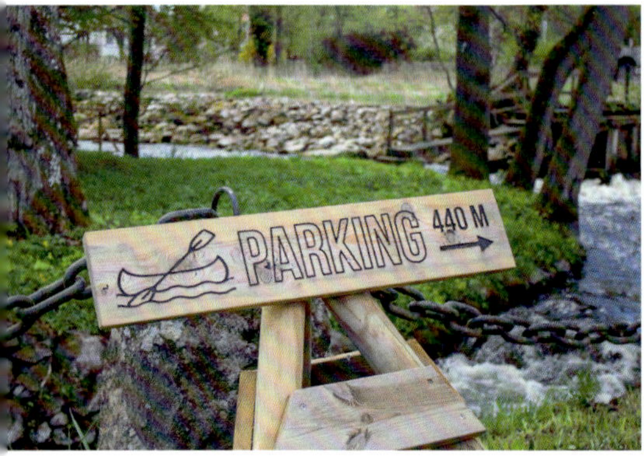

Kanotcentralen Stockamöllan

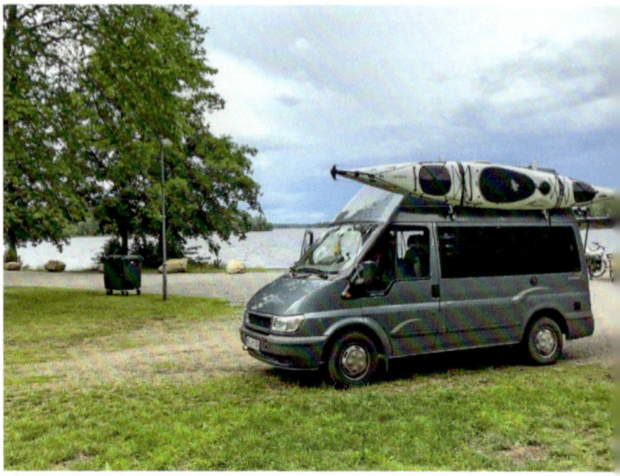

Endpunkt der Värensleden-Tour in Urshult

Beste Zeit

Die besten und damit beliebtesten Urlaubsmonate in Schweden sind die Monate Juni, Juli und August. Nur während dieser drei Sommermonate wird ein umfassender touristischer Service geboten und alle Campingplätze, Touristinformationen und Kanuzentralen sind geöffnet. Wer sich in den beliebten Kanurevieren nicht mit allzu vielen anderen Paddlern um das Lagerfeuer drängeln will, der sollte allerdings die eine oder andere Einschränkung in Bezug auf Öffnungszeiten und Campingplatzangebot in Kauf nehmen und lieber im späten Frühjahr oder frühen Herbst nach Schweden reisen.

Ideal für die beschriebenen Kleinflusstouren sind Mai und Juni, denn nur in diesen Monaten reicht der Wasserstand für eine problemlose Befahrung aus. Bei den Seentouren gilt diese Einschränkung nicht, sie sind ganzjährig befahrbar.

Bootstransport und Rückkehr zur Einsatzstelle

Während ein PE-Kajak unbeschadet über einen Stein im Fluss schrammt, kann der falsche Transport leicht (bleibende) Schäden verursachen. PE-Boote sind zwar robust, aber nicht „unkaputtbar“. Wenn Sie Ihr Kajak auf die ungepolsterten Dachgepäckträger legen, es getreu dem Motto „Viel hilft viel!“ ordentlich festzurren und es anschließend an einem sonnigen Tag umherfahren, haben Sie hinterher unweigerlich Beulen im Unterschiff.

Um das zu vermeiden, sollten Sie die Dachgepäckträger so weit wie möglich voneinander entfernt anbringen, die Träger mit Schaumstoff polstern und das Boot auf dem Kopf, also mit dem Kiel nach oben, transportieren. Noch besser geeignet sind spezielle, für den Kanutransport angebotene Bügel, die auf die Dachgepäckträger montiert werden. Ovalbügel oder senkrechte Stützen sind für den Transport von Einerkajaks, flache, konkave Träger zum transportieren von Zweierkajaks oder Canadiern gedacht. Mit diesen Trägern sind die Boote schnell und sicher auf dem Dach verstaut. Um Benzin zu sparen, sollten Sie nicht vergessen, die Sitzluke mit einem Lukendeckel zu verschließen

Das sichere Verladen der Boote auf dem Dachgepäckträger ist aber nur die halbe Miete. Eine Reihe der vorgestellten Kanutouren verläuft auf Flüssen und naturgemäß ist der Endpunkt nicht mit dem Startpunkt identisch. Jeder Paddler kennt daher die quälende Frage: „Wie komme ich zurück zur Einsatzstelle und zu meinem Auto?". Fein raus sind Sie bei geführten Touren oder wenn Sie ihre Boote bei einem örtlichen Verleiher ausgeliehen haben, denn fast immer wird ein komfortabler Shuttleservice angeboten und Sie müssen sich um nichts weiter kümmern.

Bei Paddelgruppen sehr beliebt ist das Umsetzen mit mindestens zwei Autos. Dabei werden die Boote an der Einsatzstelle abgeladen und anschließend fahren zwei Autos zum Endpunkt. Dort wird eines der Fahrzeuge geparkt und man fährt gemeinsam mit dem zweiten zum Einstieg zurück. Diese Variante ist zwar relativ komfortabel, allerdings gibt es einige ökologisch sinnvollere Alternativen.

So lässt sich bei kurzen Tagestouren die Rückkehr zum Startpunkt beispielsweise auch gut mit dem Fahrrad oder Inlineskates realisieren, wenn ein Radweg oder eine Straße den Flusslauf begleitet. Allen voran bieten sich aber natürlich öffentliche Verkehrsmittel für das Nachholen des Autos an.

Beim Zusammenstellen der Touren wurde daher darauf geachtet, dass diese – sofern irgendwie möglich – in fußläufiger Entfernung zu einer Bushaltestelle beginnen und enden. Allerdings verkehren die Busse, gerade in den entlegeneren Regionen, nur selten und um lange Wartezeiten zu vermeiden, ist vorab eine gute Planung erforderlich.

Hinweise zu den möglichen Verbindungen und einen Link zum jeweiligen Verkehrsverbund mit dem gerade gültigen Fahrplan finden Sie in der jeweiligen Tourenbeschreibung.

Abschließend noch ein Praxistipp zum Busfahren in Schweden: Tickets beim Busfahrer müssen fast ausschließlich mit der Kreditkarte bezahlt werden, Bargeld wird nicht mehr akzeptiert! Einfacher (und in vielen Fällen etwas günstiger) ist der Ticketkauf mit dem Smartphone. Die dazu notwendige App des jeweiligen Verkehrsverbundes oder die App MobiTime ist sowohl im Google Play Store für Android wie auch in Apples App-Store für iPhones erhältlich.

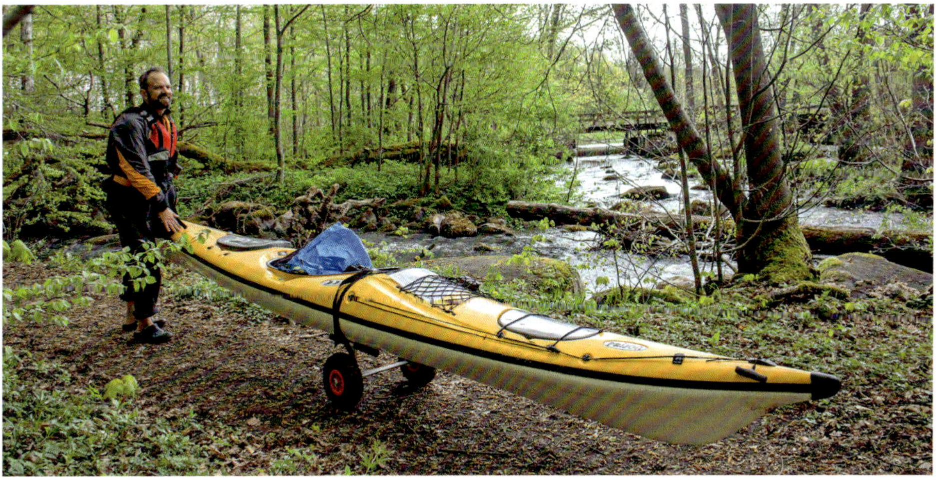

Ohne Bootswagen geht es auch in Schweden nicht.

Verhalten und Sicherheit auf dem Wasser

Kanuwandern ist kein gefährlicher Extremsport. Kritische Punkte bei einer Flusswanderung sind auch in Südschweden die verschiedenen wasserbaulichen Hindernisse – in erster Linie Wehre – die in verschiedenen Bauformen anzutreffen sind. Als natürliche Hindernisse müssen Sie vor allem auf wenig befahrenen Kleinflüssen mit umgestürzten Bäumen rechnen. In jedem Fall gilt: Das Hindernis genau anschauen und im Zweifelsfall lieber auf dem Landweg umgehen.

Ein Teil der vorgestellten Kanutouren verläuft über große Seen, hier gilt es, ein besonderes Augenmerk auf Windrichtung und -stärke zu richten. Bei stärkerem Wind sollten Sie Ihre Route so planen, dass Sie im Windschatten des Ufers bzw. der Inseln paddeln. Lässt sich die Querung einer offenen Wasserfläche nicht vermeiden, so sollten Sie im Zweifelsfall das Ufer aufsuchen, im Notfall auch das Zelt aufzuschlagen, und die Passage erst in Angriff nehmen, wenn sich die Wetterbedingungen verbessert haben. Den aktuellen Wetterbericht finden Sie z. B. auf *www.smhi.se.*

Die Windanfälligkeit gilt natürlich insbesondere bei Touren in den Schären. Diese Touren sind nichts für Anfänger und sollten nur von fortgeschrittenen Paddlern mit angemessener Sicherheitsausrüstung und dem notwendigen Know-How in Angriff genommen werden.

Wenn Sie beim Paddeln einige grundlegende Regeln beachten und den gesunden Menschenverstand walten lassen, werden Sie unterwegs viel Spaß haben, aber nie in eine brenzlige oder gar gefährliche Situation kommen.

- Tragen Sie immer eine auf das Körpergewicht abgestimmte Schwimmweste und achten Sie darauf, dass auch Ihre Mitpaddler dies tun.
- Machen Sie einen weiten Bogen um ins Wasser ragende Bäume, um nicht zwischen Boot und Baum eingeklemmt zu werden.
- Weichen Sie Motorbooten aus und behalten Sie im Hinterkopf, dass oft Freizeitskipper unterwegs sind, die ihr Boot nicht immer souverän zu steuern vermögen.
- Paddeln Sie nur alleine, wenn Sie Ihr Kanu gut beherrschen. Auf der anderen Seite sollten Sie darauf achten, das Ihre Paddelgruppe nicht zu groß wird.
- Wehre müssen vor der Befahrung besichtigt werden. Umtragen ist keine Schande.
- Bei Gewitter gilt: Runter vom Wasser!
- Beim Start einer Tour nutzen Sie bitte nur geeignete Einstiegstellen. Rutschen Sie nie mit dem Boot vom Ufer ins Wasser. So schonen Sie seltene Pflanzen und Nest- und Brutplätze.
- Halten Sie, besonders in der Brut- und Aufzuchtzeit (April bis Juli), ausreichend Abstand zu Vögeln.
- Achten Sie auf Angler, Jäger und andere Natursportler. Verhalten Sie sich ruhig und zerstören Sie keine Angelleinen.

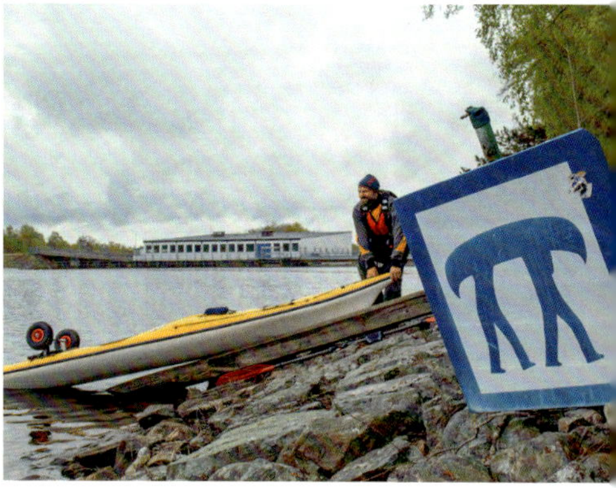

Ein Großteil der Umtragestrecken ist gut beschildert.

Kanuverleih (Kanotuthyrning)

Wenn Sie vorhaben, sich vor Ort ein Kanu zu leihen, sollten Sie sich darauf einstellen, wie ein Trapper Nordamerikas über Schwedens Gewässer zu schippern, denn Canadier sind in Schweden beliebt und überall erhältlich. Andere Bootstypen dagegen sind (sieht man einmal von den Seekajakanbietern in den Schären ab) eher spärlich verbreitet. Wenn Sie Kajaks ausleihen möchten, sollten Sie in jedem Fall vor dem Urlaub die jeweilige Kanuzentrale kontaktieren, um vor Ort keine Enttäuschung zu erleben.

Weit entfernt ist der nächste Bootsverleih in Südschweden eigentlich nie. Insgesamt gibt es knapp 80 offizielle Kanuzentralen, die über das ganze Land verteilt an allen interessanten Paddelgewässern zu finden sind. Hier können Sie Boote ausleihen und erhalten zudem Informationen zu den Paddeltouren.

Diese Kanuzentralen, die Sie vor Ort an dem Logo „Godkänd Kanotcentral" erkennen, werden jährlich vom Schwedischen Kanuverband in Bezug auf das verwendete Material, auf bestimmte Sicherheitsstandards und auf die Qualifikation der Instrukteure überprüft. Neben den offiziellen Kanuzentralen gibt es zahlreiche weitere, nicht autorisierte Verleihstationen, die nicht zwangsläufig einen schlechteren Service bieten müssen.

Sie werden im Urlaub schnell merken, dass die Kompetenz der einzelnen Kanuzentralen stark variiert. Manch eine entpuppt sich dann als ein etwas erweiterter Kiosk, an dem ein paar Alucanadier vor der Tür liegen, und drinnen, neben Süßigkeiten, Zeitschriften und Brötchen, ein paar zerknitterte Fotokopien mit Kartenskizzen im Regal zu finden sind. Sie können aber ebenso echte Paddelparadiese entdecken. Neben einem idyllischen Campingplatz am See- oder Flussufer gibt es hier fundierte Tipps vom Besitzer, der selbst begeistert paddelt.

Eine Übersicht aller Kanuzentralen findet sich auf der Website des Schwedischen Kanuverbandes *www.kanot.com* (Menüpunkt „Paddla här/ Godkänd Kanotcentral").

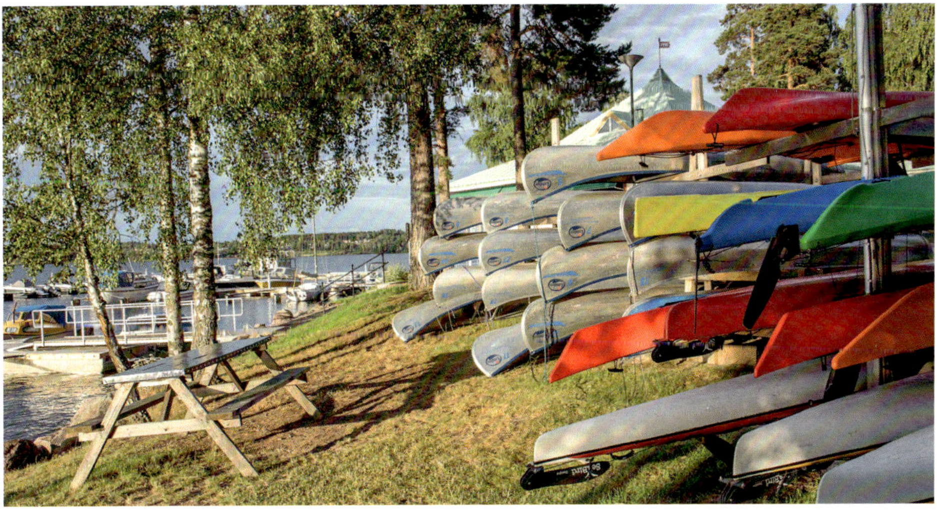

An praktisch jedem lohnenden Ziel findet sich (mindestens) ein Kanuvermieter.

Übernachten

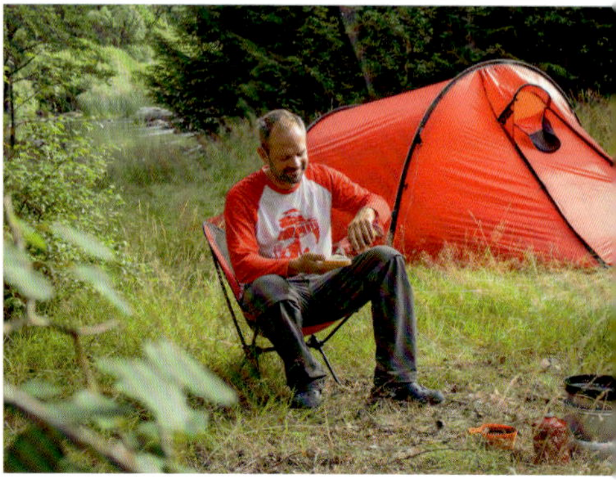

Wild campen ist in Schweden erlaubt.

Unterwegs werden die meisten Kanuten sicherlich die Nacht unter freiem Himmel verbringen. Schweden bietet dafür ideale Bedingungen. Das Allemansrätten (siehe dort) erlaubt es Ihnen, Ihr Zelt in der freien Natur aufzuschlagen, wo es Ihnen gefällt. Tabu sind natürlich Privatgrundstücke und landwirtschaftlich genutzte Flächen! Außerdem gibt es entlang vieler Kanutouren speziell für Wasserwanderer angelegte Übernachtungsplätze, die sehr zu empfehlen, und für Gruppen ab fünf Personen in der Regel sogar vorgeschrieben sind. Sie sind mit Lagerfeuerstelle, Abfallbehälter und Trockentoiletten ausgestattet. Oft sind an diesen Plätzen auch dreieckige, nach vorne hin offene Holzverschläge errichtet, deren Liegepritsche durchschnittlich für vier bis fünf Personen Platz bietet. Sie sparen so nicht nur den Zeltaufbau, Sie können sogar, während vor Ihnen wohlig-warm das Lagerfeuer flackert, beim Einschlafen aus dem Schlafsack den Sternenhimmel bewundern. Im Sommer ein Moskitonetz nicht vergessen!

Die Übernachtungsplätze können zum Teil kostenlos oder gegen eine geringe Gebühr (z. B. Dalsland, Glaskogen-Naturreservat) genutzt werden.

Ferienhäuser, von denen Sie entlang Ihrer Tour viele zu Gesicht bekommen werden, da meist idyllisch am See gelegen, sind für Tourenpaddler leider ungeeignet, sie werden nur wochenweise vermietet. Wer aber von dieser wohl schwedischen Variante träumt und den Urlaub so verbringen möchte, wer vor hat, Seele und Angelroute baumeln zu lassen und nur sporadisch auf dem See vor der Haustür zu paddeln, der sollte je nach Größe und Saison mit Preisen ab 250 Euro pro Woche kalkulieren. Nähere Informationen erhalten Sie bei der Touristinformation (siehe Touristische Informationsstellen).

In Schweden gibt es etwa 700 Campingplätze, die dem Schwedischen Campingverband

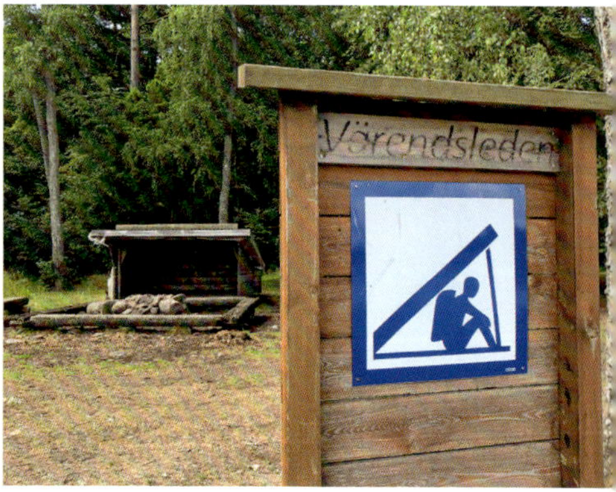

Mehr Komfort bieten Lagerplätze mit Unterstand, Feuerstelle und Trockentoilette.

(*www.camping.se*) angeschlossen sind. Sofern Sie nicht in der Hauptreisezeit unterwegs sind, sollten Sie sich vorher über die Öffnungszeiten des jeweiligen Platzes informieren, da einige bereits ab Ende August geschlossen haben. Die Europäische Campingkarte „Camping Key Europe" ist für die Übernachtung auf einem Platz des Schwedischen Campingverbandes inzwischen zwar nicht mehr obligatorisch, beschleunigt aber das Ein- und Auschecken und bietet eine Reihe von interessanten Rabatten. Diese gelten auch in vielen anderen Ländern und zwar bis zu 20 % in der Hochsaison auf über 2.400 Campingplätzen in ganz Europa. Auch bei den Fährtickets in Richtung Norden gibt es Vergünstigungen. Sie können die Karte entweder direkt vor Ort bei der ersten Übernachtung auf einem Campingplatz oder bereits vor dem Urlaub bequem über das Internet (*www.campingkeyeurope.se*) erwerben, und dann in der App „My Camping Key" aktivieren, sodass Sie keine zusätzliche Plastikkarte im Portemonnaie mitführen müssen.

Preisbewusste, die sich zwischen zwei Kanuabenteuern ein festes Dach über dem Kopf gönnen wollen, sollten nach dem Schild „vandrarhem" am Straßenrand Ausschau halten. Schwedische Jugendherbergen bieten komfortable Einzel- und Doppelzimmer, eine Altersbegrenzung gibt es nicht. Der Standard ist in der Regel recht hoch und es gibt fast immer eine Selbstversorger-Küche. Die Übernachtung kostet ab 15 Euro pro Person aufwärts, ohne gültigen Jugendherbergsausweis wird es etwas teurer.

Trinkwasser

Bei mehrtägigen Touren von Lagerplatz zu Lagerplatz stellt sich die Frage nach der Trinkwasserversorgung. Die Notwendigkeit zum Mitführen eines großen Wasservorrats beschränkt sich dabei auf wenige Ausnahmefälle in den dichter besiedelten Gebieten. Auf der Vielzahl der Touren hat das Wasser der Flüsse oder Seen jedoch Trinkwasserqualität, im Zweifelsfall sollte das Wasser abgekocht werden. Wer gar kein Risiko eingehen möchte, setzt einen speziellen Wasserfilter ein, der mit Hilfe eines Keramikelements und Aktivkohle, neben Bakterien und Keimen auch Schadstoffe sowie einen eventuell vorhandenen, schlechten Geschmack beseitigt.

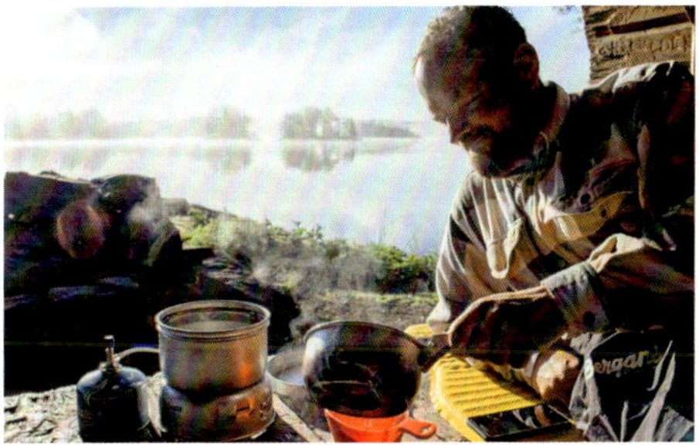

Bei einer solchen Aussicht schmeckt der Kaffee noch besser.

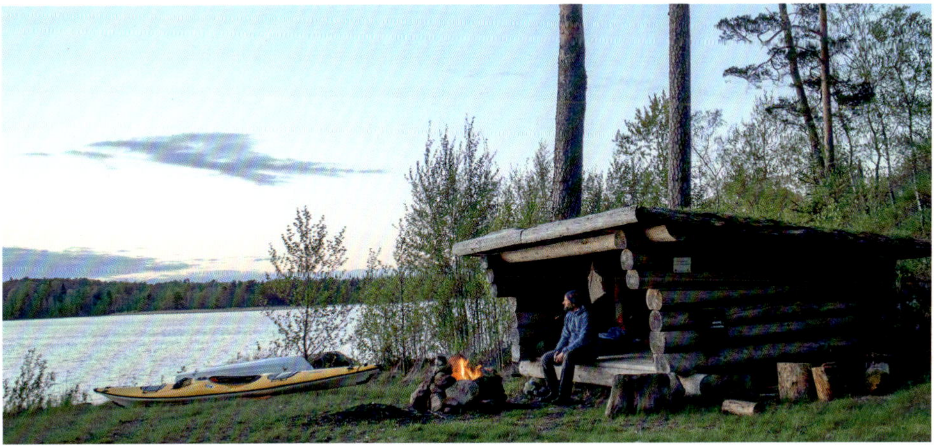

Unterstand am Möckeln bei Älmhult

Allemansrätten und Naturschutz

Das Allemansrätten, in der deutschsprachigen Literatur oft mit „Jedermannsrecht" bezeichnet, wird treffender mit „Recht zum Gemeingebrauch der Natur" übersetzt. Es erlaubt jedem, sowohl Einheimischen als auch Touristen, sich frei in der Natur zu bewegen, Beeren zu sammeln und Pilze zu suchen.

Es ist nicht in Paragrafen festgeschrieben, sondern ein historisch entstandenes Gewohnheitsrecht. In der Vergangenheit sollte es Reisenden, die selten zum Spaß unterwegs waren, ihre Fahrt erleichtern. Es stammt aus einer Zeit, in der das Phänomen Tourismus noch unbekannt war und niemand dessen Folgen und Auswirkungen vorhersehen konnte.

Nachdem nun immer mehr Menschen in die Natur drängen, um sich zu erholen, wird es in zunehmendem Maße wichtig, sich an bestimmte Regeln zu halten. Das Destillat dieser Regeln lautet schlicht: Weder stören, noch schädigen! Aus diesem Grundsatz lassen sich alle weiteren Verhaltensweisen ableiten.

Während wohl nur die wenigsten auf die Idee kommen, in fremden Vorgärten zu campieren, so fällt es schon schwerer, bei einem anstrengenden Landtransport nicht über privaten Grund abzukürzen. Dennoch ist das Privateigentum anderer stets zu respektieren.

Ein Kanutrip ohne Lagerfeuer ist wie Schweden ohne Elche. Unter entsprechenden Bedingungen ist es in Schweden erlaubt, ein Feuer zu entfachen. Entlang der beschriebenen Touren sind oft Feuerstellen angelegt, oftmals ist sogar trockenes Feuerholz vorhanden. Bei erhöhter Waldbrandgefahr ist es aber selbst an diesen Stellen verboten, ein Feuer zu entzünden. Genaue Informationen zu den aktuellen Gegebenheiten erfragen Sie am besten vor dem Tourenstart bei der jeweiligen Touristinfo oder den örtlichen Kanuverleihern. Aktuelle Hinweise zur Waldbrandgefahr anhand der aktuellen GPS-Position und inklusive einer Prognose für die kommenden Tage liefert auch die kostenlose Smartphone App „Brandrisk Ute".

Kanufahren ist ein besonders intensives Naturerlebnis, nicht zuletzt deshalb, weil Sie sich wildlebenden Tieren dichter annähern können, als an Land. Dennoch sollten Sie stets daran denken, die Tiere nicht zu stören und der Entenmutter und ihren süßen Küken nicht allzu dicht auf die Schwanzfedern zu rücken. Fernglas und Teleobjektiv sind hier die bessere Alternative.

Damit auch zukünftige Generationen dieselben Eindrücke der schwedischen Natur erleben dürfen, sollten wir alle darauf achten, keine Spuren zu hinterlassen. Wo es möglich ist, sollten Sie an ausgewiesenen Plätzen übernachten, Ihren Müll in die Abfallbehälter geben oder mitnehmen und Ihre Exkremente vergraben.

In Naturreservaten, Nationalparks und Gebieten mit hohem Touristenaufkommen, z. B. an beliebten Kanurouten wie im Dalsland, ist das Allemansrätten eingeschränkt. Einige Inseln in den großen Seen sowie entlang der Küste sind als Vogelschutzgebiete ausgewiesen, die während bestimmter Zeiträume im Jahr nicht betreten bzw. befahren werden dürfen.

Um die Flussufer nicht zu beschädigen, sollten Sie am Start- und Endpunkt der Tour sowie beim Rasten nur an befestigten Ufern anlegen. Selbstverständlich sollte es sein, dass Sie Ihren Müll wieder mitnehmen und nicht lärmend durch den Wald paddeln.

Es versteht sich von selbst, dass die Störung von Tieren zu unterlassen ist. Daher sollten Sie auch immer einen ausreichenden Abstand zu Flachwasserzonen und Schilfröhrichten wahren, da diese ein wichtiger Lebensraum und Brutgebiete von Vögeln bzw. Laichgebiete von Fischen sind. Als letzter und wichtiger Punkt sei der Wasserstand erwähnt. Hier gilt es, ein besonders aufmerksames Augenmerk darauf zu richten.

Sie müssen vor dem Start prüfen, ob der Wasserstand für eine Befahrung ausreicht (siehe Pegeldienst). Als Faustregel gilt: Sie benötigen eine Mindestwassertiefe von dreißig Zentimeter unter dem Kiel. Ist der Wasserstand zu niedrig, beschädigt jede Grundberührung Wasserpflanzen und bedroht den Fischnachwuchs, denn durch den dabei aufgewirbelten Schlamm erstickt der Fischlaich.

Besonders relevant ist ein ausreichender Wasserstand vor allem im Oberlauf von Flüssen und bei Kleinflüssen, welche oft recht naturnah und daher für Paddler besonders attraktiv sind. Diese Gebiete sind sehr sensibel und stark gefährdet und erfordern daher besondere Aufmerksamkeit und naturbewusstes Paddeln. Große Gruppen sind hier ebenso fehl am Platz, wie völlige Anfänger. Wenn Sie jedoch Ihr Boot auf der Stelle wenden können, ohne dabei Grund und Ufer zu berühren, steht einer Befahrung nichts im Wege.

Touristische Informationsstellen

- Schweden allgemein: *www.visitsweden.com*
- Skåne: *www.visitskane.com*
- Småland: *www.visitsmaland.se*
- Halland: *www.visithalland.com*
- Westschweden: *www.vastsverige.com*
- Ostschweden: *www.visitostergotland.se*
- Värmland: *www.visitvarmland.se*

DKV

Der Deutsche Kanu-Verband (DKV) bietet Ausbildungskurse sowie Hilfe und Beratung bei allen Fragen rund ums Paddeln und man trifft Gleichgesinnte. Kurzum: Eine Mitgliedschaft lohnt sich!

- Deutscher Kanu-Verband e.V., Tel. 0203 997590, *www.kanu.de*

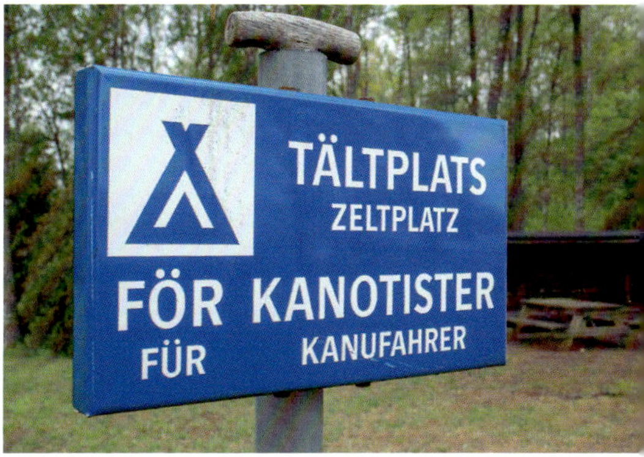

Zeltplatz für Wasserwanderer am See Solgen

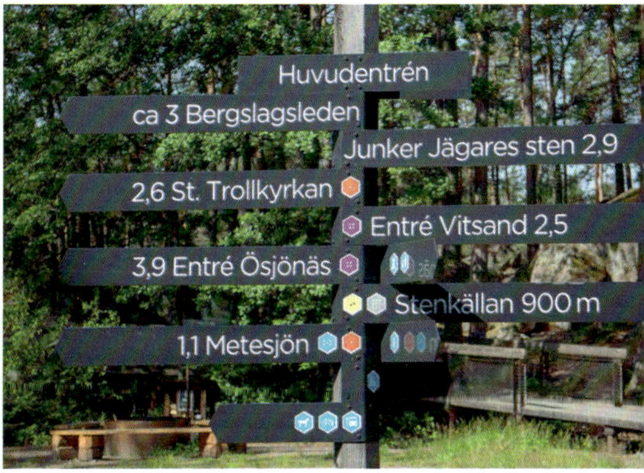

Wanderwegweiser im Tiveden-Nationalpark

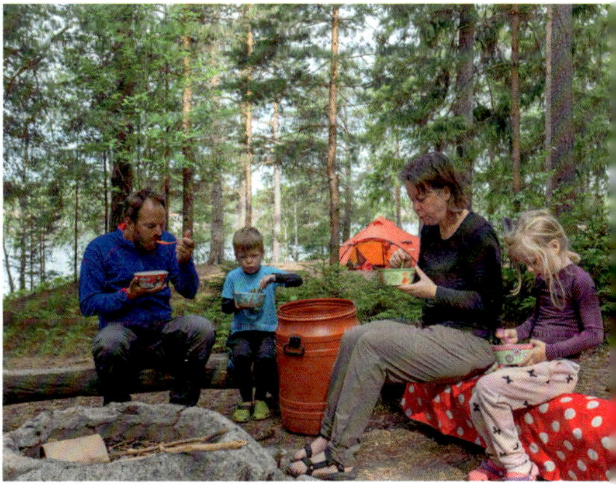

Paddeln macht hungrig

Ein paar Worte Schwedisch

In Süd- und Mittelschweden, und dort vor allem in Einrichtungen, die unmittelbar mit dem Tourismus zu tun haben (bspw. Touristenbüros, Campingplätze und Kanuzentralen), ist es kein Problem, sich in Englisch oder Deutsch zu verständigen.

Dennoch kann es nicht schaden, einige Höflichkeitsfloskeln zu erlernen, was nicht allzu schwer fällt, da Schwedisch eine nordgermanische Sprache und somit mit dem Deutschen verwandt ist. Mit etwas Mühe und Fantasie lässt sich auch ohne Sprachkenntnis zumindest der Sinn eines Zeitungsartikels herausfinden.

Eine Besonderheit der Sprache besteht im Anhängen des bestimmten Artikels an das Substantiv: „kanotled" bedeutet „Kanuweg", „kanotleden" dementsprechend „der Kanuweg".

Diese kurze Liste mit paddel-relevanten Vokabeln unterstützt Sie beim Kartenstudium und kann weiterhelfen, falls vor Ort einmal nur eine schwedischsprachige Routenbeschreibung zu bekommen sein sollte.

dricksvatten	Trinkwasser
högvatten	Hochwasser
kanadensare	Canadier
landtransport, lyft	Portage
lågvatten	Niedrigwasser
rännbar	fahrbar
Sjö	See
sluss	Schleuse
Älv	Fluss
Å	Bach
Ö	Insel

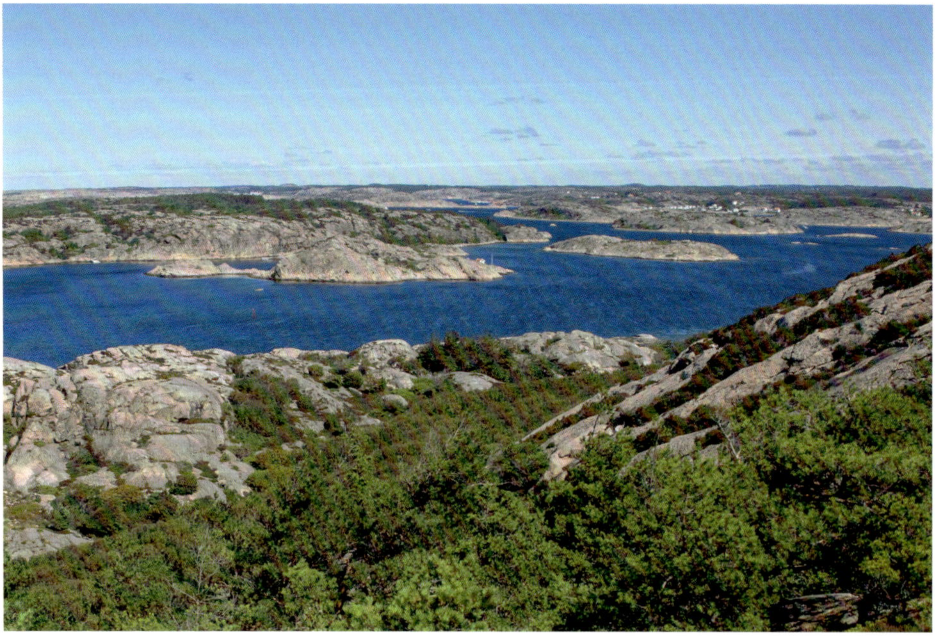

Sweden rocks: Schären von Grebbestad

Tour 1: Rönne å (Skåne)

Der Rönne å ist der längste Fluss der südschwedischen Provinz Skåne. Von seinem Ursprung als Abfluss des Västra Ringsjön fließt er in nordwestliche Richtung seiner Mündung in die Ostsee bei Ängelholm etwa siebzig Kilometer nördlich von Malmö entgegen. Ab Stockamöllan ist der Fluss meist ganzjährig ohne Probleme befahrbar und es wechseln sich ruhige Passagen mit einigen kürzeren und harmlosen schnelleren Fließpassagen inmitten einer herrlichen Waldlandschaft mit vielfältigem Tierleben ab. In der zweiten Hälfte ab dem Kloster Herrevad wird der Fluss breiter und mäandert durch eine von der Landwirtschaft geprägten Landschaft mit großen Weideflächen. Zur Übernachtung laden entlang der gesamten Strecke urige Unterstände samt Feuerstelle ein.

Etappen

1. Tag: Stockamöllan – Unterstand Riseberga, ca. 19 km
2. Tag: Unterstand Riseberga – Unterstand Tommarp Ene, ca. 26 km
3. Tag: Unterstand Tommarp – Ängelholm, ca. 30 km

Gesamtstrecke: ca. 75 km

In der Hochsaison bleibt der Einstieg an der Kanuzentrale in Stockamöllan (Navi: Stenbocksliden, SE-24196 Stockamöllan) den zahlenden Gästen vorbehalten und Paddler mit eigenem Boot starten besser ca. zwei Kilometer flussabwärts an der Straßenbrücke in Gunnaröd (Koordinaten fürs Navi: 55.9554/13, 13.359715). Wer vor dem Ablegen erst einmal eine Nacht im Zelt verbringen möchte, findet hier außerdem einen Lagerplatz mit Unterstand und Toiletten. Zu Zeiten, in denen wenig los ist, dürfen nach Rücksprache mit dem freundlichen Team des

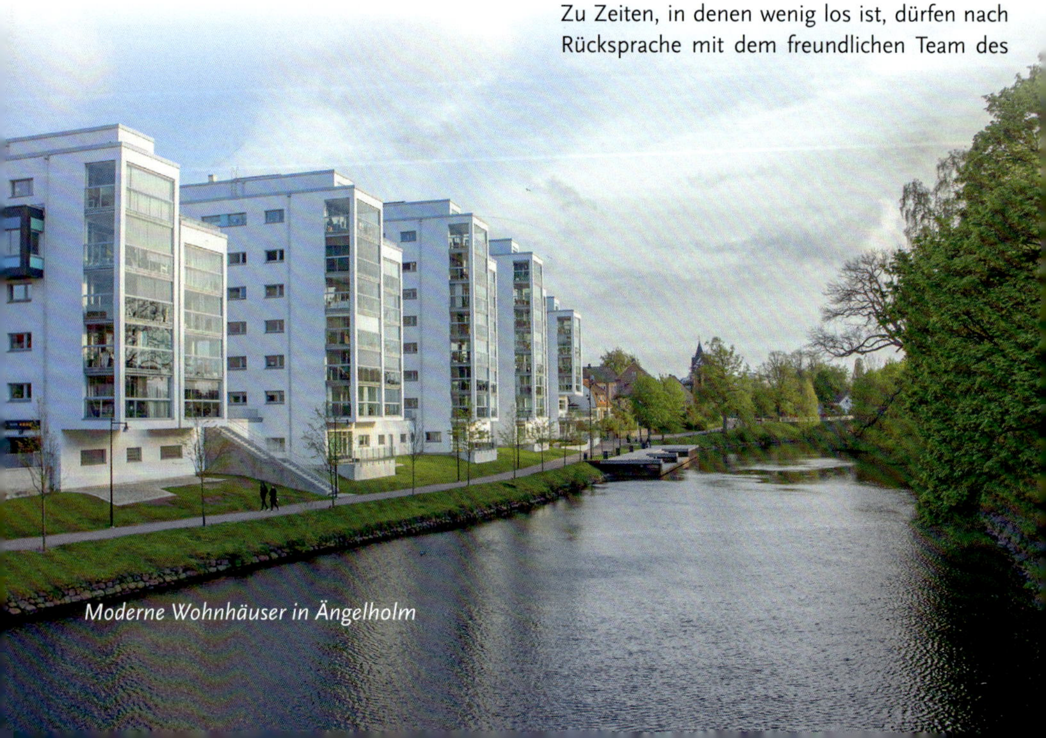

Moderne Wohnhäuser in Ängelholm

Kanuverleihs in Stockamöllan aber auch Individualreisende ihr Kanu auf dem Gelände hinter der ehemaligen Mühle startklar machen und das Auto auf dem großen Parkplatz oberhalb zurücklassen, was den Vorteil hat, dass man sich beim Nachholen des Autos im Anschluss an die Paddeltour einen längeren Fußmarsch erspart.

In seinem Oberlauf hat der Rönne å ein schmales, tiefes Tal in die Landschaft geschnitten und während Wiesen das linke Ufer säumen, erhebt sich rechts ein erstaunlich hoher, mit Eichen und Buchen bestandener Hang.

Bald ist Billingemölla erreicht, wo die Überreste der ehemaligen Mühle einen kurzen Landtransport erforderlich machen. Dieser ist glücklicherweise kurz und schnell bewältigt: Nach dem Ausstieg am linken Ufer vor der Brücke müssen die Boote nur für etwa sechzig Meter bis zum Einstieg umtragen werden.

Nun geht es durch ein einsames Naturschutzgebiet und mit etwas Glück bekommt man auf den folgenden Kilometern Fuchs, Graureiher und Rehe zu Gesicht. Etwa drei Kilometer hinter der Billingemölla verstecken sich ein paar größere Findlinge im Wald zur Linken und hinter der folgenden Kurve rauscht das Wasser über ein paar kräftigere Schnellen. Bei niedrigem Wasserstand besteht die größte Schwierigkeit darin, eine möglichst materialschonende Durchfahrt zu finden. Im weiteren Verlauf fordert dann der ein oder andere umgestürzte Baum etwas Bootsbeherrschung und kleinere Akrobatikeinlagen, um sich den Weg zu bahnen. An der Djupadalsmölla legt man für die Portage hinter der Straßenbrücke am rechten Ufer gegenüber dem Kanuverleih an und umträgt für ca. 100 Meter auf dem Waldweg. Von nun an zeigen sich die Ufer etwas „zivilisierter" und ab und an zieht ein rotes Holzhaus, ein Gehöft oder eine Gruppe weidender Kühe vorüber. Bei Anderstorp bietet ein Rastplatz mit zwei Unterständen am linken Steilufer die Möglichkeit,

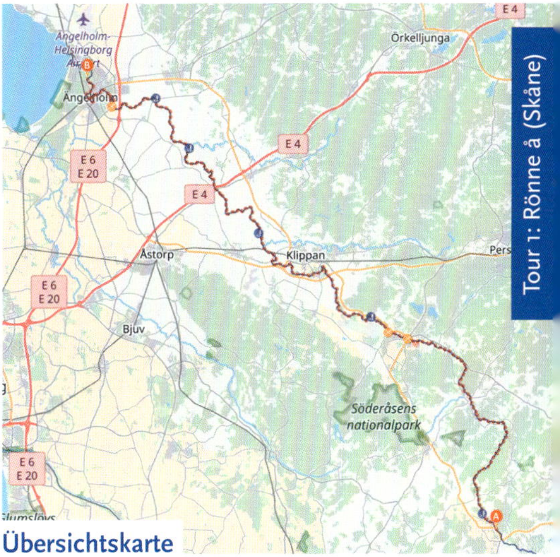

Übersichtskarte

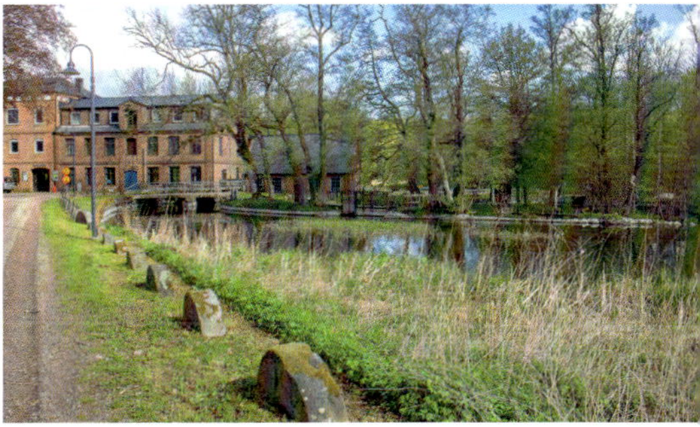

Bereits seit dem Mittelalter gab es eine Mühle in Stockamöllan.

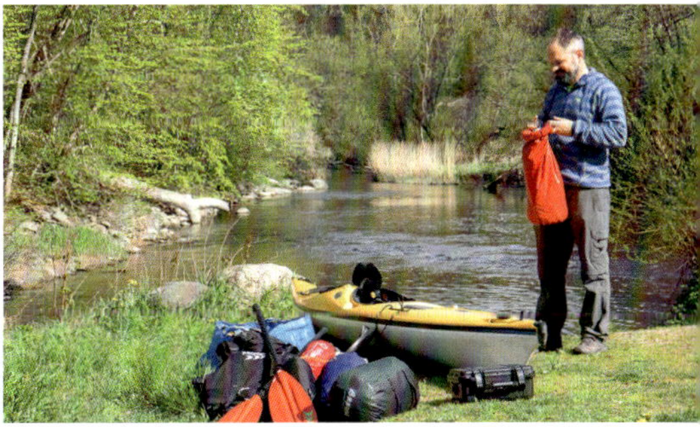

Sachen packen vor dem Tourenstart

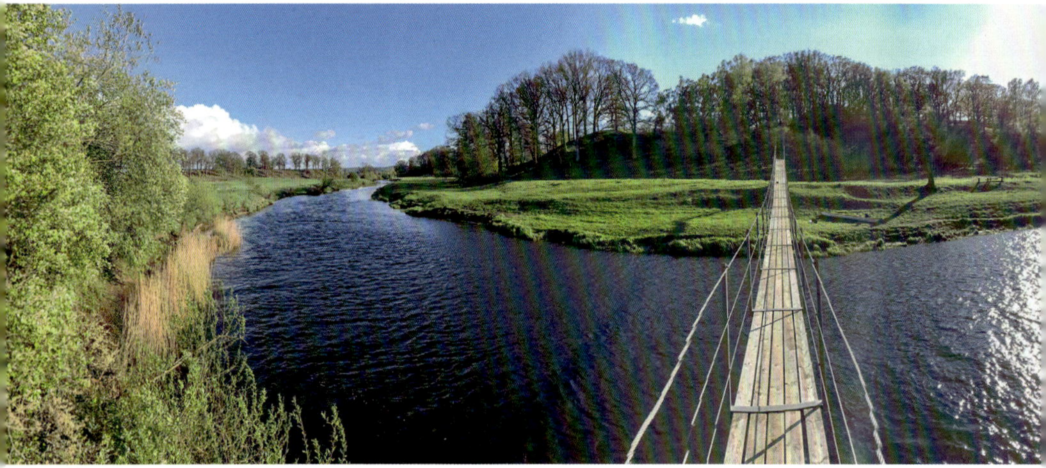

Hängebrücke über den Rönne å bei Tommarp

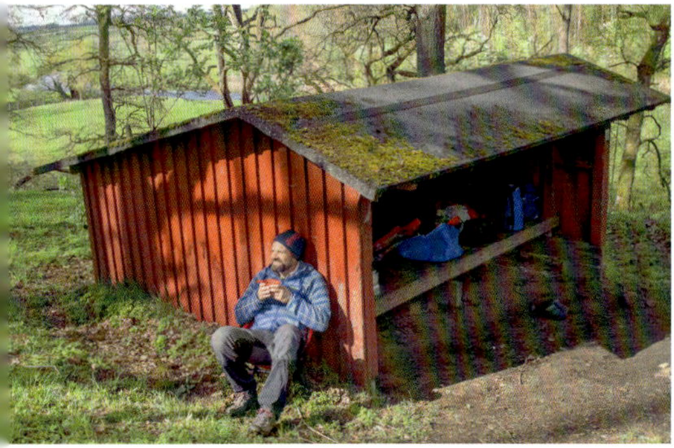

Lagerplatz Tommarp

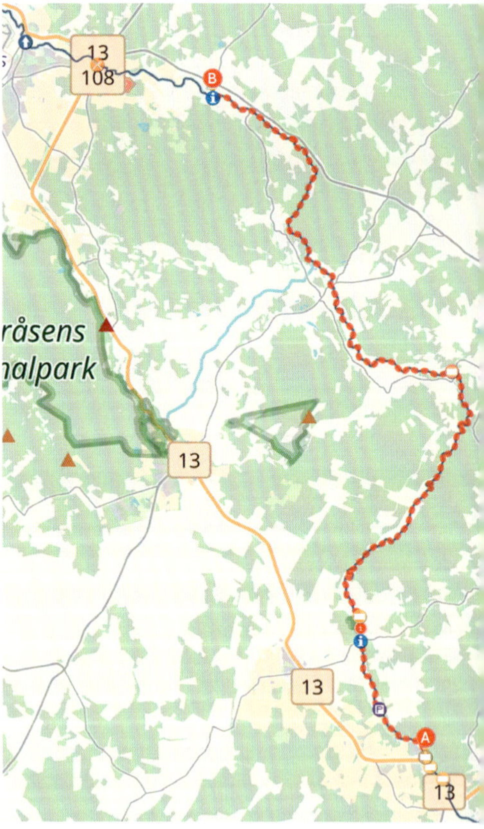

sich die Beine zu vertreten oder das Zelt aufzuschlagen.

Nachdem die hübsche Bogenbrücke in Forestad passiert ist, warten mehrere kleine Stromschnellen, und zwar immer dort, wo sich der Flusslauf in mehrere Arme aufteilt. In der Regel reicht der Wasserstand im Hauptlauf aus, um problemlos und ohne aufzusetzen durchzukommen. Der idyllisch mitten im Wald gelegene Rastplatz Riseberga mit seinen zwei Unterständen am linken Ufer bieten einen stimmungsvollen Endpunkt, um den ersten Paddeltag auf dem Rönne å ausklingen zu lassen.

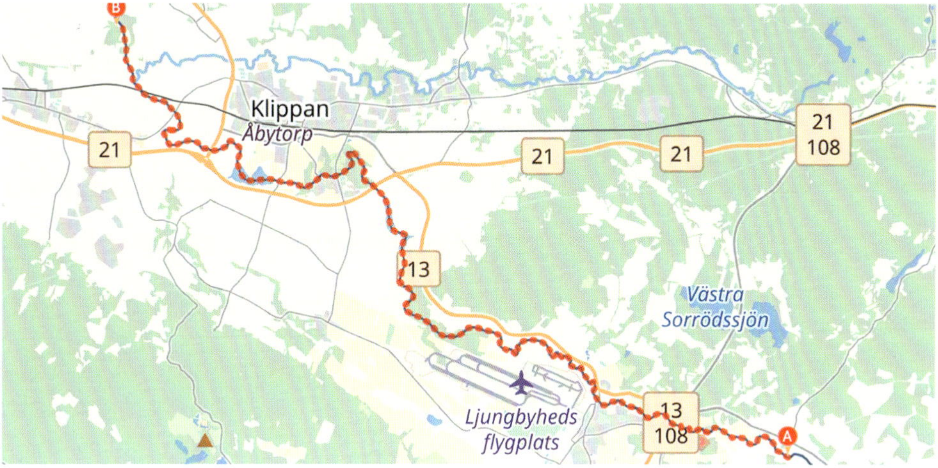

Nachdem am nächsten Tag die Straßenbrücke passiert ist, taucht bald die Kirche von Riseberga am rechten Ufer auf und es geht unter einer Fußgängerbrücke hindurch. Auf dem folgenden Abschnitt sollte man nicht am linken Ufer anlanden, denn hinter dem Hügel liegt eine Schießbahn. Es folgt die Ortsdurchfahrt Spången und dann die Brücke in Lungbyhed.

Einen offiziellen Anleger sucht man hier zwar vergebens, aber direkt unter der Brücke lässt sich linksufrig recht gut aussteigen und mit einem kurzen Fußweg von knapp einem Kilometer auf der Klostergatan ist das Zentrum mit Restaurants und mehren Supermärkten erreicht.

Bald nachdem am linken Ufer der Kanuverleih Rönneådalens Sport & Fritid vorübergezogen ist, leuchtet am rechten Ufer die weiße Fassade des Schlosses Herrevadskloster in der Sonne. Das ursprüngliche Zisterzienserkloster wurde Mitte des 12. Jahrhunderts vom Erzbischhof Eskil aus Lund gegründet, da der Rönne å zur Stromgewinnung sowie als Transportweg gute Voraussetzungen bot. Nach der Reformation fiel es in den Besitz des dänischen Königshofs und am 11. November 1572 beobachte der dänische Astronom Tycho Brahe von dort eine Supernova im Sternbild Cassiopeia. Durch genaue Positionsbestimmungen konnte er nachweisen, dass der neue Stern weiter entfernt als der Mond sein musste, und untermauerte damit das neue Weltbild von Nicolaus Kopernicus, der entdeckte, dass nicht die Erde, sondern die Sonne den Mittelpunkt der Welt darstellt.

Nach dem Frieden von Roskilde kam das Anwesen 1658 in den Besitz der schwedischen Königsfamilie und diente später als Residenz des Kavallerieregiments. Zu Beginn des 19. Jahrhunderts wurden die ursprünglichen Klostergebäude abgerissen und die heutige dreiflügelige Schlossanlage errichtet. Heute zeigt sich das gesamte Anwesen in recht marodem Zustand und kann nur von außen in Augenschein genommen werden.

Eine Möglichkeit zum Landgang oder zur Übernachtung bietet kurz darauf der am rechten Ufer zu findende Unterstand. Bei der Weiterfahrt ist erhöhte Aufmerksamkeit gefragt, denn immer wieder wollen querliegende Bäume umschifft und die richtige Route in den kleineren Stromschnellen gefunden werden.

An der Gabelung etwa 300 Meter nachdem die größere Stufe unter der Brücke der ehemaligen

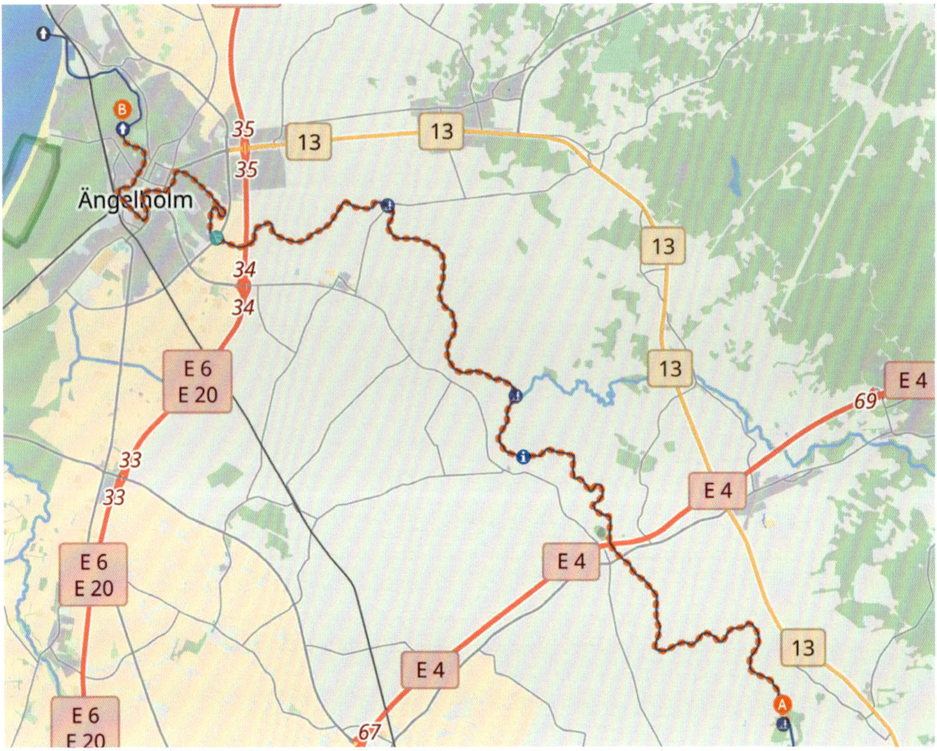

Bahnstrecke überwunden ist, hält man sich links, um in einem weiten Mäanderbogen weiterzupaddeln. Der Altarm nach rechts endet nach wenigen Metern als Sackgasse.

Nun sind es noch etwa vier Kilometer bis der Stausee vor dem Damm am Kraftwerk in Forsmölla erreicht ist. Der Ausstieg für die Portage ist am nördlichen Seeende am rechten Ufer zu finden. Die Umtragestrecke führt rechts am Kraftwerk vorbei und dann durch ein Gatter auf dem Wanderweg weiter bis zum Einstieg vor der Straßenbrücke.

Die folgende Strecke ist unspektakulär und führt in einer Spitzkehre zur Papierfabrik Klippans Bruck am linken Ufer. Die Geschichte der Papierherstellung in der Region hat eine lange Tradition und reicht bis ins 16. Jahrhundert zurück, als der Onkel des bereits erwähnten Tycho Brahe am Kloster Herrevad mit der Herstellung von Papier begann. Nachdem Schonen schwedisch geworden war, wurde die Papiermühle um 1700 an den heutigen Standort verlegt und produzierte im Laufe der Zeit die unterschiedlichsten Papierqualitäten, von Zeitung- über Briefmarken- bis hin zum Kopierpapier. 1962 begann man mit der Produktion von Papierservietten und heute zählt die Klippans Bruk AB zu einem der weltweit bedeutendsten Hersteller von farbigem Tissuepapier.

Der Ausstieg vor dem Wehr erfolgt am linken Ufer. Anschließend läuft man nach rechts über die Brücke und gleich dahinter nach links durch eine Lücke im Zaun. Der Waldweg neben dem schäumenden Werkskanal ist stellenweise recht unwegsam und die Holzbohlen, die das Umtragen erleichtern sollen, sind leider in sehr

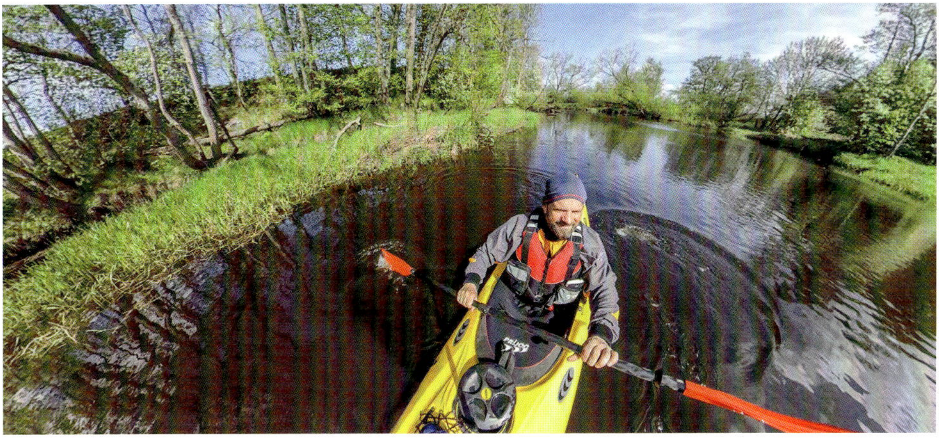

Selbst kurz vor Ängelholm sind die Ufer noch grün.

schlechtem Zustand. Schließlich aber ist es geschafft, und die Boote können wieder zu Wasser gelassen werden.

Weit kommt man allerdings nicht, denn schon nach knapp einem Kilometer kündigt ein Stau das nächste Kraftwerk an. Auf der seenartigen Erweiterung davor paddelt man zunächst geradeaus an der ersten Ausbuchtung in nördliche Richtung vorbei, steuert in der zweiten Bucht dann auf den Damm des Stackarp-Kraftwerks zu und setzt am rechten Ufer davor aus. Der Landtransport führt rechts am Kraftwerk vorbei hinab. Die erste mögliche Einstiegstelle findet sich vor der kleinen Holzbrücke über einen Seitenbach. Allerdings ist die Böschung hier sehr steil und rutschig. Weiter flussabwärts gibt es eine zweite Möglichkeit mit flacherem Ufer, leider ist der Weg dorthin sehr unwegsam.

Der Rönne å ist nun auf eine Breite von rund dreißig Meter angewachsen und wird am linken Ufer von einer Straße begleitet. Nachdem eine Bogenbrücke passiert ist, nimmt die Strömung zu und ein paar große aus dem Wasser ragende Felsen fordern beim Umschiffen die Steuerkünste der Bootsbesatzung heraus.

Anschließend geht es unter der Eisenbahnbrücke hindurch und aus nordöstlicher Richtung kommend, steuert der Bach Bäljane å sein Wasser dem Rönne å bei. Es folgt ein erster, privater Unterstand, der Übernachtungsunterstand für Kanuten versteckt sich etwa 800 Meter weiter entfernt auf einem bewaldeten Höhenzug am linken Ufer. Er ist vom Wasser aus nicht zu sehen, allerdings leicht zu finden, denn eine Hängebrücke weist unübersehbar auf den Ausstieg hin.

Die verbleibenden dreißig Kilometer bis Ängelholm weisen nun keine Hindernisse mehr auf und sind einfach zu paddeln. Der breite Flusslauf mäandert gemütlich zwischen Weiden nach Nordwesten. Deutliche Landmarken auf dem weiteren Weg sind erst die Autobahnbrücke der E4 bei Tranarp, dann lugt bei Starby am rechten Ufer die schwarze Turmhaube der mittelalterlichen Kirche aus den Baumkronen. An der nächsten Straßenbrücke etwa eineinhalb Kilometer weiter lädt der Rastplatz mit Steg am linken Ufer zum Landgang ein.

Die nächste Möglichkeit zur Pause lässt dann knapp sechs Kilometer auf sich warten, bis hinter der Brücke in Höja am rechten Ufer der Lagerplatz mit zwei Unterständen erreicht ist. Nun sucht sich der Flusslauf seinen Weg nach Westen bis zur Autobahnbrücke der E20, an-

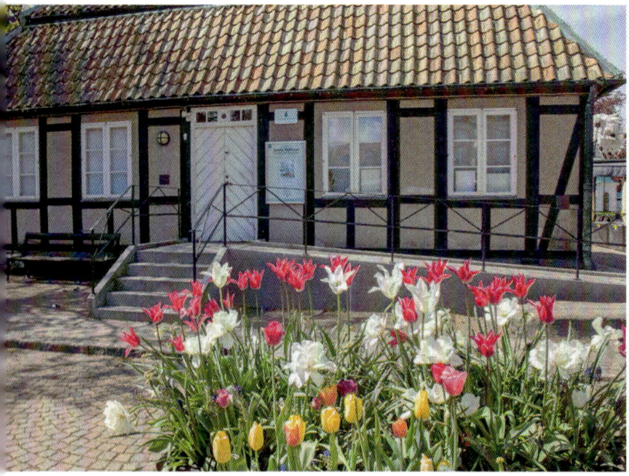

Gamla Rådhuset: Altes Rathaus in Ängelholm

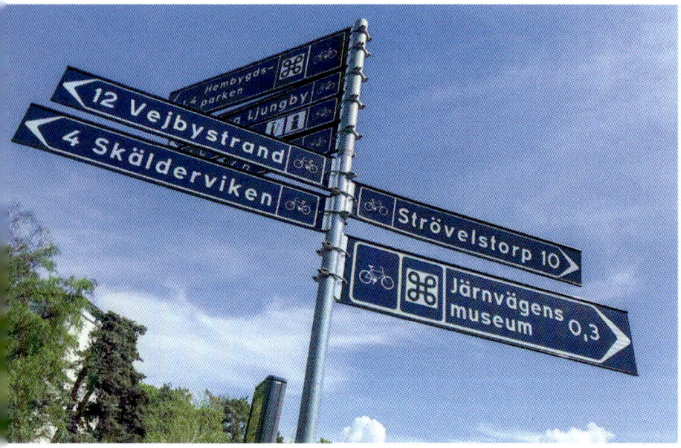

Radwegweiser in Ängelholm

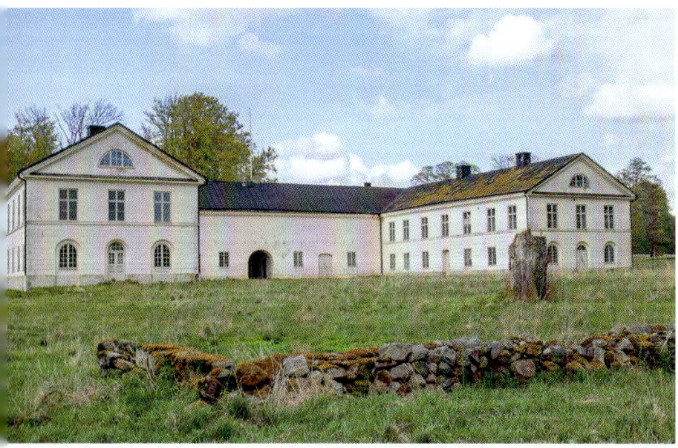

Kloster Herrevad

schließend knickt er Richtung Nordwest ab. Die Ufer sind wieder bewaldet und die ersten Stege markieren den Stadtrand von Ängelholm.
Am Ende der folgenden scharfen Rechts-Links-Kurvenkombination bietet der Rastplatz an der Straße am rechten Ufer mit einer Picknickbank eine Möglichkeit, um sich für die letzten Kilometer zu stärken.
Weiter geht es unter zahlreichen Brücken hindurch in das Stadtzentrum von Ängelholm. Den Auftakt macht die Nyhemsbron und entlang der Ufer stehen die ersten Häuser am Ufer Spalier. Auf die Ängavångsbron folgt die Kristian II:s bro und auf den Uferterrassen der noblen Häuser strahlen die Grills in der Sonne um die Wette.
Es folgen Meieribron und Tegelsbruksbron. Zwischen der Carl XV:s bro und der Tullportsbron liegt der kleine Park Tullportsplatsen mit einem Steg. Der Steg des Hotels Villa Rönne, der kurz darauf erreicht ist, ist für Paddler allerdings zu hoch.
Die Järnvägsbron deutet auf den naheliegenden Bahnhof hin. Nach der Suckerbruksbron ziehen am rechten Ufer die modernen Hochhäuser im Stadtzentrum vorüber und von den Ufertreppen an der Promenade werden die Möwen gefüttert. Nun sind nur noch zwei Brücken zu passieren und nach der Nybron und der Pyttebron setzt der Rönne å zu einer Rechtskurve an, am linken Ufer bietet der Steg von Kanuverein und Kanuverleih eine gute Möglichkeit zum Beendigen der Tour an. Sogar einen Unterstand gibt es, um hier noch die Nacht zu verbringen.

ADRESSEN UND INFOS

Beste Zeit

Zur Hochsaison im Juli und August ist der Fluss etwas stärker frequentiert, jedoch nicht überlaufen. Im Frühjahr und Herbst ist man meistens alleine auf weiter Flur unterwegs.

Hindernisse

Zwei kurze sowie drei längere Portagen in der ersten Tourenhälfte in Billingemölla (< 100 m), Djupadalsmölla (ca. 100 m), Forsmölla (ca. 300 m), Papierfabrik Klippan (ca. 300 m) und Stackarpsdammen (ca. 400 m).
Die Mitnahme eines eigenen Bootswagens ist sehr zu empfehlen.

Unterkunft

Zwischen Stockamöllan und Ängelholm stehen mehrere kostenlose Lagerplätze mit Feuerstelle, Trockentoiletten und Mülltonnen zur Verfügung, an denen man im eigenen Zelt oder im Unterstand übernachten kann: Gunnaröd, Anderstorp, Riseberga, Herrevadskloster, Tommarps Ene, Höja sowie am Austieg beim Kanuclub/Kanuverleih in Ängelholm.

Transfer zurück zum Einstieg

Vom Ausstieg ca. 1,5 km/20 min. Fußweg zum Bahnhof von Ängelholm. Von dort fährt mehrmals täglich der Bus 510 nach Klippan, danach weiter mit der Linie 518 nach Stockamöllan (Haltestelle „Stockamöllan Lindarnas väg“). Fahrzeit knapp 2 Stunden.
Fahrpläne unter: *www.skanetrafiken.se*
Steht das Auto am Einstieg in Gunnaröd, so steigt man eine Station früher aus („Gunnaröd“), folgt von der Bushaltestelle dem Wegweiser „Antikt Hantverk“ zum Gunnarödsgård und läuft anschließend auf dem Schotterweg etwa 700 m bis zur Straßenbrücke über den Rönne å.

Bootsverleih

- Kanotcentralen in Stockamöllan
  Stenbocksliden, 241 96 SE-Stockamöllan
  Tel. +46 413 544150, *www.kanotcentralen.se/de*
- Kanotuthyrning Djupadalsmölla
  Djupadalsmölla 4965, SE-26454 Ljungbyhed
  Tel. +46 435 770041
- Rönneådalens Sport o Fritid AB
  Rynke 589, SE-26453 Ljungbyhed
  Tel. +46 435 405544, *www.ronneadalens.se*
- Stisses Sport & Fritid, Reningsverksvägen 2
  SE-26263 Ängelholm, Tel. +46 70 3259638
  www.paddlakanot.nu

Einkaufsmöglichkeiten/Proviant

Supermärkte in Wassernähe findet man ausschließlich in Ljungbyhed (Ausstieg unter der Straßenbrücke, dann ca. 1.000 m Fußweg), da unterwegs keine Möglichkeit zur Trinkwasser-Versorgung besteht, muss auch dieses für die gesamte Tour mitgeführt werden.

Sehenswertes

Kloster Herrevad (Mitte des 12. Jh. gegründetes ehemaliges Zisterzienserkloster) und Militärhistorisches Museum (*www.lmhm.se*) in Ljungbyhed, Freilicht- und Eisenbahnmuseum in Ängelholm.

Alternativen

Draisinefahren auf dem Veteranjärnvägen zwischen Klippan und Ljungbyhed, *www.veteranjarnvagen.se*.
Wandern, Radfahren und Reiten im Söderåsen-Nationalpark, *www.sverigesnationalparker.se*.
Wandern auf dem über 1.000 km langen Skåneleden, *www.skaneleden.org*.

Auskunft

Ängelholms Turistcenter, Järnvägsgatan 5A
SE-26237 Ängelholm, Tel. +46 043 182130
www.engelholm.com
www.visitskane.com

Buchtipps/Karten

Freizeit- und Wanderkarte Nordvästra Skåne, 1:50.000 auf wasserabweisendem Tyvek-Papier, Calazo-Verlag.

Tour 2: Lagaleden (Småland/Halland)

Der unter dem Namen Lagaleden bekannte Kanuweg führt auf einer Länge von rund 130 Kilometer vom Bolmen-See an der Grenze zwischen Halland und Småland über die Flüsse Bolmån und Lagan bis zum Kattegat. Bei Wind ist auf dem Bolmen Vorsicht geboten, denn auf der großen Wasserfläche türmen sich schnell hohe Wellen auf. Im weiteren Verlauf wechseln sich Flussabschnitte und kleinere Seen ab und abgesehen von der etwa einen Kilometer langen Stromschnellenpassage auf dem Bolmån (die bei Bedarf auf dem Landweg umgangen werden kann), gibt es keine paddeltechnischen Schwierigkeiten mehr. Der Lagan entspringt südlich von Jönköping und ist der längste, leider aber auch am stärksten regulierte Fluss in Südschweden, an den einst mächtigen Wasserfällen wurden Kraftwerke errichtet.

Etappen

1. Tag: Unnaryd – Lagerplatz Tjärnaholme, 16 km
2. Tag: Lagerplatz Tjärnaholme – Lagerplatz Östraby, 26 km
3. Tag: Lagerplatz Östraby – Lagerplatz Kvarnaholm (alternativ Jugendherberge), 31 km
4. Tag: Lagerplatz Kvarnaholm – Lagerplatz Majenfors (alternativ Camping), 23 km
5. Tag: Lagerplatz Majenfors – Lagerplatz Hjönered, 20 km
6. Tag: Lagerplatz Hjönered – Laholm, 13 km

Gesamtstrecke: ca. 129 km

Unnaryd ist ein ruhiges Dorf im Osten von Halland an der Grenze zu Småland. Es liegt am nördlichsten Zipfel des Sees Unnen und die Badestelle hinter dem Sportplatz (Navi: Sjövägen, 31083 Unnaryd, Schweden) bietet sich als guter Startpunkt an, um die Boote bereit zu machen und ins Wasser zu lassen. Wer vor dem Start noch eine Nacht das Zelt aufschlagen möchte, findet etwa zwei Kilometer weiter südlich auf einer Landzunge am Ostufer den Vallsnäs-Cam-

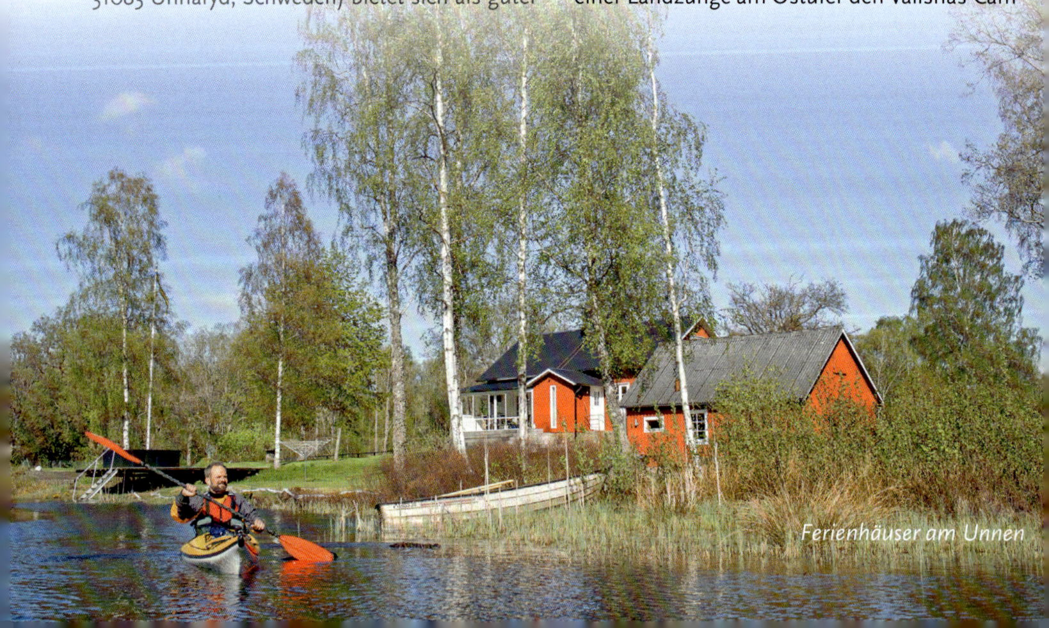

Ferienhäuser am Unnen

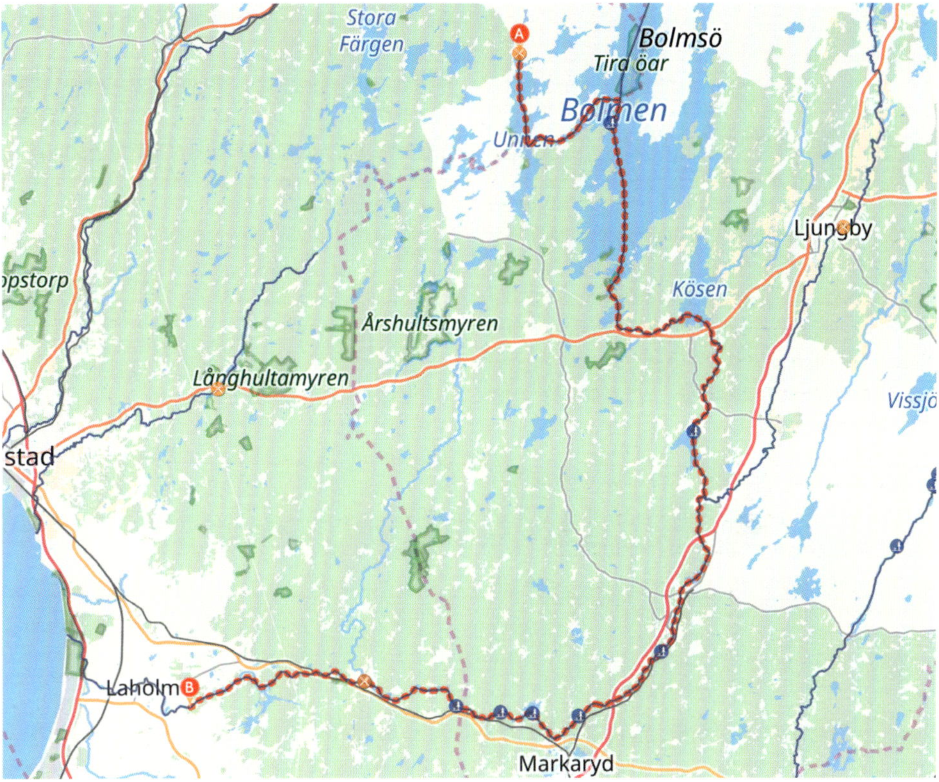

pingplatz. Weitere Übernachtungsmöglichkeiten gibt es im Ort selbst, ebenso auch Restaurants und ein kleiner Supermarkt, um vor dem Ablegen den Proviant aufzustocken.

Nach dem Start geht es Kurs Süd, vorbei an der bereits erwähnten Landzunge mit dem Campingplatz und nach rund acht Kilometer heißt es zur Linken am Ostufer die schmale Durchfahrt in die nach Nordosten abzweigende und sich am Ende verengende Bucht nicht zu verpassen. Das Kraftwerk Önnekvarn muss umtragen werden (rechts von den Ferienhäusern beim Schild aussetzen, auf der Straße nach links, dann vor der Brücke rechts und zurück ans Wasser).

Bei der Weiterfahrt eröffnet sich schon nach wenigen Paddelschlägen eine größere Wasserfläche und man paddelt in nordöstliche Richtung auf eine Inselgruppe zu, die den Übergang zu der riesigen Wasserfläche des Hauptsees bildet. Möglichkeiten, um die erste Etappe zu beenden, bietet der Lagerplatz mit kleinem Unterstand auf der Insel Tjärnaholme oder der Campingplatz gegenüber auf dem Festland.

Auf dem Bolmen geht es nun weiter Richtung Süden. Er gehört zu den Top Ten der größten schwedischen Seen und kommt in Nord-Süd-Richtung auf eine Länge von über dreißig Kilometer. Seine Fläche ist mit 173 km² größer als die des Zwergstaates Lichtenstein und rund 60 km² größer als die der Müritz. Es braucht also nicht erst einen Sturm, damit sich hohe Wellen auftürmen. Paddeln auf dem Bolmen ist daher je nach Wetterlage nicht ganz ohne. Die jeweilige Fahrtroute sollte nach Windrichtung und

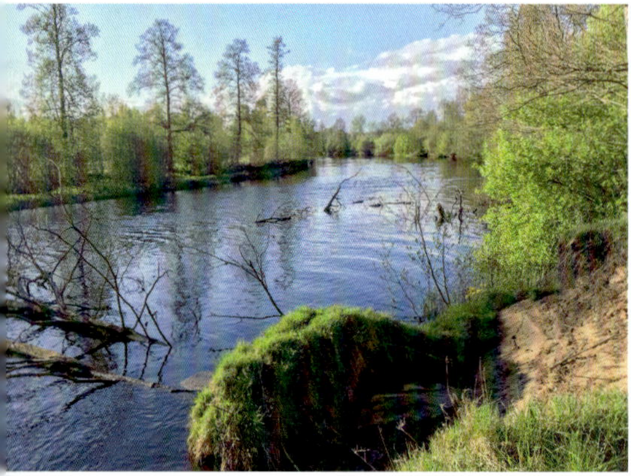

Flusslauf bei Bolmaryd

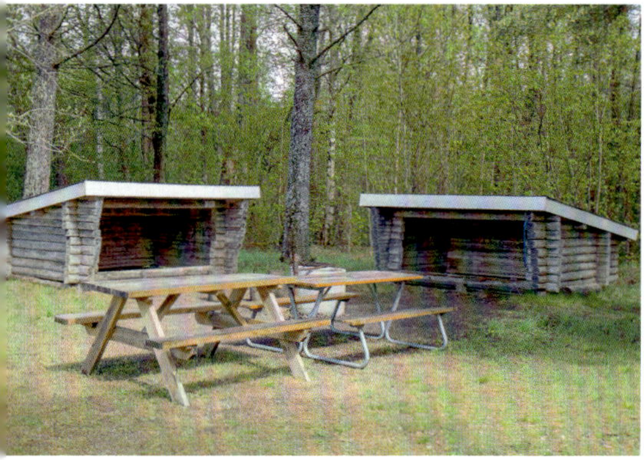

Lagerplatz Skeen

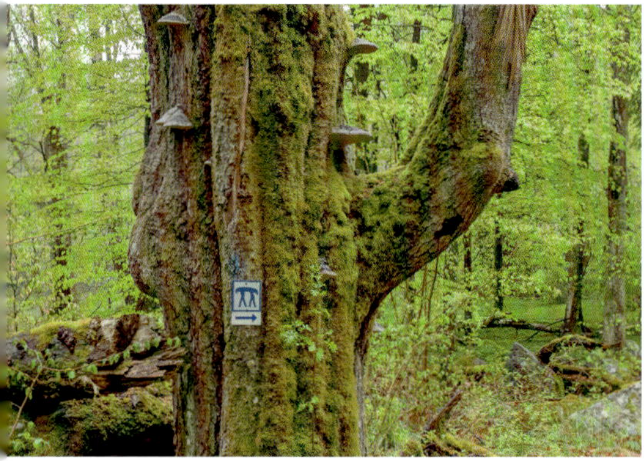

Schöne Portage durch urigen Wald

Stärke gewählt werden. Im Zweifel gilt: Besser in Ufernähe bleiben!

Etwa zehn Kilometer weiter im Süden bietet die weit in den See hineinragende Halbinsel Norrnäs udde einen guten Orientierungspunkt. Östlich davon liegt die südlichste Ausbuchtung des weitverzweigten Sees und wartet mit einem Mosaik aus unzähligen größeren und kleineren Inseln, rot in der Sonne leuchtenden Holzhäusern und vielen, zum Trocknen aufgehängten Fischernetzen auf.

Links vor der Straßenbrücke verstecken sich im Wald die Überreste der Piksborg, die im Mittelalter die Mündung des Flusses Bolmån vor ungebetenen Gästen schützte. Nachdem die Straßenbrücke zurückgeblieben ist, will eine letzte kleine seenartige Ausbuchtung des Bolmens überquert werden.

Der Abfluss des Bolmåns versteckt sich im südöstlichen Zipfel und im rechten der beiden parallel verlaufenden Kanäle erfordert nach wenigen Metern eine sich trichterförmig verengende Gitterkonstruktion eine kurze Portage über das rechte Ufer.

Ist diese bewältigt, ist bald auch der Stau vor dem Kraftwerk Skeen erreicht. Der Steg für die Portage befindet sich hinter der Badestelle am linken Ufer. Man geht vor zur Straße (nicht auf dem Damm!), dann rund 250 Meter nach rechts bis zum Lagerplatz mit zwei Unterständen vor der Brücke.

Zunächst wird der Flusslauf noch von der Straße begleitet, dann aber stellt sich ein bisschen Wildnisfeeling ein, während die leichte Strömung das Boot an weiß-leuchtenden Birken vorbeischiebt. Am Ende führen zwei Flussarme in den südlichen Teil des Kösen-Sees. Den Ausfluss des Bolmåns findet man, indem man parallel zum Südufer weiterpaddelt, der Mobilfunkturm am gegenüberliegenden Ufer bietet dabei eine gute Orientierungshilfe.

Unter der Straßenbrücke im südöstlichen Zipfels des Sees geht es auf dem Fluss weiter, und kurz darauf stellt sich das nächste Wehr in den Weg. Der Ausstieg befindet sich am rechten Ufer. Hier liegt auch der Lagerplatz Östraby. Trinkwasser gibt es beim nahegelegenen Bauernhof. Im weiteren Verlauf windet sich der Bolmån in hübschen Schleifen vorbei an saftigen Weiden und nähert sich den Kvarnaforsarna. Hier rauscht das Wasser auf einer Länge von einem Kilometer mit kräftiger Strömung durch enge Kurven und über mehrere kleine Stromschnellen. Um die Hindernisse sicher zu umschiffen, braucht es gute Bootsbeherrschung und etwas Wildwassererfahrung. Wer sich unsicher oder nach 17 Uhr unterwegs ist, umträgt am linken Ufer.Anschließend geht es gemütlich weiter bis Nöttja, wo das Wasser unter der Brücke wieder etwas kräftiger rauscht. Die richtige Durchfahrt liegt links vom Pfeiler und ist mit einem Pfeil an der Brücke markiert. Dahinter zieht am rechten Ufer der beeindruckende, freistehende Glockenturm aus dem 17. Jahrhundert vorüber und der Fluss ändert seinen Charakter.

Die Weideflächen entlang der Ufer werden von Wald abgelöst und es gibt einige Sandsteilabbrüche entlang der Ufer zu bewundern. Die nächsten Lagerplätze sind vor der Mündung des Bolmåns in den Exen, sowie an dessen Abfluss aus dem See im Süden zu finden.

Südlich des Sees mündet der Bolmån in den Lagan und Wasserwanderer dürfen sich über einige Kilometer unbeschwerter Flusspaddelei freuen. Wer eine „richtige“ Toilette benötigt, kann am Autobahnrastplatz vor der Brücke der E4 an Land gehen. Kurz hinter der Brücke liegt am linken Ufer der Kanulagerplatz Floboda.

Der Flusslauf erweitert sich zu einem hübschen Fjord und nachdem am linken Ufer der Rastplatz Floboda vorüber gezogen ist, macht bald das Wehr Traryd den nächsten Landtransport erforderlich. Die Portage führt am rechten Ufer kurz über den Damm. Wieder im Wasser ist es nicht mehr weit bis Strömsnäsbruk, wo der ICA-Supermarkt am linken Ufer vor der Brücke eine

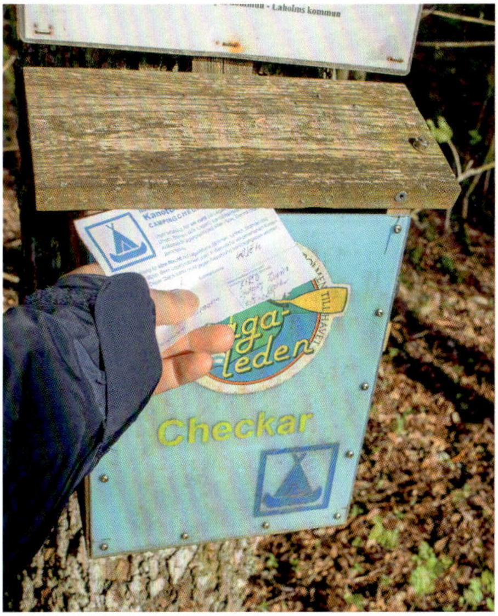

Kanuschecks sind bei der Touristinfo und den örtlichen Kanuvermietern erhältlich.

gute Gelegenheit bietet, um den Proviant aufzustocken.

Hinter dem Ort wird ein großes Flussfreibad mit Liegewiese, Strand und Sprungturm und kurz darauf die Wasserskistrecke mit Schanze passiert, bis die Boote am Ende des Sees am rechten Ufer vor dem Kraftwerk aus dem Wasser gehoben werden müssen.

Wieder zurück ins Wasser geht es am Ende der gut 500 Meter langen Portage beim Rastplatz Kvarnaholm, der mit einem Unterstand ausgestattet ist.

Hinter dem Kraftwerk nimmt die Strömung etwas zu und es sind gut acht hindernisfreie Paddelkilometer bis zum nächsten Kraftwerk Timsfors. Der Ausstieg liegt in der Bucht ganz rechts vor dem Damm beim Kanurastplatz vor dem roten Haus. Um zur Einstiegsstelle zu gelangen, schiebt man den Bootswagen auf der Straße nach links und an der Zufahrt zur Kraftwerksbrücke vorbei. Nun folgt man der Straße für knapp einen Kilometer, biegt dann hinter dem

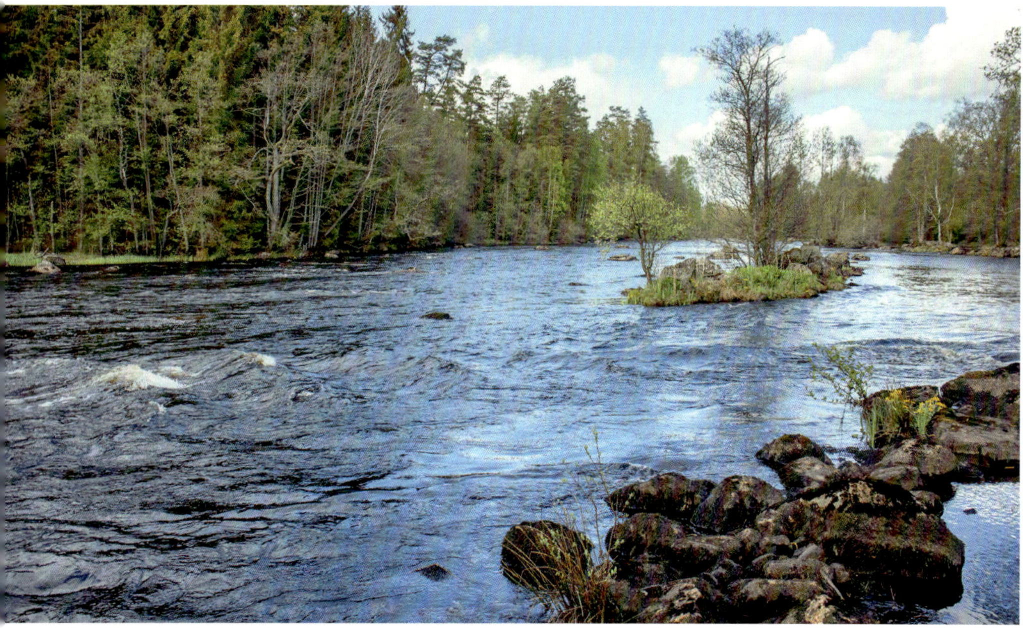

An den Kvarnaforsarna nimmt die Strömung zu...

letzten Haus bei der Hochspannungsleitung nach links auf die Piste zum Umspannwerk, und läuft an dessen Zaun entlang durch den Birkenwald bis zum Ufer.

Wasserkraft am Lagan

1906 wurde in Halmstadt das Energieunternehmen Sydsvenska kraft AB gegründet, um die südschwedische Küste bis nach Malmö mit Strom zu versorgen und zwischen 1907 und 1910 wurden an den Wasserfällen bei Majenfors, Bassalt, Övre und Nedre Knäred die ersten Kraftwerke errichtet. Der aus der Wasserkraft gewonnene Strom versorgte Malmö, Lund, Landskrona, Helsingborg und Halmstadt. 1915 wurde dann sogar ein Stromkabel von Helsingborg über den Öresund nach Helsingör auf dänischer Seite verlegt.

Der folgende Flussabschnitt führt in einem weiten Bogen zum nächsten See und auf der Halbinsel Örnafälla ist der nächste Kanulagerplatz zu finden. Anderthalb Kilometer weiter im Osten liegt links vor der Straßenbrücke eine Bootsslipstelle mit Picknickbänken, und auf der Straße nach links sind es nur gut 500 Meter Fußweg zum gut sortierten Supermarkt Gränsbygdens Köpcentrum in Råstorp.

Hinter der Straßenbrücke knickt der seenartig aufgestaute Flusslauf nach Nordwesten ab und am Ende versperrt das Wehr Ängabäck die Weiterfahrt. Für die Portage wird davor rechtsufrig ausgesetzt und über den Damm zum Kanulagerplatz im Unterwasser umtragen. Der sich anschließende Flussabschnitt erweitert sich nach rund drei Kilometer zum See. In seinem westlichen Ende setzt man am linken Ufer beim B&B „Den Sovende Älgen" mit kleinem Campingplatz in Majenfors aus. Wieder im Wasser gelangt man nach 500 Meter Landweg zum Kanulagerplatz.

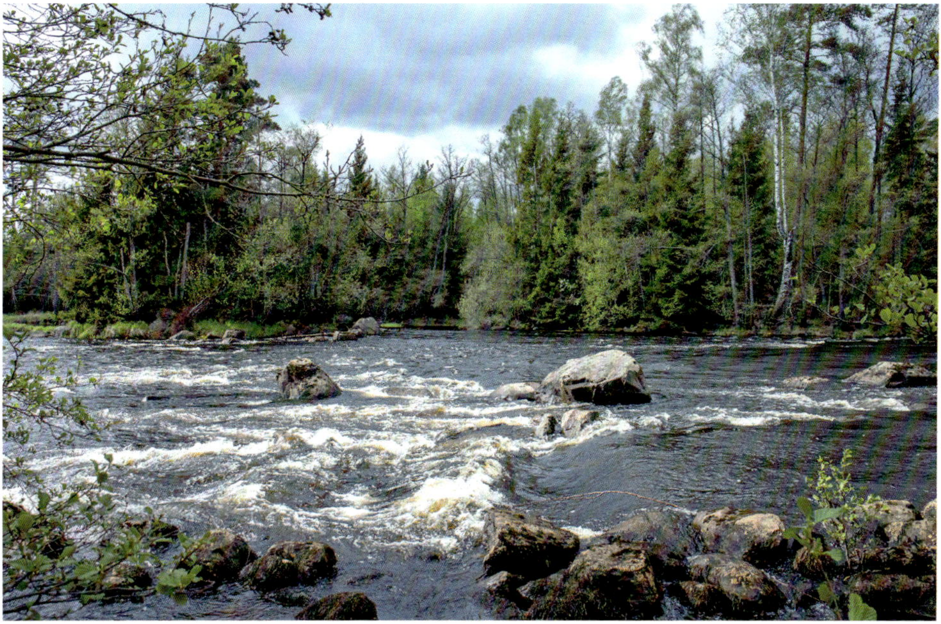

...und das Wasser rauscht durch enge Kurven und über einige Stromschnellen.

Nachdem das Kraftwerk Bassalt am Ende des nächsten Sees kurz über die Insel nach rechts umtragen ist, ist es nicht mehr weit zum Wehr am Kraftwerk Knäred Övre. Am Ausstieg gibt es zwar einen Unterstand, dieser dient aber nur als Pausenplatz. Übernachtet werden darf hier nicht, und um das Zelt aufschlagen zu können, muss zunächst noch die längste Portage der gesamten Tour bewältigt werden. Dazu geht es auf dem Feldweg bis kurz vor das Kraftwerk und dann auf der Straße vorbei an den Wohnhäusern bis zum Sportplatz und dem Freibad Flammabaden. Für die Übernachtung hat man die Wahl zwischen dem regulären Campingplatz und dem Kanurastplatz mit Unterstand direkt am Fluss. Zum Ortzentrum mit Restaurants und Einkaufsmöglichkeiten ist es ein etwa zwei Kilometer langer Spaziergang.

Hinter Knäred werden die Flussufer streckenweise von Bahnlinie und Straße begleitet, es wird aber noch einmal sehr idyllisch. Erst werden beeindruckend hoch aufragende Felsufer passiert, dann öffnen sich zur Linken die Hjörneredssjöarna. Dieses kleine Seensystem mit mehreren Buchten und Inseln entstand, als der Lagan in der ersten Hälfte des 20. Jahrhunderts zur Energiegewinnung ausgebaut wurde, und am nördlichsten Punkt der Halbinsel lockt der Kanulagerplatz Hjörnered mit einem Unterstand. Die verbleibenden Kilometer bis Laholm sind einfach zu paddeln, allerdings sind noch drei aufwändige Portagen von etwa 1.200, 500 und 800 Meter Länge zu bewältigen. Vor dem Kraftwerk Skogaby setzt man am linken Ufer aus, läuft dann nach rechts über die Brücke und folgt der Straße für etwa 400 Meter, bis nach links der Feldweg zum Einstieg abzweigt. Vor dem ersten Damm des Kraftwerks Karsefors setzt man am linken Ufer aus, läuft nach rechts über den Damm, dann vor der Brücke über den Kanal nach links und kann dann das Boot im Wald wieder einsetzen. Leider kommt man nur knapp

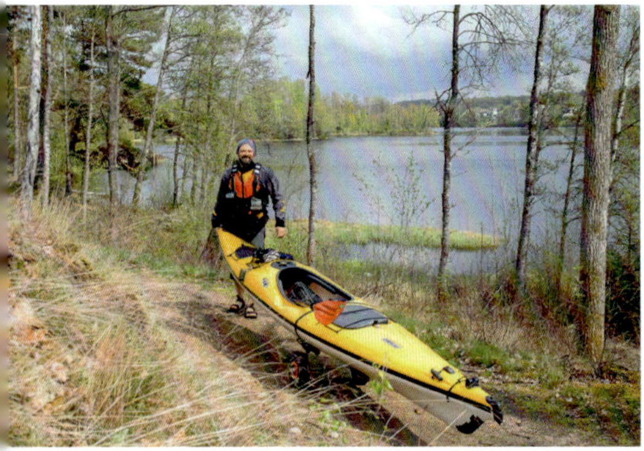

Portage hinter Strömsnäsbruk

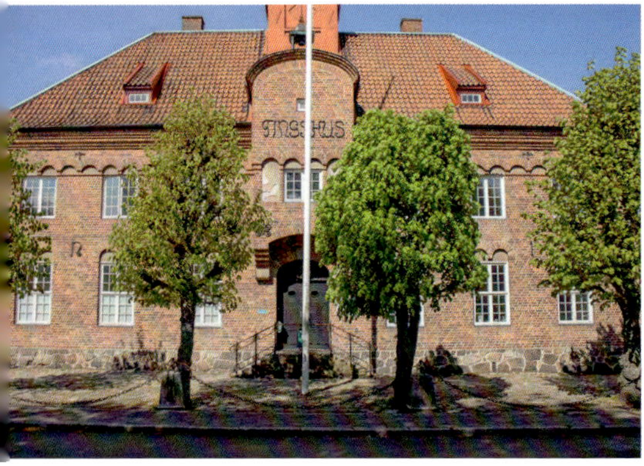

Laholm ist die älteste Stadt in der historischen Provinz Halland.

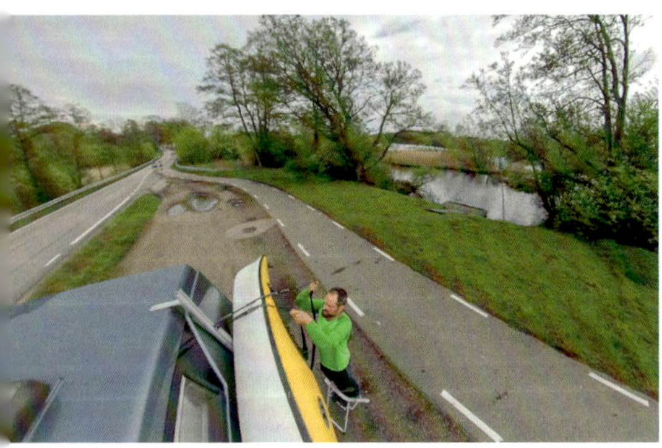

Ausstieg bei Laholm

einen Kilometer weit und muss am linken Ufer erneut aussteigen. Dann muss der Bootswagen bis zum Kraftwerk geschoben werden und weiter auf der Straße in nordwestliche Richtung, bevor es im spitzen Winkel über morastige Wiesen zurück an den Lagan geht.
Nun ist das Schlimmste geschafft, und vorbei am Kanulagerplatz Ängsbacken nähert man sich dem Städtchen Laholm. Eine gute Stelle, um die Tour zu beenden, findet sich zwischen dem großen Gehöft am rechten Ufer und dem nächsten Kraftwerk in einer kleinen Ausbuchtung am rechten Ufer. Hier gibt es einen kleinen Parkplatz neben der Straße (Navi: Ahlavägen 5-7, 31293 Laholm, Schweden), um alles in Ruhe auszupacken. Der Busbahnhof ist in zwanzig Minuten zu Fuß zu erreichen.

ADRESSEN UND INFOS

Beste Zeit

Durch die Regulierung des Lagan reicht der Wasserstand ganzjährig für eine problemlose Befahrung aus. Im Sommer kann es auf dem Bolmen etwas voller werden.

Hindernisse

Über ein Dutzend Portagen zwischen 50 m und 2 km Länge machen das Mitführen eines Kanuwagens obligatorisch. Die Ein- und Ausstiegsstellen sind weithin sichtbar markiert und die Umtragewege verlaufen zum großen Teil über gut ausgebaute Wege. Die etwa 1 km lange Stromschnellen-Passage Kvarnaforsarna darf im Zeitraum vom 1. April bis 15. September nur von 10 – 17 Uhr befahren werden. Landtransport hier ca. 1.500 m.

Unterkunft

Entlang der Strecke wurden in regelmäßigen Abständen zahlreiche einfache Kanulagerplätze mit Sitzgelegenheiten, Chemietoilette und

Feuerholz angelegt. Für deren Nutzung ist ein sogenannter Kanuscheck (40 SEK pro Person und Nacht) erforderlich, den man bei der Ankunft in den Briefkasten vor Ort einwirft. Die Kanuschecks sind vor der Tour in den Touristinformationen oder bei den Kanuverleihern erhältlich. Reguläre Campingplätze gibt es am

- Start in Unnaryd, *www.vallsnascamping.se*
- Bolmen, *www.loknacamping.com* *www.bolmen.com*
- Knäred, *www.flammabadetscamping.com*
- Majenfors, *www.densovandealgen.se*
- Jugendherberge in Strömnsnäsbruk, *www.vandrarhemmetstromsnasbruk.se*

Transfer zurück zum Einstieg

Vom Busbahnhof in Laholm gelangt man in etwa 3:30 Std. über Halmstad und Hyltebruk nach Unnaryd.
Fahrpläne unter: *www.hallandstrafiken.se*

Bootsverleih

- Vallsnäs Camping, SE-310 83 Unnaryd
  Tel. +46 371 60233, *www.vallsnascamping.se*
- Bolmen Marin & Fritid/Bolmens Camping
  SE-34194 Ljungby, Tel. +46 372 23100
  www.bolmen.com
- Bolmåns Kanot, Ågården, Nöttja
  SE-34013 Hamneda, Tel. +46 372 54045
  www.aagarden.com

Einkaufsmöglichkeiten/Proviant

In den Orten Unnaryd, Traryd, Strömsnäsbruk und Råstorp bieten Supermärkte in kurzer Entfernung zum Wasser die Möglichkeiten zur Verproviantierung. Da nur an den wenigen Lagerplätzen eine Möglichkeit zur Trinkwasserversorgung besteht, sollte ein ausreichend großer Vorrat mitgeführt werden.

Sehenswertes

Hembygspark und Bonadsmuseum in Unnaryd. Reste der mittelalterlichen Piksborg (13. Jh.) am südlichen Ende des Bolmen, Kirche (12. Jh.) mit freistehendem Glockenturm in Nöttja kyrka, Tierpark in Traryd, Altstadt und Stadtkirche mit schönen Deckengemälden in Laholm. Im Sommer Freilichtspiele auf der Insel an der Schlossruine.

Alternativen

Aufgrund der zahlreichen Inseln und den guten Lagerplätzen ist eine Rundtour auf dem Bolmens bei Kanuten recht beliebt. Die gut 70 km lange Tour rund um die zentrale Insel Bolmsö lässt sich gut in vier Tagen zurücklegen. Eine Möglichkeit zu einer Runde an Land bieten die Rad- und Wanderweg „Bolmen runt" und „Unnen runt".

Auskunft

Ljungby Tourist Center, Stora torget 6
SE-341 43 Ljungby, Tel. +46 372 789220
www.visitlungby.se
www.unnaryd.com
www.markaryd.se
www.laholm.se

Buchtipps/Karten

- Mit Ausnahme der letzten Kilometer lässt sich der gesamte Streckenverlauf mit lediglich zwei Karten der Sverigeserien Topo50 abdecken und zwar Bolmen/Blatt 15 (Strecke vom Bolmensee bis nach Strömnäsbruk) und Hässleholm, Blatt 5 (Abschnitt südlich von Strömnäsbruk bis kurz vor Laholm).
- Auf der Website *www.aagarden.com* des Kanuvermieters Bolmåns Kanot lässt sich kostenlos eine Kanukarte mit eingezeichneten Portagen und Serviceeinrichtungen im PDF-Format zum Selberausdrucken oder Mitführen auf dem Smartphone herunterladen.

Tour 3: Helge å und Möckeln (Småland)

Der Helge å entspringt nördlich von Älmhult in Småland und mündet südlich von Åhus in Skåne in die Ostsee. Der Oberlauf bis Gustavsfors ist als Kanuweg ausgebaut und das verzweigte Flusssystem des Helge å bietet vielfältige Tourenvarianten. Als Startpunkt stehen die Badestellen in Välje am Virestadsjön nordöstlich von Älmhult oder Ryssby am Ufer des gleichnamigen Sees östlich von Ljungby zur Auswahl. Beendet werden kann die Tour in Älmhult am Südufer des Möckeln oder am Kanurastplatz in Gustavsfors. Unterwegs wechseln sich idyllische, ruhige Flussabschnitte durch Wald- und Feuchtgebiete mit offenen Seen ab und in der vielfältigen Landschaft ist ein herrliches Naturerlebnis garantiert. Auch stehen die Chancen nicht schlecht, Wildtiere und Raubvögel zu Gesicht zu bekommen. Aufgrund der besseren Anbindung an den ÖPNV zum Nachholen des Autos wird im Folgenden die Tour von Ryssby im Norden über den Möckeln nach Älmhult näher vorgestellt.

Etappen

1. Tag: Ryssby – Kanurastplatz Marsholm, 23 km
2. Tag: Kanurastplatz Marsholm – Älmhult, 15 km

Gesamtstrecke: ca. 38 km

Im Örtchen Ryssby findet man eine gute Einstiegsstelle am Badestrand (Navi: Tunagatan 9, SE-34176 Ryssby) und auf dem großen Parkplatz nebenan kann das Auto für die Dauer der Tour zurückgelassen werden. Nach dem Start geht es über den nicht zu breiten See geradeaus nach Süden und nach etwa fünf Kilometer unter der Straßenbrücke hindurch in den Stensjön. Dieser begeistert mit einer Vielzahl von Inseln, und selbst wenn der Wind kräftig bläst, lässt sich immer etwas Windschatten finden. An seinem südlichen Ende ist es dann gar nicht so einfach, die schmale Ausfahrt zu entdecken.

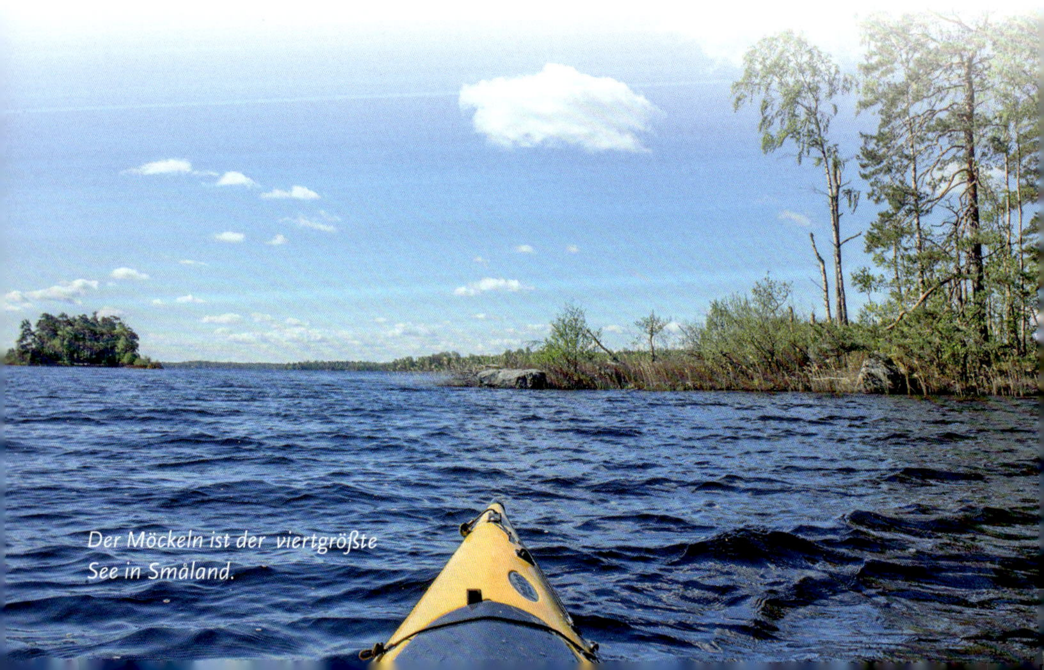

Der Möckeln ist der viertgrößte See in Småland.

Nun folgt ein gemütlicher, schmaler Flussabschnitt. Nach einem kleinen Steg liegt am linken Ufer der Kanulagerplatz Brofästet und der Helge å schlängelt sich in gemütlichen Windungen für etwa vier Kilometer bis zur Straßenbrücke in Agunnaryd. In der nächsten Kurve liegt rechtsufrig der Kanulagerplatz Holmen. Auf der Straße nach rechts ist es ein Fußweg von gut einem Kilometer zum Supermarkt mit dem kleinen Café „Matöppet" im Ortszentrum.

Kurz nach dem Rastplatz öffnet sich der Agunnarydsjön. Am Westufer liegt hinter einer Halbinsel eine Bucht mit dem schönen Badestrand des Ortes. Auf der Halbinsel selbst verstecken sich im Wald die Überreste der „Agundaborg", die Ruine der ersten Kirche von Agunnaryds aus dem 11. Jahrhundert.

Für die Fortsetzung der Kanutour Richtung Süden hält man sich am Ostufer des Sees und findet kurz vor dem südlichen Seeende den Abfluss des Helge å. Es wird eine weitere Straßenbrücke unterfahren, dann sucht sich der Fluss seinen Weg in weiten Schleifen durch eine sumpfige Niederung und die Ufer werden von

Linnés Råshult

In Råshult, knapp zehn Kilometer nordöstlich von Älmhult, wurde am 23. Mai 1707 der spätere Naturforscher Carl von Linné geboren. Mit seiner binären Nomenklatur legte er die Grundlage für die noch heute in der Wissenschaft genutzte Benennung der Pflanzen- und Tierarten mit Gattungs- und Artnamen. Das Gebiet rund um sein Geburtshaus ist als Kulturreservat geschützt, welches zu einer Zeitreise in das Landleben Schwedens im 18. Jahrhundert einlädt. Nach einer Rundwanderung durch die Garten- und Wiesenlandschaft kann man sich vor Ort im Café stärken.
Weitere Infos: *www.linnesrashult.se*

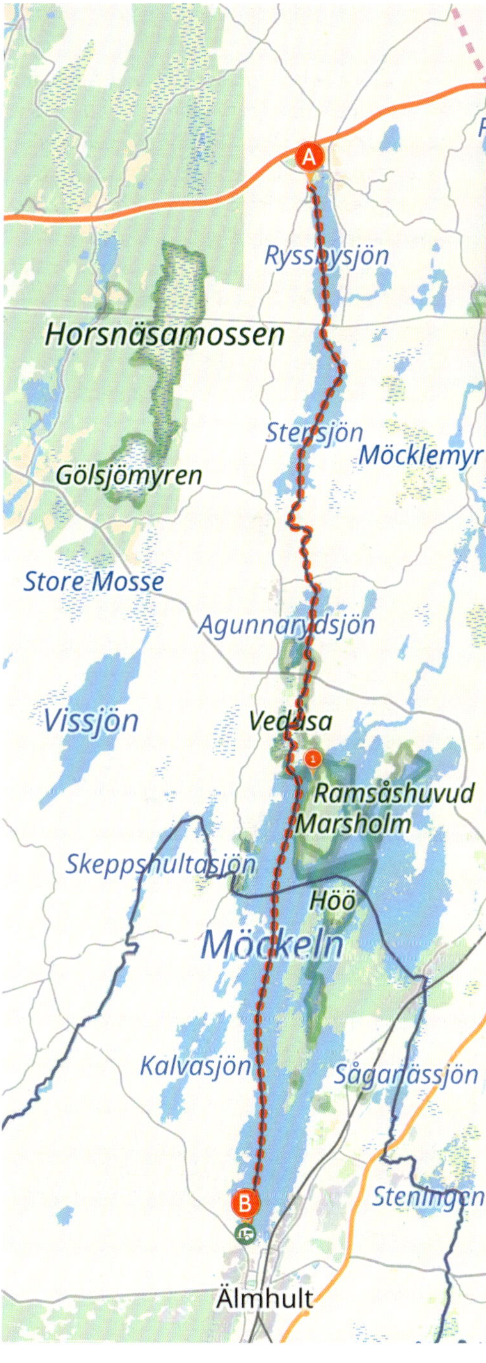

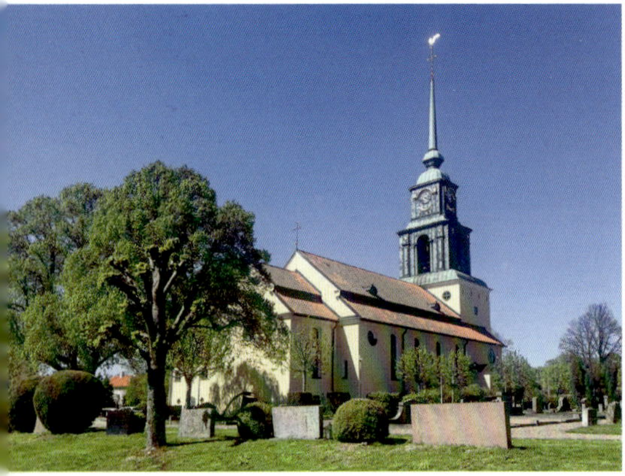

Kirche in Älmhult

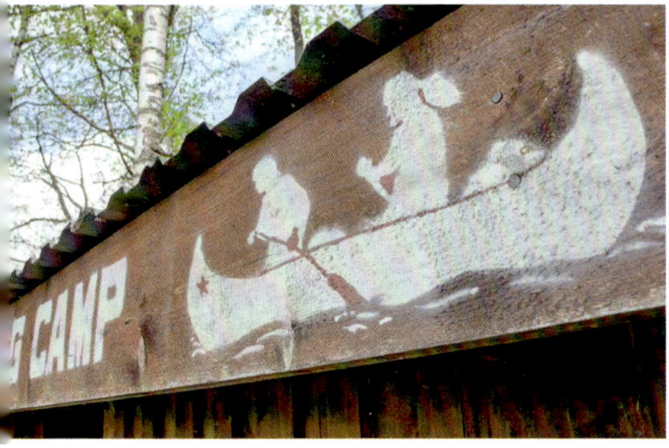

Lagerplatz Holmen

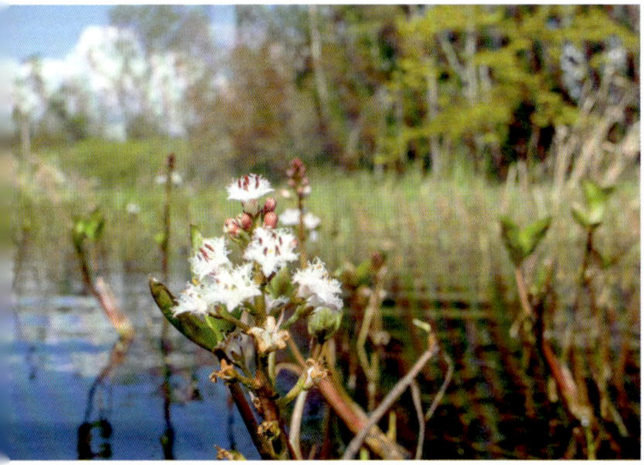

Fieberklee

einem hohen Schilfgürtel gesäumt.

Am Ende geht es hinaus auf den Möckeln und gleich zur Linken liegt die Insel Marsholm, wo ziemlich weit im Norden auf der Westseite der idyllische Rastplatz mit einem Unterstand zu finden ist.

Marsholm ist die größte Insel im Möckeln und durch eine Brücke mit dem Festland verbunden. In kurzer Entfernung zum Lagerplatz ist der alte Bauernhof aus dem Jahre 1872 zu bewundern, und der direkt am Unterstand vorbei führende markierte, knapp zwei Kilometer lange Wanderpfad bietet eine gute Möglichkeit, sich die Beine zu vertreten und die Natur der Inseln näher in Augenschein zu nehmen.

Im nördlichen Teil des Sees Möckeln gibt es mehrere Natur- und Vogelschutzgebiete. Achten Sie auf die Hinweisschilder und befolgen Sie die angegebenen Verhaltensregeln. In den Naturschutzgebieten darf nicht gezeltet, und die Vogelschutzgebiete dürfen nicht betreten werden.

Da der Möckeln recht flach ist, können sich bei stärkerem Wind leicht hohe Wellen bilden, deshalb ist je nach Wetterlage und Windrichtung die Fahrtroute mit Bedacht zu wählen. Der direkte Weg nach Älmhult führt mehr oder weniger geradeaus durch die Inselwelt nach Süden. Der weithin sichtbare Campingplatz bietet einen guten Orientierungspunkt am Etappenende. Wer die Tour ohne eine weitere Übernachtung abschließen möchte, kann auch am großen Badestrand rechts vom Campingplatzgelände anlegen.

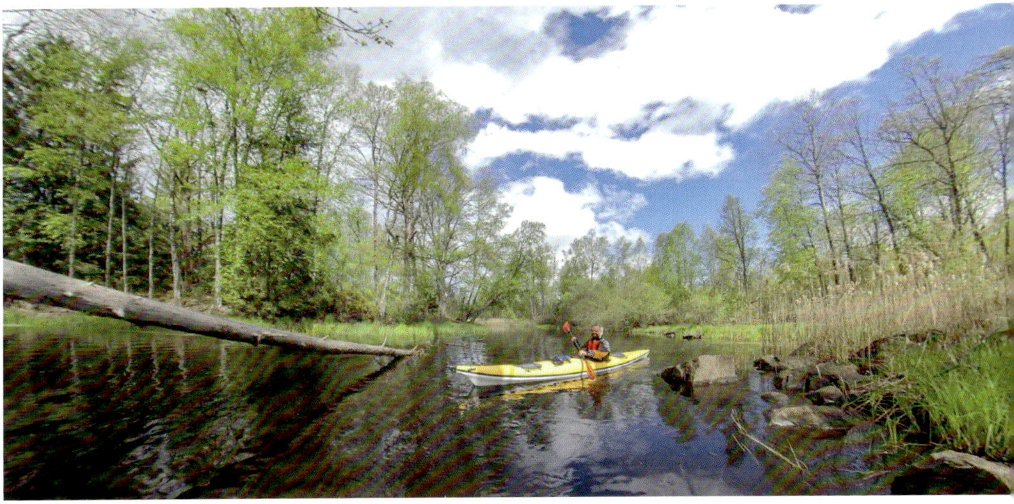

Idyllischer Flussabschnitt vor Agunnaryd

ADRESSEN UND INFOS

Beste Zeit

Die Rastplätze werden vom 1. Mai bis 31. September betreut. Im Sommer ist mit etwas mehr Betrieb zu rechnen.

Hindernisse

Die vorgestellte Strecke ist bei normalem Wasserstand durchgängig ohne Landtransport zu befahren.

Unterkunft

Entlang des Helge å-Flussystems wurden eine Reihe von Lagerplätzen mit Trockentoiletten, Müllentsorgung und Feuerstelle samt Brennholz angelegt, für deren Nutzung eine geringe Gebühr erhoben wird. Die Zahlung erfolgt mit Kanuchecks, die man bei den Kanuverleihern oder in den Touristinformationen erwerben kann. Sie kosten 50 SEK pro Kanu und Nacht (50 SEK pro Person und Nacht bei der Übernachtung auf dem Kanurastplatz Såganäs). Am Tourenende in Älmhult wartet ein komfortabler Campingplatz mit Hüttenvermietung,

Sjöstugans Camping & Hostel
SE-34338 Bökhult, Tel. +46 476 71600
www.sjostugan.com

Transfer zurück zum Einstieg

Von der Badestelle am Möckeln ca. 30 min. Fußweg zum Bahnhof im Zentrum von Älmhult, dann mit der Bahn nach Alvesta und weiter mit dem Bus nach Ryssby. Fahrzeit insgesamt je nach Verbindung ein bis 2 Stunden. Fahrpläne unter: *www.lanstrafikenkron.se*

Bootsverleih

- Lanthandeln i Agunnaryd, Brånavägen 6
  SE-34177 Agunnaryd, Tel. +46 372 69039
- Sjöstugan Camping in Älmhult
  (siehe Unterkunft).

Einkaufsmöglichkeiten/Proviant

Supermärkte am Anfang der Tour in Ryssby und am Ende in Älmhult sowie unterwegs in Agunnaryd (ca. 1 km Fußweg ab Kanulagerplatz oder Badestelle).

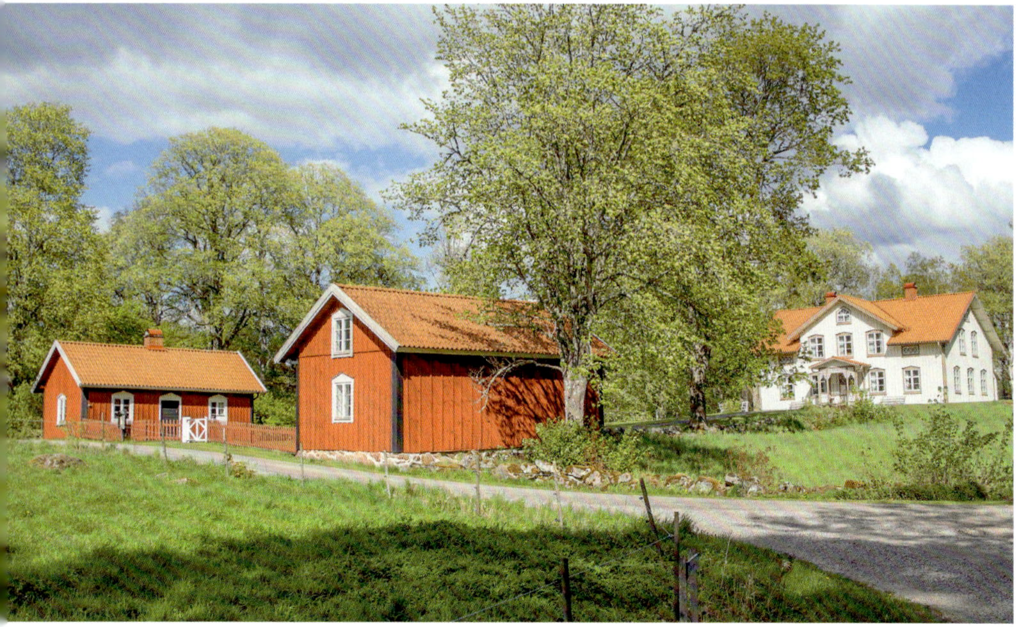

Historischer Bauernhof auf Marsholm

Sehenswertes

Kirche (20. Jh.) und Ikea-Museum (*www.ikeamuseum.com*) in Älmhult. Kulturreservat Linnés Råshult.

Alternativen

Die zweite Kanustrecke auf dem Helge å führt von der Badestelle am Virestadsjö von Ost nach West über den Möckeln und weiter auf dem Flussabschnitt bis Gustavsfors. Bei Niedrigwasser in besonders trockenen Sommern kann die Passage von Virestad bis zum Sägnässjön nur sehr schwer oder gar nicht befahren werden. Rund um Älmhult gibt es mehrere markierte Wanderwege zwischen 2 und 5 km Länge sowie eine markierte Radroute rund um den See Römningen (ca. 14 km).

Auskunft

- Älmhults turistbyrå, Stortorget 1
  SE-34330 Älmhult, Tel. +46 476 55152
  visitalmhult.se
- Ljungby turistbyrå, Stora torget 6
  SE-34143 Ljungby, Tel. +46 372 789220
  www.visitljungby.se

Buchtipps/Karten

Die Karte „Kanotkarta Helge å“ verzeichnet alle Lagerplätze und weitere Servicestellen entlang der Strecke und ist in den Touristinformationen sowie bei den Kanuverleihern erhältlich (PDF-Version zum Download auf der Website der Touristinformation).

Tour 4: Immeln, Raslången und Halen (Skåne/Blekinge)

Etwa zwanzig Kilometer nördlich von Kristianstad liegt inmitten dichter Wälder das Seengebiet zwischen Immeln und Olofström. Abwechslungsreiche, nicht zu große Seen mit unzähligen, zum Teil felsigen Inseln und eine ruhige Natur in Verbindung mit Kanulagerplätzen, die mit komfortablen Unterständen ausgestattet sind, machen das Revier zu einer guten Wahl für Anfänger und Familien mit Kindern. Durch die natürlichen Verbindungen (und einige zum Teil leider recht unwegsame Portagen) zwischen den Seen Immeln, Filkesjön, Raslången und Halen ergibt sich eine knapp dreißig Kilometer lange Kanuroute, die sich durch den einen oder anderen Abstecher in die unzähligen Buchten leicht zu einer längeren Tour ausdehnen lässt.

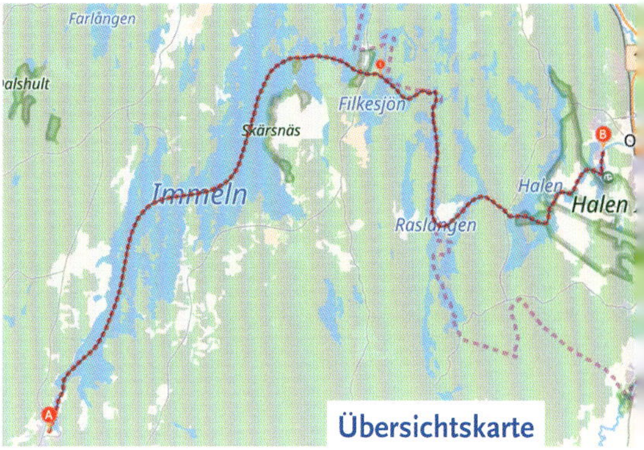

Übersichtskarte

Etappen

1. Tag: Immeln – Kanulagerplatz Filkesjön, ca. 16 km

2. Tag: Kanulagerplatz Filkesjön – Olofström, ca. 13 km

Gesamtstrecke: ca. 29 km

Einen guten Startpunkt für die Tour auf dem Immeln-Seengebiet stellt die Kanuzentrale in Immeln am Südende des Sees dar (Navi: Gamla byvägen 1B, SE-28973 Immeln). Hier können vor dem Start aktuelle Informationen über die Strecke eingeholt, und in dem kleinen Outdoor-

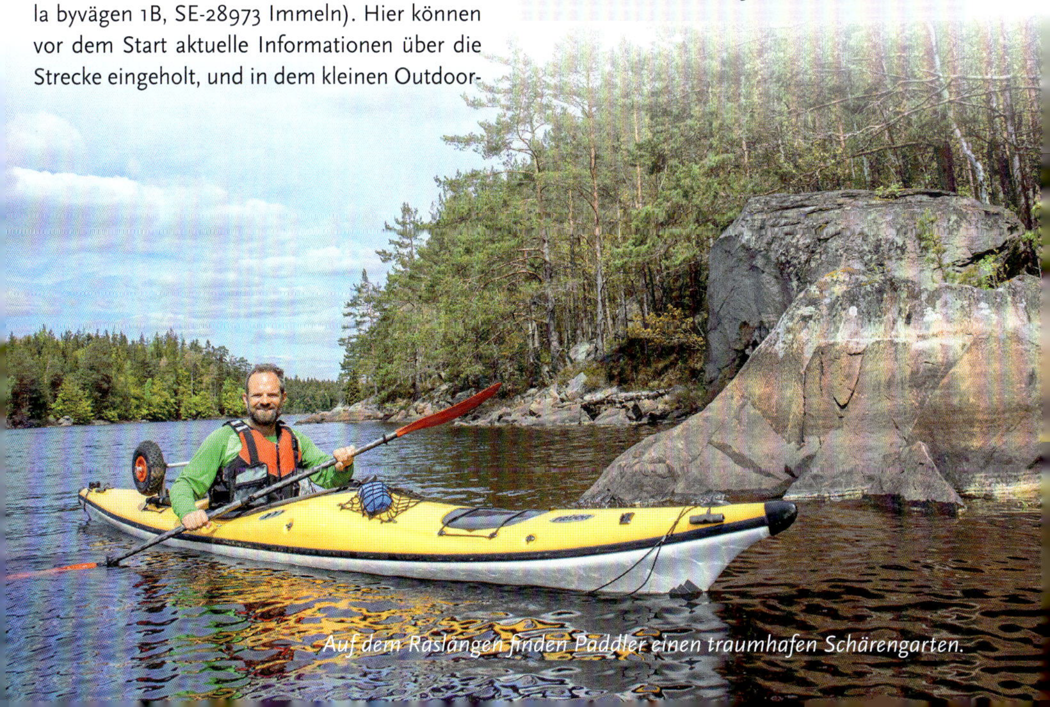

Auf dem Raslången finden Paddler einen traumhaften Schärengarten.

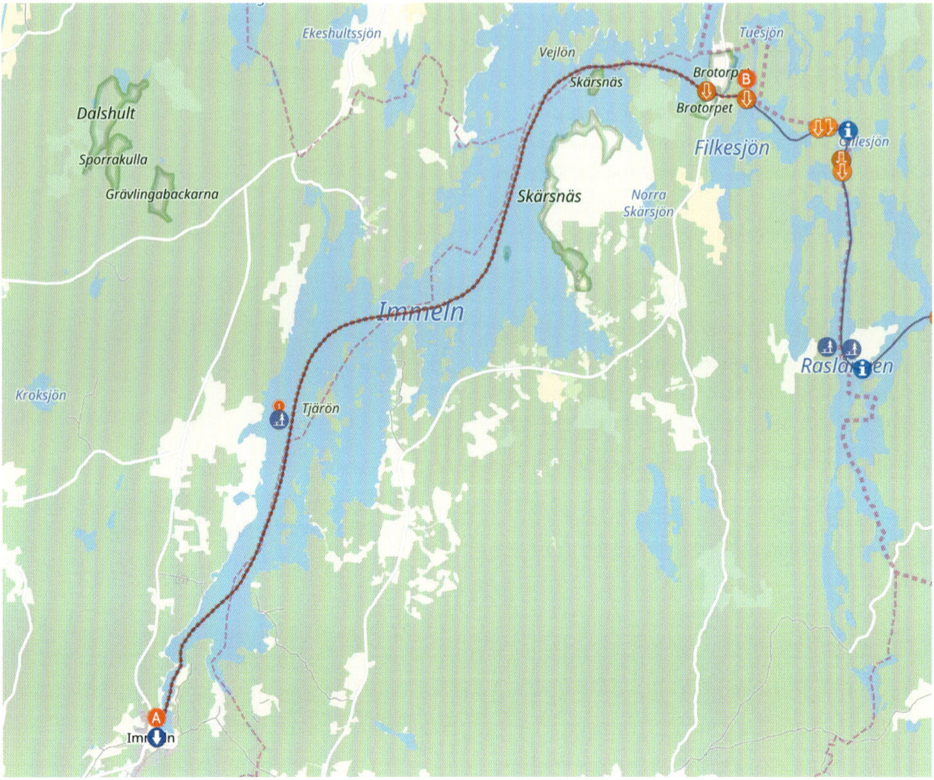

Laden fehlende Ausrüstung oder Proviant (sogar gefriergetrocknete Nahrung ist im Angebot) nachgekauft werden. Nach dem Abladen des Bootes am Steg kann das Auto für die Dauer der Tour auf dem großen Parkplatz zurückgelassen werden.

Die Tour führt vorbei an dem Ausflugsdampfer MS Immeln und den zu Beginn dicht an dicht stehenden Ferienhäusern entlang des Ufers. Die werbewirksame Bezeichnung „Südlichste Wildmark Schwedens" ist mit Hinblick auf die unendlichen Weiten Lapplands natürlich etwas übertrieben, aber schnell wird der schmale See breiter und mit jedem Paddelschlag nach Norden übernimmt mehr und mehr die Natur das Kommando.

Nach gut fünf Kilometer werden die beiden Nachbarinseln Kvinnöarna erreicht und auf beiden finden sich Kanulagerplätze. Besonders schön ist der Unterstand auf der Nordostseite der südlichen Insel.

Von den Kvinnöarna nimmt man Kurs Nordost, paddelt auf der Westseite der Insel Tjäron entlang und anschließend durch ein System von unzähligen kleineren Inseln, welche als Vogelschutzgebiete dienen. Diese dürfen entsprechend der aufgestellten Schilder vom 1. April bis zum 15. Juli nicht betreten werden.

Von der Landzunge Udden, die weit in das Wasser hineinragt, paddelt man weiter in nordöstliche Richtung auf die beiden Getön-Inseln zu (Naturreservat, Zelten verboten!) und weiter am östlichen Seeufer nach Norden.

Bevor an der Insel Vejlön das Insellabyrinth im

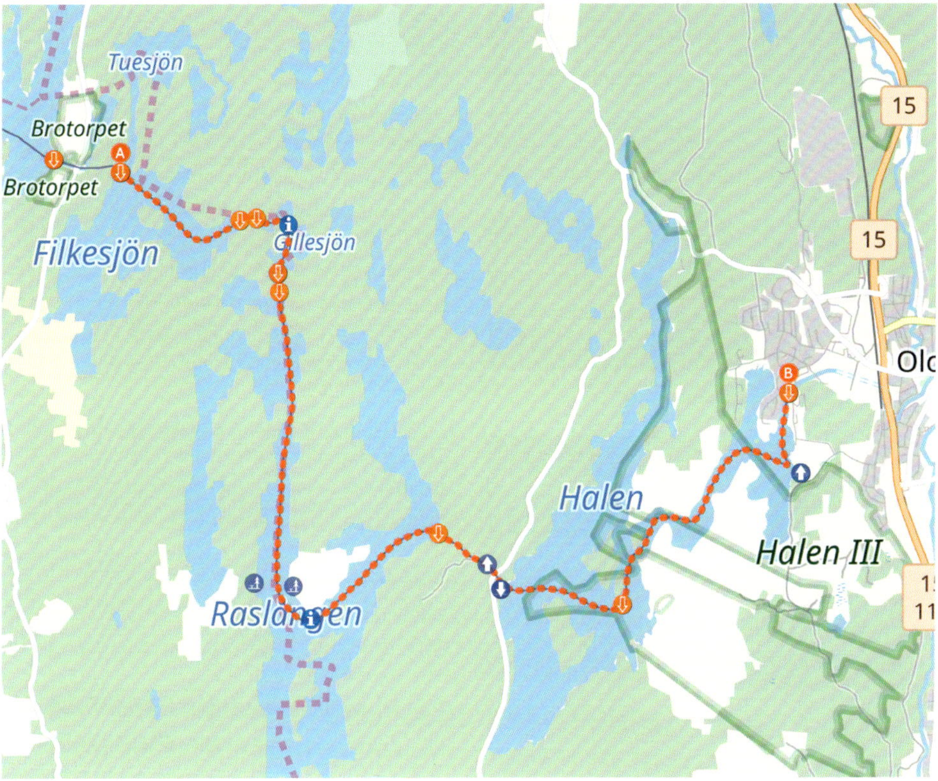

nördlichsten Seezipfel beginnt, biegt man Richtung Osten ab und paddelt zwischen den Eilanden Högön und Ekön hindurch, um ganz am Ende des Sees die schmale, flussartige Verbindung neben dem Kanurastplatz in den nächsten See zu finden.

Am rechten Ufer ist nach wenigen Metern der Ausstieg für den ersten Landtransport erreicht. Anschließend rollt man den Bootswagen auf dem Waldweg vor bis zur Straße, über dieses hinweg und dann auf dem Waldweg weiter bis zum Rastplatz mit zwei Unterständen am Ufer des Filkesjön, auf dem die Tour dann in südöstliche Richtung fortgesetzt werden kann.

Lange währt das Vergnügen allerdings nicht, denn hat man die Insel in der Seenmitte passiert, so hält man sich links und findet am Ende der Bucht den Ausstieg für den nächsten Landtransport. Die Portage Getatorpet sieht auf den ersten Blick schlimmer aus, als sie letztendlich ist und ein Bootswagen mit Luftreifen lässt sich erstaunlich gut über die Holzplankenkonstruktion im Wald schieben. Lediglich der steile Abstieg am Ende hinunter zum Seeufer hat es in sich und man muss gut aufpassen, damit das Kanu nicht ungebremst in den See hinabschießt.

Zurück auf dem Wasser hält man sich rechts, erreicht über eine flache, harmlose Stromschnelle den tiefer gelegenen Seeteil des Gillesjön und dreht die Bootsspitze in südliche Richtung. Am linken Ufer findet man vor dem Flussablauf eine gute Ausstiegstelle und muss das Kanu dann auf einem wurzelüberwachsenen und mit Stei-

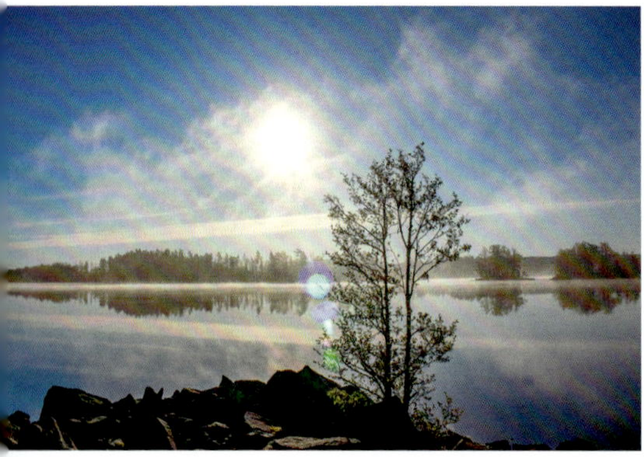

Traumhafte Morgenstimmung

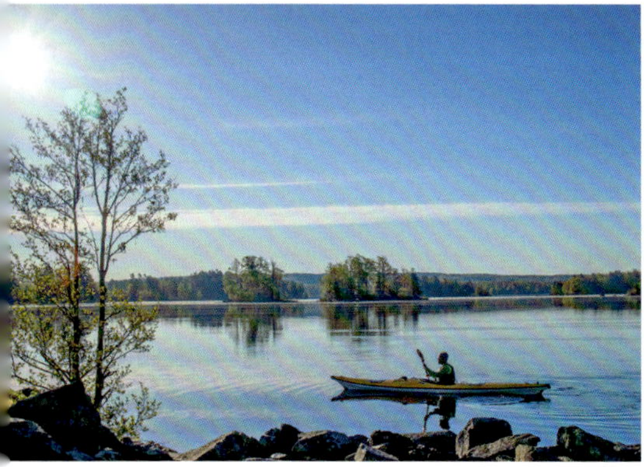

Inseln und Buchten: Das Immeln-Seensystem ist ein Traum für Paddler.

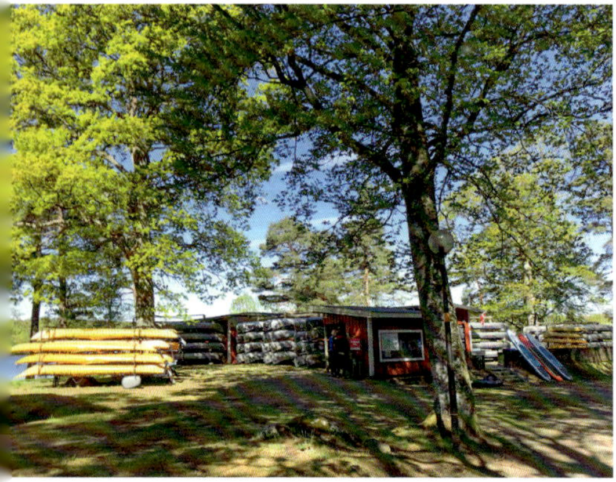

Kanuzentrale in Olofström

nen durchsetzen Waldweg über einen kleinen Landrücken bugsieren.

Nun ist der langestrecke Råslangen erreicht und auf den nächsten Kilometern wird das Paddel- und Naturvergnügen erst einmal nicht mehr durch schweißtreibende Landtransporte getrübt. Es geht schnurgerade nach Süden und nach rund drei Kilometer gibt es sowohl am rechten wie auch am linken Ufer jeweils einen Kanurastplatz mit Unterstand.

Anschließend geht es um die Landzunge herum nach Nordosten auf die letzte Portage in Alltidhult zu.

Der Ausstieg dazu ist nach wenigen Metern auf der flussartigen Verbindung Richtung Halen am rechten Ufer erreicht. Auf dem Feldweg hält man sich an der Kreuzung bei den roten Häusern links, überquert den Wasserlauf und läuft in einer Rechtskurve bis zur Straße, dort nach rechts erneut über den Wasserlauf und dann nach links zum Rastplatz mit zwei Unterständen am Westufer des Halen.

Nun ist es nicht mehr weit bis zum Etappenziel Olofström. Der direkte Weg führt geradewegs nach Osten an der Nordspitze der Insel Söderön vorbei. Sobald diese erreicht ist, gilt es die Bootsspitze nach Nordost auszurichtet. Hat man die etwas „versteckt“ liegende Einfahrt in den Österjön gefunden, paddelt man weiter in nordöstliche Richtung und muss aufgrund der geringen Wassertiefe und dem einen oder anderen aus dem Wasser ragenden Felsen die Fahrtroute mit Bedacht wählen. Bald kann man in einer Bucht zur Rechten den breiten Sandstrand der Badestelle am Campingplatz ausmachen. Dieser ist gut geeignet, um die Tour zu beenden. Die Kanuzentrale ist auf dessen linker Seite zu finden.

ADRESSEN UND INFOS

Beste Zeit

Das Immeln-Seengebiet ist nicht nur bei Paddlern sehr beliebt und im Sommer ist der Andrang entsprechend hoch.

Hindernisse

Insgesamt vier Portagen zwischen 200 und 800 m Länge. Die Umtragestrecken verlaufen zum Teil über unwegsame Waldwege, ein stabiler Bootswagen mit geländegängiger Luftbereifung ist daher dringend angeraten.

Unterkunft

Campingplätze am Start und am Ende der Tour in Immeln bzw. Olofsström.
www.immelnscamping.se
www.mycamping.se/camping/halen/
In Gebiet gibt es insgesamt 15 Rast- und Übernachtungsplätze mit Feuerstellen, Mülltonnen und Trockentoiletten. Einige der Plätze verfügen zudem über einen Windschutz. Alle Lagerplätze findet man in der Übersichtkarte der Kanuverleiher (siehe Kasten Buchtipps). Die Lagerplätze im Immeln sind kostenfrei. Für die Übernachtung an den Lagerplätzen an den Seen Filkesjön, Raslången und Halen muss eine Naturschutzkarte für 50 SEK pro Kanu und Nacht erworben werden. Das geht u. a. auch online unter:
order.halenkanot.com/de/einkaufskorb

Transfer zurück zum Einstieg

Mit öffentlichen Verkehrsmitteln möglich, aber sehr umständlich und zeitaufwändig: Insgesamt ca. 3 Stunden. Zunächst mit dem Bus von Olofström nach Bromölla, weiter mit dem Zug nach Kristianstad, dann mit dem Bus nach Knislinge oder Arkelstorp und von dort schließlich mit dem Bus nach Immeln. Einfacher ist es daher, sich am Campingplatz in Olofström ein Fahrrad zu leihen und damit auf direktem Weg (ca. 35 km) zurück zum Auto nach Immeln zu fahren.

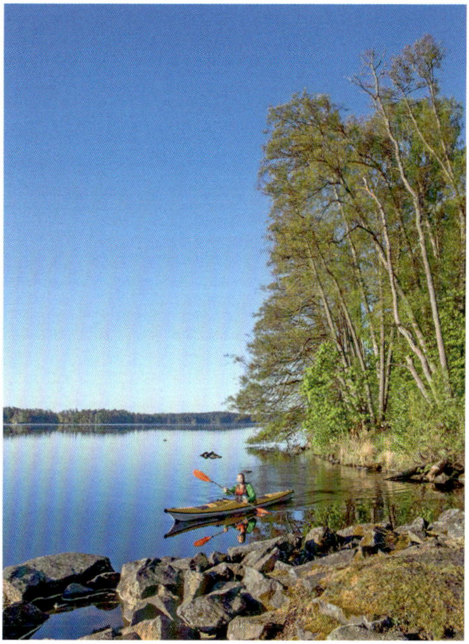

Die Region lockt mit wilder Schönheit.

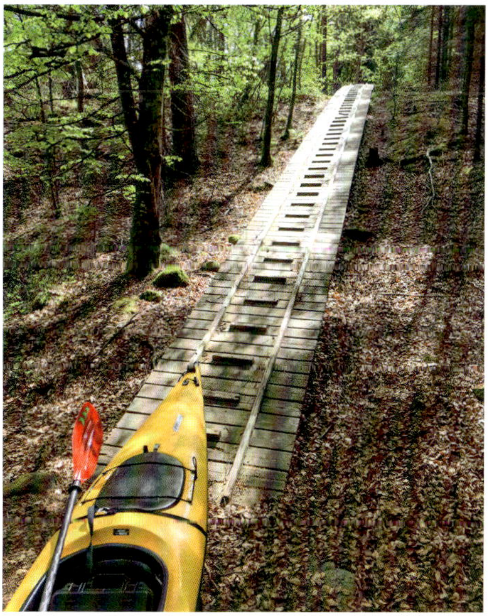

Die Portagen zwischen den Seen haben es leider in sich.

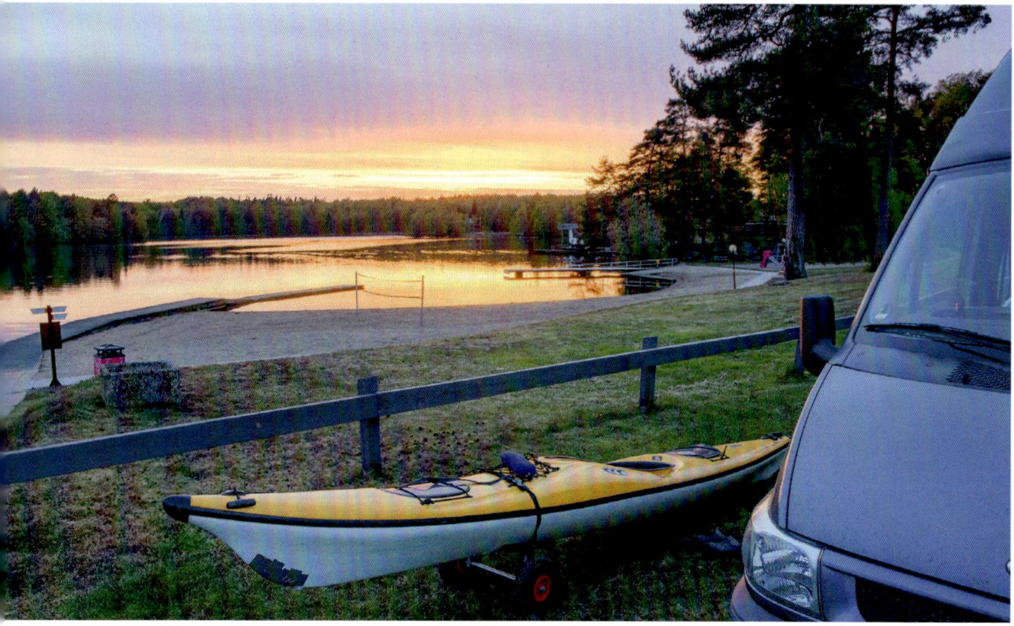

Campingplatz in Olofström

Bootsverleih

- Immelns Kanotcenter, Tel. +46 449 6100
  https://de.immeln.co/
- Kanotcentralen i Olofström
  Tel. +46 454 40810, *www.halenkanot.com*

Einkaufsmöglichkeiten/Proviant

Kleiner Shop in der Kanuzentrale in Immeln, Supermärkte ca. 7 km südlich von Immeln in Arkelstorp sowie in Olafström am Ende der Tour. Unterwegs gibt es keine Einkaufsmöglichkeiten.

Sehenswertes

Naturreservat Nytebodaskogen (nördlich des Immeln) mit stattlichen, über 250 Jahre alten Bäumen. Heimatmuseum im Holjepark in Olafström.

Alternativen

Wandern auf dem Skaneleden. Radfahren auf dem Banvallsleden (Radroute auf alten Bahndämmen von Halmstad über Olofström nach Karslhamn).

Auskunft

Visit Blekinge, Christopher Schrödersgatan 9
SE-37436 Karlshamn, *www.visitblekinge.se*

Buchtipps/Karten

- Topografische Karte „Kanotled Halen – Raslången – Immeln" im Maßstab 1:50.000 erhältlich u. a. bei den Vermietern.
  Download der PDF-Version unter:
  www.halenkanot.com
- Sverigeserien Topo50
  Blatt 6: Kristianstad 1:50.000
- Calazo-Karte „Nordöstra Skåne", 1:50.000 gedruckt auf sehr widerstandsfähigem und wasserfestem Tyvek-Papier.

Tour 5: Ronnebyån (Småland/Blekinge)

Der Ronnebyån fließt vom See Rottnen südwärts durch eine hügelige, einsame Landschaft. Unterwegs wechseln sich Flussabschnitte und nicht zu große Seenflächen ab und einige kurze Stromschnellen sorgen für spritzigen Fahrspaß. Diese Tourenbeschreibung endet in dem Dörfchen Södra Sandsjö am Ostufer des gleichnamigen Sees, denn die verbleibende Strecke des Ronnebyåns bis zu seiner Mündung in die Ostsee ist aufgrund zahlreicher Stauseen und der dichteren Besiedlung aus kanusportlicher Sicht nicht mehr ganz so attraktiv.

Etappen

1. Tag: Hovmantorp – Rastplatz Tällekullen, ca. 14 km
2. Tag: Rastplatz Tällekullen – Kanurastplatz Svartabäck, ca. 18 km
3. Tag: Kanurastplatz Svartabäck – Naturcamping Näset/Södra Sandsjö, ca. 14 km

Gesamtstrecke: ca. 46 km

Etwa fünfundzwanzig Kilometer südöstlich von Växjö bietet das kleine Dorf Hovmantorp am Nordufer des Sees Rottnen alles, was Paddler für das Gelingen des Tourenstarts benötigen. Im Supermarkt des Orts kann man sich verproviantieren und dank Bahnhof und Bushaltestelle bereitet das Nachholen des Autos nach der Tour keinerlei Probleme.

In fußläufiger Entfernung zum Zentrum liegt „Gökaskratts Camping“ (Navi: Bruksallén 7, SE-36542 Hovmantorp). Hier kann vor dem Ablegen gezeltet oder komfortabel in einer Hütte übernachten werden. Falls der Campingkocher kalt bleiben soll, gibt es auch ein Restaurant und es stehen ausreichend Parkmöglichkeiten zur Verfügung, um das Auto für die Dauer der Tour abzustellen.

Das flache Ufer und ein Steg an der Badestelle machen den Auftakt der Tour zum Vergnügen und die ersten Paddelschläge führen gerade über den See an das gegenüberliegende Ufer.

Dort geht es in südliche Richtung weiter und bald werden Paddler von einer abwechslungsreichen Inselwelt empfangen. Es geht entgegen dem Uhrzeigersinn um die Halbinsel Näs herum und von deren äußersten Spitze weiter auf die Insel Kiön zu, hinter der der Abfluss des Ronnebyån zu finden ist.

Dort angekommen, muss das Boot für die erste

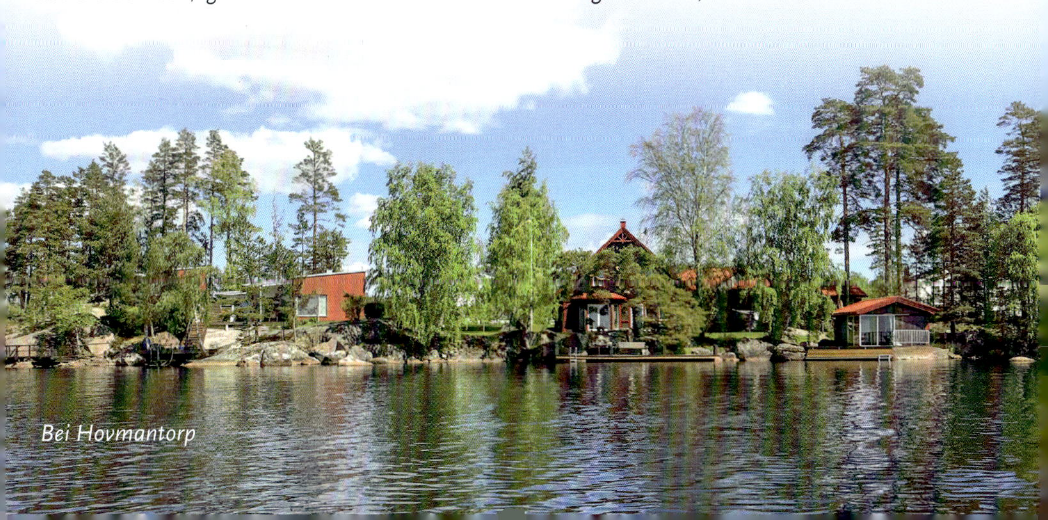

Bei Hovmantorp

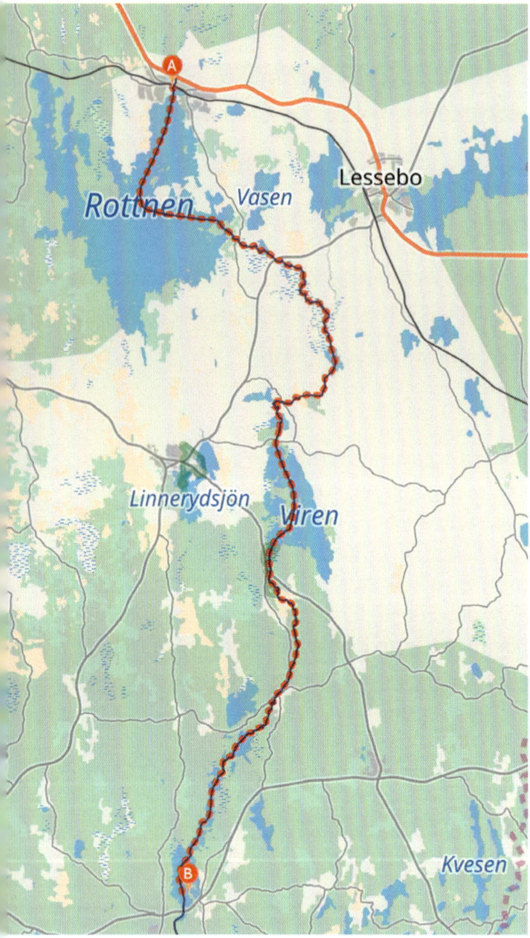

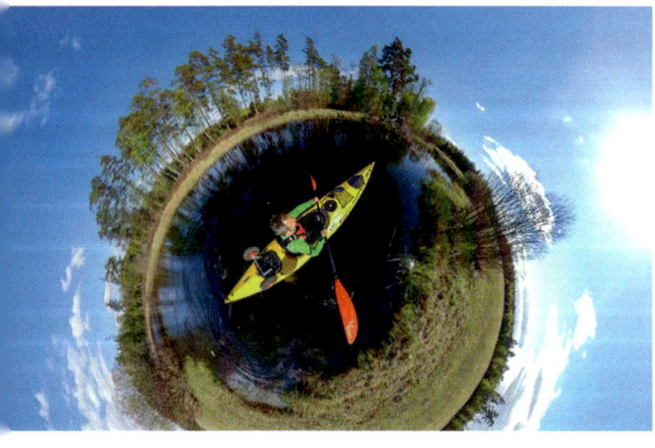

Idyllischer Flussabschnitt des Ronnebyån

Smålands Glashütten

Im südöstlichen Småland hat die Herstellung von Glas eine lange Tradition. Der Reichtum der dafür benötigten Rohstoffe Quarzsand und Brennholz führte bereits in der ersten Hälfte des 17. Jahrhunderts zur Ansiedlung von Glashütten. Im Glasreich (schwedisch „glasriket") finden Besucher eine Reihe von Glashütten (am berühmtesten sind Kosta-Boda und Orrefors), in denen man den Glasbläsern bei der Arbeit über die Schulter schauen und live miterleben kann, wie aus rotglühendem, geschmolzenem Quarzsand kunstvolle Gläser, Vasen oder Schalen entstehen. Im angeschlossen Werksverkauf besteht die Chance auf ein Schnäppchen.
Internet: *www.glasriket.se*

Portage vor dem Wehr am linken Ufer aus dem Wasser gehoben werden. Der kurze, aber recht unwegsame Landtransport führt quer über den Zugangssteg Richtung Wehr und auf dem folgenden schmalen Flussabschnitt macht das dichte Weidebuschwerk die Weiterfahrt nicht gerade zum Vergnügen.

Nachdem man sich den Weg gebahnt hat, wartet vor der Steinbogenbrücke bereits der nächste Landtransport. Dieses Mal wird rechtsufrig ausgesetzt. Danach läuft man hoch zur Straße und auf dieser ein kurzes Stück nach rechts, bis beim Straßenschild am Fahrbahnrand links ein steiniger Pfad zurück an den Fluss führt.

Anschließend schlängelt sich der Ronnebyån in schönen Kurven durch den Wald und hier und da grüßt eine Hütte vom Ufer. Der kleine See Knäsjön, der am Ende erreicht ist, wird in südöstliche Richtung überquert. Bei den Häuser von Västra bro legt man rechts vom Wehr an, schiebt den Bootswagen anschließend nach

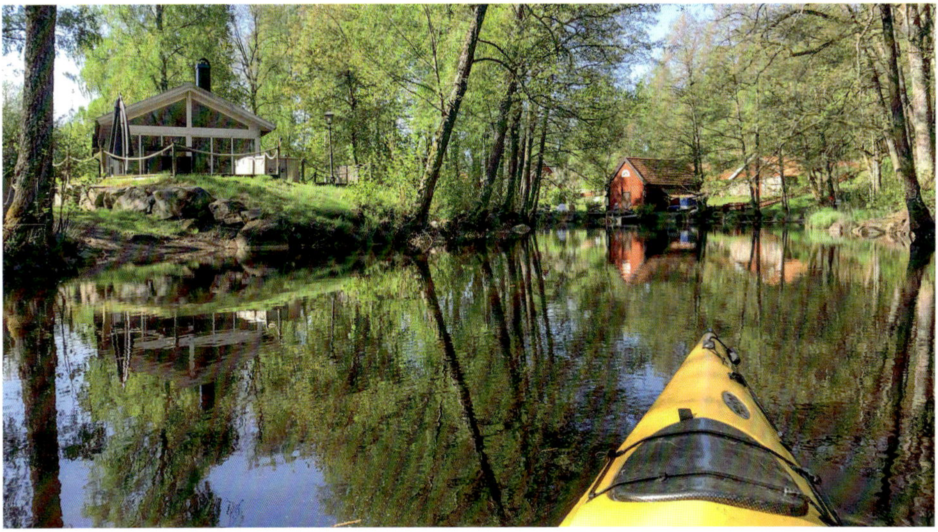

Bei Korrö

links über die Brücke und folgt der Straße in einer Rechtskurve bis kurz vor eine T-Kreuzung. Hier führt ein Pfad rechts hinunter und unter der Straßenbrücke bietet sich eine gute Möglichkeit zur Weiterfahrt.

Auf der folgenden Strecke begeistert der Ronnebyån mit einem eindrucksvollen Naturerlebnis. Es geht in herrlichen Windungen durch eine sumpfige Niederung. Die Ufer sind flach und der Blick kann ungehindert über die Landschaft schweifen.

Nach einer Etappe von knapp vierzehn Kilometer Länge ab Hovmantorp bietet der idyllische Lagerplatz Tällekullen am rechten Ufer das passende Ambiente für den stimmungsvollen Ausklang des ersten Paddeltages auf dem Ronnebyån. Für einen kleinen Obolus von 20 SEK pro Kanu darf das Zelt aufgebaut oder für 50 SEK pro Person auch in der kleinen Hütte mit zwei Betten übernachtet werden. Bezahlt wird nach dem Motto „Kasse des Vertrauens“, das Geld wird einfach in den bereitgestellten Briefkasten geworfen. Bei der Weiterfahrt warten noch weitere drei unbeschwerte Paddelkilometer mit engen Flussschleifen und kurz vor dem Erreichen des nächsten Sees bei Gottamad wird es etwas spritziger auf dem Wasser. Die kleinen Stromschnellen sind mittig recht gut zu fahren, aber aufgepasst, denn je nach Wasserstand ist die Brücke (zu) flach. Wer sich die Fahrt durch das kabbelige Wasser nicht zutraut, kann leicht am rechten Ufer umtragen.

Der Abfluss des Ronnebyån versteckt sich am Ende der Bucht ganz im Südwesten des Sees und bald ist der Damm vor dem Kraftwerk Skogsholm erreicht. Der Ausstieg liegt davor am rechten Ufer. Die Portage führt zunächst über die kleine Brücke und dann gleich nach rechts auf dem Damm neben dem Betonkanal. Nach einem kurzen Stück geht es unten auf der parallel verlaufenden Piste für etwa 500 Meter bis zum alten Kraftwerk, wo man das Boot wieder ins Wasser lassen kann. Der Rastplatz, der sich gegenüber im Wald versteckt, wirkt eher wenig einladend.

Nach einer gut einen Kilometer langen Passage mit begradigten Ufern warten hinter der Straßenbrücke in Skogskvarn die nächsten kleineren

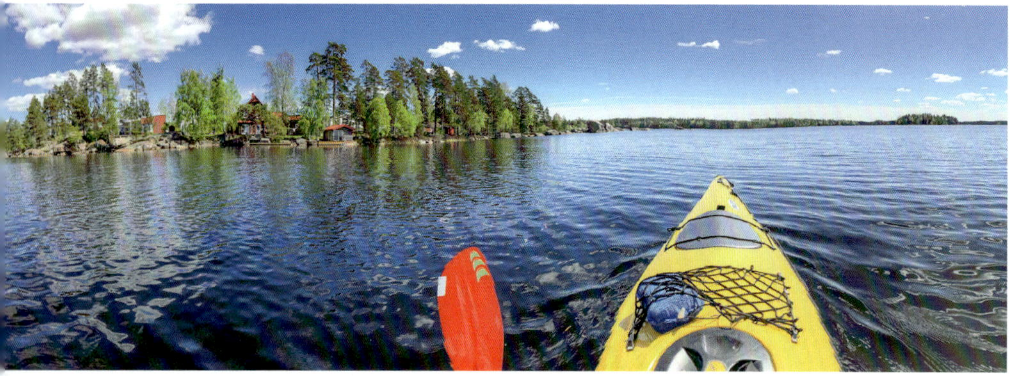

Start auf dem Rottnen

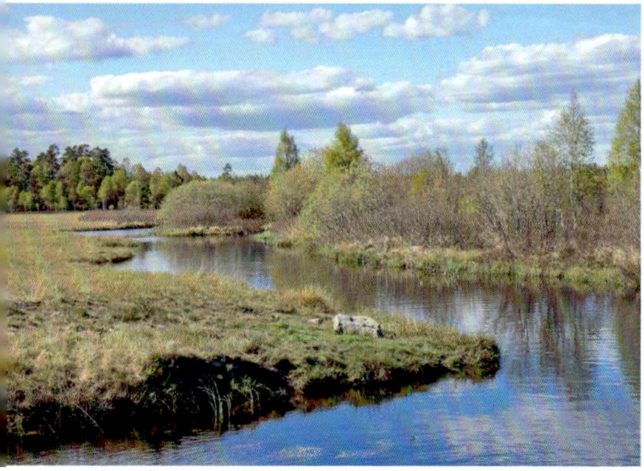

Nach dem Verlassen des Rottnen wartet ein windungsreicher Flussabschnitt...

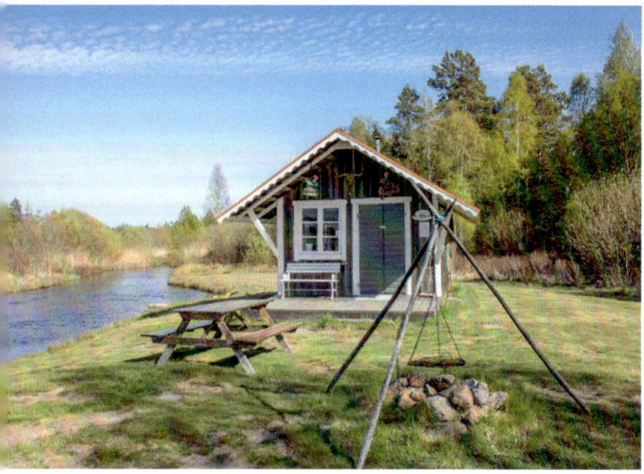

... an dessen Ufer der traumhafte Zeltplatz Tällekullen liegt.

Stromschnellen. Auch sie können bei Bedarf problemlos am linken Ufer umtragen werden.

Nun wendet sich der Ronnebyån nach Süden und durchfließt einen ersten, langgestreckten See von Nord nach Süd. Anschließend öffnet sich vor der Bootsspitze die große Wasserfläche des Viren. Sie ist mit vielen Inseln gespickt und das Wasser ist nicht besonders tief. Immer wieder ragen große Findlinge aus dem Wasser, deshalb ist die Paddelroute mit Bedacht zu wählen. Um die Fahrt auf dem Ronnebyån fortzusetzen, hält man sich an das Westufer und nach knapp fünf Kilometer öffnet sich rechter Hand eine schöne Bucht mit der flussartigen Durchfahrt nach Korrö.

An der Flussgabelung vor der Insel hält man sich rechts und findet vor den ersten Gebäuden den Ausstieg. Die Portagestrecke führt über den Hang hinauf zur Straße. Vor der Brücke im Ortskern geht es nach rechts über den Parkplatz zum Einstieg.

Das historische Handwerkerdorf Korrö aus dem 18. Jahrhundert ist ein beliebtes Ausflugsziel. In der Blütezeit wurde die Wasserkraft des Ronnebyån hier für den Betrieb von Wassermühle, Gerberei, Färberei und Sägemühle genutzt. Zwar wurde die Industrie Mitte des 20. Jahrhunderts endgültig eingestellt, aber die charmanten Holzgebäude halten die Erinnerung an die vergangene Zeit wach. Das frühere Herrenhaus und seine Nebengebäude bieten heute unterschiedliche Unterkunftsmöglichkeiten. Der einstige Kaufmannsladen von 1890 dient als Rezeption, Touristinfo und es gibt einen kleinen Kiosk, in dem Eis, Süßigkeiten, Getränke und Souvenirs angeboten werden. Um das leibliche Wohl kümmern sich das Restaurant und Café im ehemaligen Müllershaus direkt am Wasser. Zum Mekka der Folkmusik wird Korrö alljährlich in der letzten Juliwoche, denn das mehrtägige Korrö Folkmusikfestvival gilt als größtes Folkfestival in Schweden.

Zurück im Boot lockt nach zwei Kilometer gemütlicher Fahrt durch einen ruhigen Wald der idyllisch am rechten Ufer auf einer Lichtung gelegene Rastplatz Svartabäck mit Unterstand und großem Schutzdach. Sogar einen Steg mit Badeleiter gibt es.

Der Ronnybyån sucht sich seinen weiteren Weg in zahlreichen, nicht zu engen Windungen nach Süden. Der Damm in Bro macht dann den letzten Landtransport der Tour erforderlich. Er führt am rechten Ufer über die Straße.

Zurück auf dem Wasser geht es über einen kurzen Flussabschnitt vorbei an einem Sägewerk zum kleinen See Bastjön. Gleich am Ende der Bucht zur Rechten liegt der Lagerplatz Flåboda.

Eine Reihe kleinerer Seen führt zum langgestreckten Sandsjön, an dessen Südostufer die Tour endet. Nachdem die große Insel Dångemåla passiert wurde, rückt die weit in den See hineinragende Landspitze Näset in den Blick. An der Spitze liegt die Badestelle und auf der Rückseite befindet sich der ruhige Naturcampingplatz.

ADRESSEN UND INFOS

Beste Zeit

Eine Befahrung ist grundsätzlich ganzjährig möglich. Am niedrigsten ist der Wasserstand im August und September.

Hindernisse

Auf dem beschriebenen Abschnitt stehen insgesamt sechs Kanutransporte zwischen 50 und 1.000 m Länge an und erfordern einen zuverlässigen Bootswagen. Zusätzlich gibt es zwei kleinere Stromschnellen-Passagen, die bei Bedarf umtragen werden können.

Unterkunft

Einige einfache Rast- und Lagerplätze mit Feuerstelle und Trockentoiletten, sowie einige private Unterkünfte:

- Campingplatz in Hovmantorp Tel. +46 70 8745417
- Kanurastplatz und Hüttenvermietung Tällekullen, *www.tallekullen.com*
- Jugendherberge in Korrö, *www.korro.se*
- Näsets Naturcamping in Södra Sandsjö bei Dangebo.

Transfer zurück zum Einstieg

Von der Bushaltestelle Södra Sandsjö (direkt am Ende der Zufahrtsstraße zum Naturcamping) verkehrt an Wochentagen die Linie 215 nach Tingsryd. Von dort geht es mit der Linie 240 weiter zum Bahnhof in Växjö und anschließend in weniger als 20 Minuten mit dem Øresundståg zurück nach Hovmantorp. Fahrpläne unter: *www.lanstrafikenkron.se*

Bootsverleih

- Padellkompaniet, Tel. +46 457 80300 *www.paddelkompaniet.se*
- Korro, Tel. +46 470 34249, *www.korro.se*

Einkaufsmöglichkeiten/Proviant

Supermarkt in Hovmantorp. Am Tourenende gibt es etwa 2 km westlich vom Naturcamping einen Supermarkt in Konga.

Sehenswertes

Kirche aus dem 19. Jahrhundert in Hovmantorp. Glashütte Kosta (ca. 25 km nordöstlich von Hov-

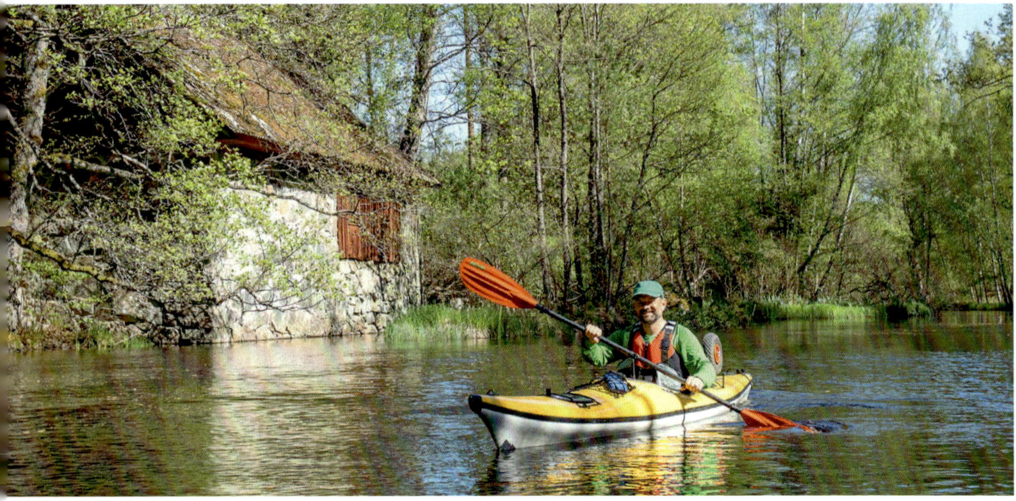

Am Tourenfinale wartet noch einmal eine wildromantische Flusspassage.

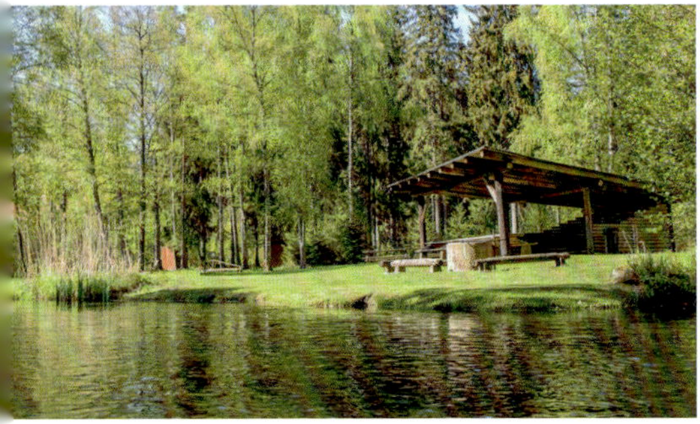

Kanurastplatz Svartabäck

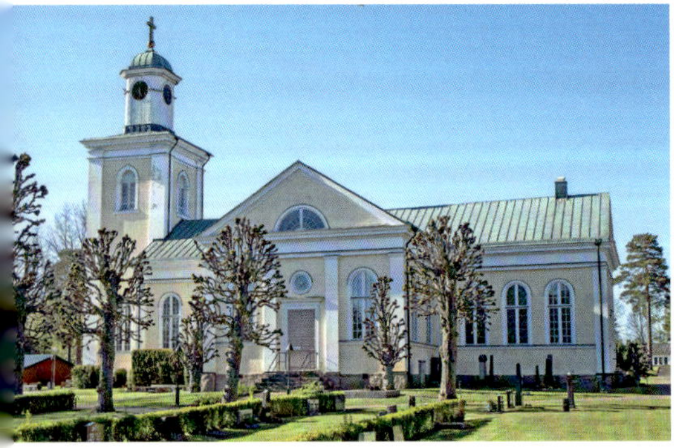

Kirche in Hovmantorp

mantorp). Papierfabrik in Lessebo (10 km östlich von Hovmanntorp), Handwerkerdorf Korrö, Heimatmuseum und Kirche in Södra Sandsjö.

Alternativen

Wandern oder Radfahrern auf dem markierten Utvandrarleden („Weg der Auswanderer"), *utvandrarleden.se*.
Wanderung durch das Naturreservat Korrö.

Auskunft

Touristinformation Ronneby, Västra Torggatan 1
SE-37230 Ronneby, Tel. +46 457 617570
www.ronneby.se

Buchtipps/Karten

- Växjö turistkarta im Maßstab 1:50.000.
- Die Broschüre „Kanuroute Ronnebyån" mit Karten im Maßstab 1:50.000 ist nur beim Kanuverleiher (*www.paddelkompaniet.se*) erhältlich. Auf der Website gibt es eine Online-Version, die man allerdings weder ausdrucken noch herunterladen kann.

Tour 6: Värendsleden (Småland)

In Anlehnung an die mittelalterliche Bezeichnung für die Region im südlichen Teil Smålands führt die als „Värendsleden" bekannte Kanutour von Asa etwa 45 Autominuten nördlich von Växjö bis fast hinunter an die Küste von Blekinge. Dank dem steten Wechsel von Flussabschnitten und Seen lässt die insgesamt rund 120 Kilometer lange Wasserwanderung zwischendurch keine Langeweile aufkommen. Landschaftlicher Höhepunkt ist der Archipel des inzwischen als Nationalpark geschützten See Åsnen mit seinen unzähligen Buchten und Inseln.

Etappen

1. Tag: Åby – Kanulagerplatz an den Stromschnellen zwischen Bergkvarasjön und Kråkesjön, ca. 23 km
2. Tag: Kanulagerplatz an den Stromschnellen zwischen Bergkvarasjön und Kråkesjön – Kanulagerplatz Huseby Bruk, 24 km
3. Tag: Kanulagerplatz Huseby Bruk – Kanulagerplatz Trollberget, 22 km
4. Tag: Kanulagerplatz Trollberget – Urshult, 17 km

Gesamtstrecke: ca. 86 km

Asa am Nordende des Asasjön ist „offizieller" Startpunkt des Värendsleden. Leider bestehen hierher aber keinerlei Busverbindungen, und wer nach der Tour unkompliziert mit öffentlichen Verkehrsmitteln zurück zum Einstieg reisen möchte, um das Auto nachzuholen, wählt besser einen weiter südlich gelegenen Einstiegsort.
Gut geeignet ist neben Tolg auch das kleine Dorf Åby, wo die Bootsrampe unterhalb der Schleuse (Navi: Slussvägen, SE-36334 Rottne) eine gute Gelegenheit für den Einstieg bietet. Direkt nebenan betreibt der Heimatverein im Sommer (leider ausschließlich an Sonntagnachmittagen geöffnet) ein kleines Café. Die Sjövillan i Åby wurde Ende des 19. Jahrhunderts als Getreidelager für die benachbarte Haferflockenfabrik errichtet und wer zur richtigen Zeit unterwegs ist, kann mit leckerem Kuchen im Garten sitzen und dem historischen Dampfschiff Thor beim Schleusen zusehen. Der Dampfer ist das älteste mit Holz befeuerte Schiff Schwedens und verkehrt zwischen Mai und August als Ausflugsdampfer zwischen seinem Heimathafen an der Schlossruine Kronoberg bei Växjö und Asa.

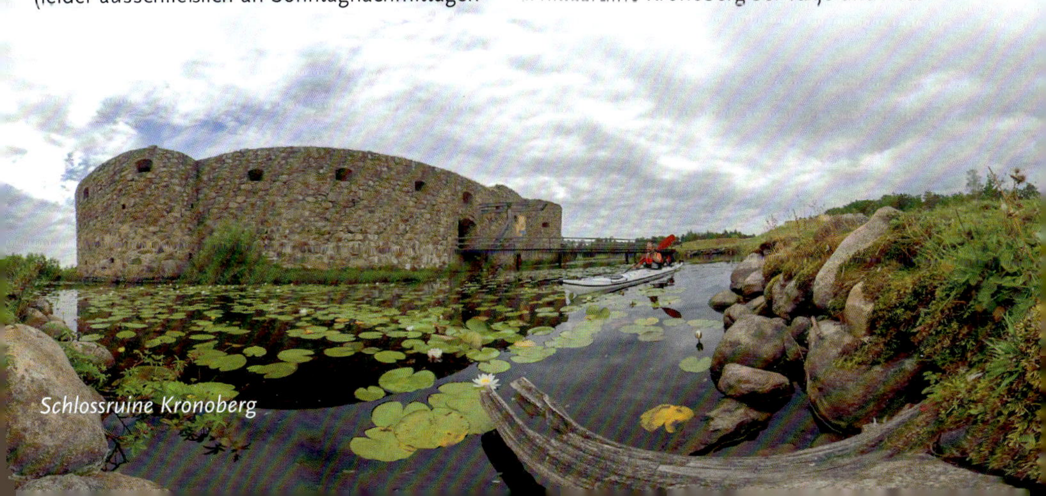

Schlossruine Kronoberg

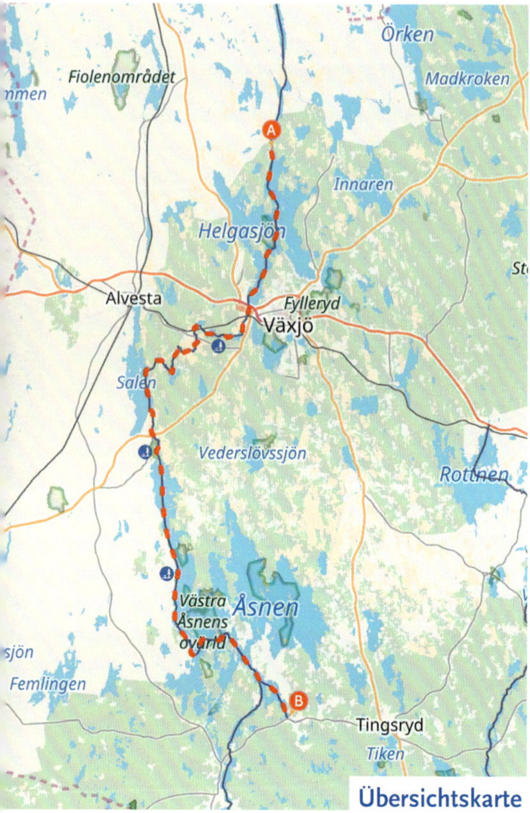

Übersichtskarte

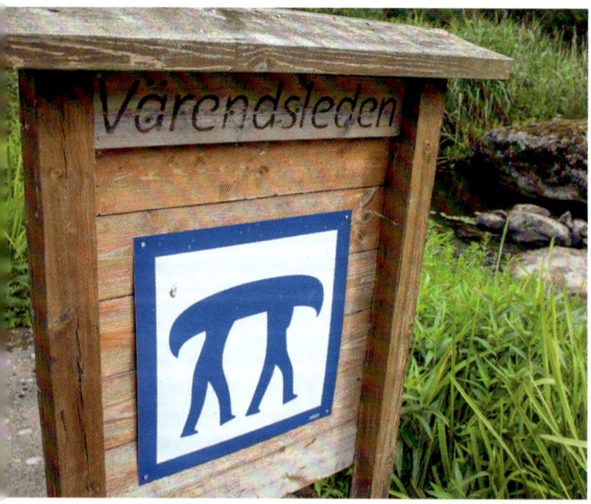

Die Kanuroute ist gut beschildert.

Nach dem Ablegen geht es von Åby in südliche Richtung über den Helgasjön. Am Westufer ziehen zuerst ein kleiner Yachthafen, dann die Badestelle und zahlreiche Ferienhäuser vorüber. Es geht für etwa sieben Kilometer mehr oder weniger direkt nach Süden. Auf dem See ist es ruhig und nur ab und zu erinnert ein über den Horizont startendes bzw. landendes Flugzeug an die Nähe der Stadt Växjö. Am südlichen Ende gilt es dann, die enge Durchfahrt zwischen den Halbinseln Helgö und Hissö (beides Naturreservate) zu finden, um in den südwestlichen Seeteil zu gelangen.

Knapp zwei Kilometer weiter in südlicher Richtung thront auf einer Insel die wehrhafte Schlossruine Kronoberg. Eine gute Möglichkeit für den Landgang bietet das flache Ufer unterhalb der Zugangsbrücke auf der kleinen Nachbarinsel Insel Stallholmen. Um ein Eintrittsticket für den Burgbesuch zu kaufen, läuft man über die zweite Insel hinüber ans Festland, dort lockt auch das beliebte Ausflugsrestaurant Rytmästaregården.

Die Geschichte der Festung reicht zurück bis ins 14. Jahrhundert, als in Kronoberg ein Bischofssitz errichtet wurde. Im Laufe der Jahre wurde die Anlage zu einer Burg ausgebaut, was König Gustav Vasa aber nicht an einer Einnahme im Jahre 1543 hinderte. Um seine königliche Macht in Småland zu festigen, ließ er das Bollwerk verstärken. Die Festung wurde im weiteren Verlauf der Geschichte mehrfach von den Dänen belagert. Das hatte mit dem Frieden von Roskilde (1658) ein Ende, und mit schwindender militärischer Bedeutung zerfiel die Burg mehr und mehr.

Mit der Festungsruine im Rücken geht es nun nach Südwesten auf Växjö zu und je näher man der Stadt kommt, desto lebhafter geht es auf dem Wasser zu. Es sind zahlreiche Motorboote wie auch der eine oder andere Jetski unterwegs, und die Badestellen und Rastplätze am Ufer sind bei den Stadtbesuchern zur Naherholung sehr beliebt.

Am Südende des Helgasjön geht es durch eine Öffnung im Straßendamm hindurch und gleich anschließend nach links weiter zum Steg des Bootshauses. Die erste Portage führt schräg nach rechts über die Straßenbrücke des Mjölnarvägen hinweg und sofort wieder links auf den Damm, an dessen Ende das Boot wieder ins Wasser gleiten kann.

Die Freude über die freie Fahrt währt aber nur für wenige Paddelschläge, schon steht der nächste Landtransport an. Der Ausstieg ist am linken Ufer direkt neben den Wehrklappen zu finden. Die Portage führt auf der Straße am Sportplatz entlang und dahinter nach rechts zurück ans Ufer. Die letzten Meter und der Einstieg sind sehr matschig.

Am Südende des folgenden Sees führt der rechte Flussarm zur Aussetzstelle für die Portage an der Bergkvara-Mühle. Anschließend geht es – unter Aufsicht einer Festungsruine am Nordufer – von Ost nach West über den Bergkvarasjön. Die Ausfahrt am gegenüberliegenden Ufer ist weithin sichtbar mit einem großen Schild markiert. An der Flussgabelung geht es links weiter und an der folgenden Hängebrücke mahnt ein Warnschild zur Vorsicht auf dem folgenden Abschnitt. Die Strömung nimmt zu und die vielen Felsen und Inseln im Wasser erfordern vorausschauendes Fahren, eine gute Bootsbeherrschung und den einen oder anderen beherzten Steuerschlag. Kurz vor Ende der Stromschnellenpassage versteckt sich am linken Ufer im Wald ein schöner Rastplatz mit Unterstand und Feuerstelle. Trinkwasser gibt es an dem kleinen roten Häuschen, wenn man von der Toilette dem Fahrweg nach rechts folgt.

Fortan windet sich der Helige å ruhig und gemächlich und ohne weitere Hindernisse oder Schwierigkeiten durch die Landschaft. Nachdem der Kråkesjön an seiner schmalsten Stelle von Ost nach West überquert wurde, biegt die Route auf dem folgenden See nach Nordwesten ab, und die Portage an der ehemaligen Mühle

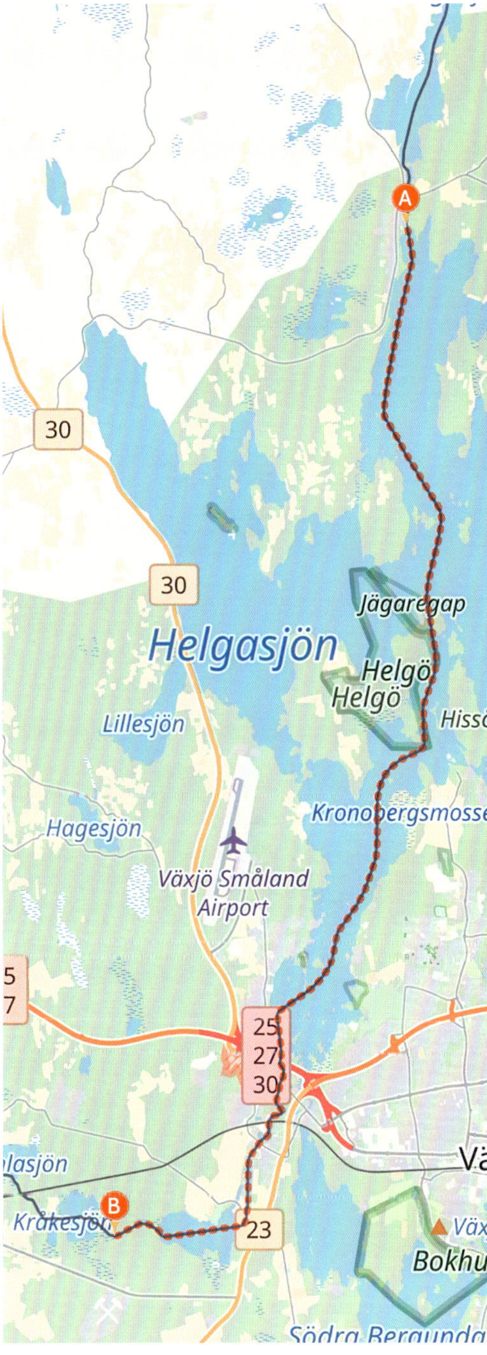

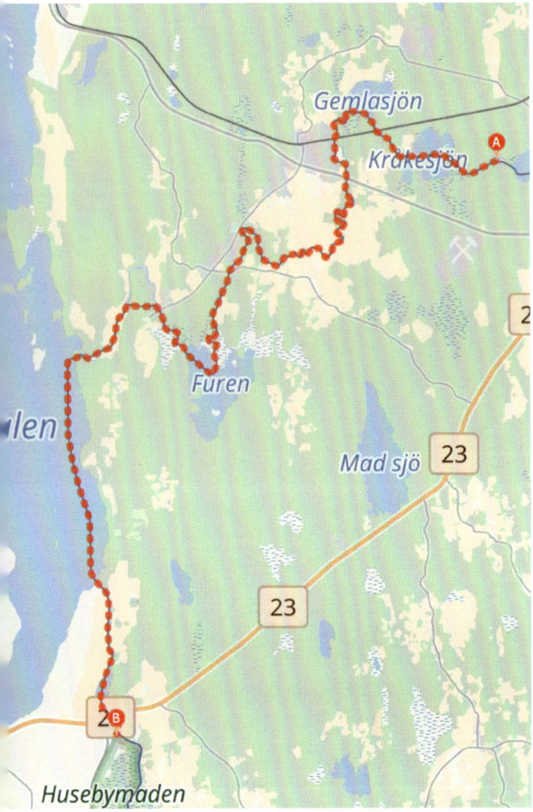

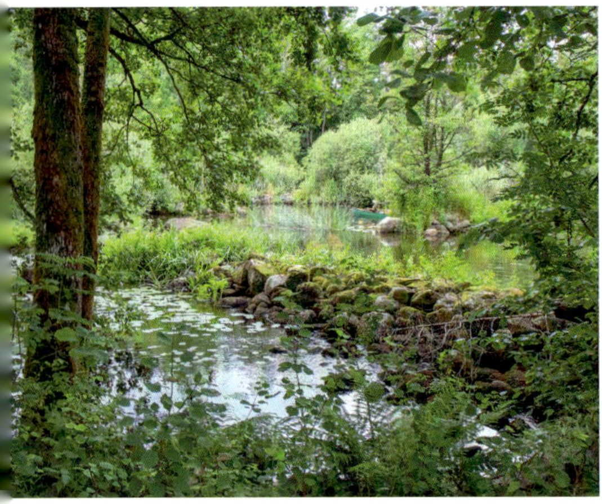

Die Passage nach dem Bergkvarasjön erfordert erhöhte Aufmerksamkeit.

in Södra Ryd steht an. Diese ist schnell erledigt, denn Holzrampen am Damm erleichtern sowohl den Aus- wie auch Einstieg.

Eine Kurve weiter rauscht das Wasser knapp 100 Meter hinter der Eisenbahnbrücke über eine Stufe mit größeren Steinblöcken und bald öffnet sich vor der Bootsspitze die Wasserfläche des Gemlasjö. Es geht am Südufer weiter zum Abfluss des Helige å und an der Badestelle von Gemla am rechten Ufer weist ein Schild auf das Serviceangebot im Ort hin. Der Ortskern ist allerdings fast 1.000 Meter Fußmarsch entfernt, und wer im Supermarkt einkaufen oder Pizza essen möchte, wartet mit dem Landgang besser bis zur nächsten Portage.

Dazu paddelt man an der folgenden Flussgabelung geradeaus über den nach links abzweigenden Arm und legt am linken Ufer an. Das Zentrum erreicht man von hier, indem man direkt vor der Einstiegstelle nach rechts über die Brücke und dann auf dem Kvarnvägen immer geradeaus bis ins Zentrum und am Ende nach links zum kleinen Dorfsupermarkt geht (einfacher Weg ca. 600 Meter).

Am Einstieg informiert ein gelbes Schild über die zu erwartenden Schwierigkeiten auf dem folgenden Abschnitt. Bis zur nächsten Straßenbrücke bleibt es aber erst einmal ruhig. Dann beginnt es leicht zu rauschen und die beste Durchfahrtsmöglichkeit findet sich ganz am linken Ufer. Anschließend geht es durch einen scheinbar immer dichter werdenden Weidentunnel. Hat man diesen hinter sich gelassen, wird der Helige å zu einem ruhigen Wiesenfluss, der sich gemächlich durch die Landschaft schlängelt und an den Ufern zieht das eine oder andere Ferienhaus vorüber. In einer engen Flusskehre nach Nordwesten lädt am rechten Ufer die Badestelle im Örtchen Öja zu einer Pause ein. Der Flusslauf wird nun immer breiter und fließt durch Auenwald zum See Furen, welcher links liegen gelassen wird. In Richtung Nordwest geht es weiter auf dem Helige å.

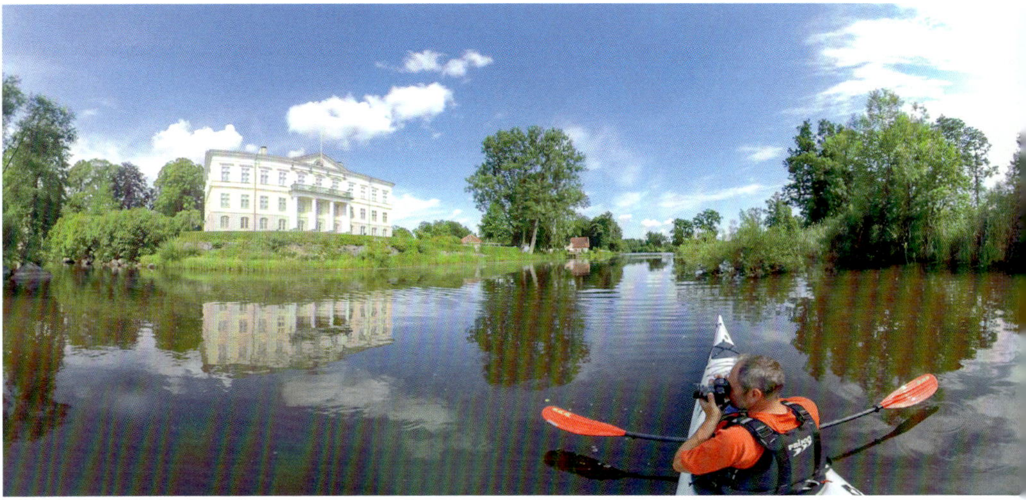

Das schlossähnliche Herrenhaus auf Huseby Bruk

Die Ausstiegsstelle vor dem nächsten Wehr versteckt sich am linken Ufer im Wald. Anschließend folgt man dem Pfad am Ufer bis zu einem schönen Rastplatz mit Bänken und Tischen direkt vor dem Fabrikensemble aus dem 19. Jahrhundert. Die Portage führt zunächst auf der Straße nach links und dann an der ersten Möglichkeit nach rechts über das Gelände eines Bauernhofs. Die Einstiegsstelle findet sich direkt vor der Brücke. Geradeaus auf der gegenüberliegenden Seite liegt der Kanulagerplatz mit zwei Unterständen.

Auf den ersten Metern im Kraftwerkskanal werden die Boote von einer zügigen Strömung getragen. Nach der Vereinigung mit dem Flusslauf geht es wieder ruhiger in südliche Richtung zum nächsten Kraftwerk in Os. Der Ausstieg versteckt sich knapp 100 Meter vor den Wehrklappen am rechten Ufer im Wald, das Hinweisschild ist stark überwachsen.

Die Portage führt dann gerade über die Straße und auf dem Weg am Schlagbaum vorbei bis zu einer kleinen, von Schilf umgebenen Bucht. Jedoch angesichts der hier liegenden Anglerboote ist es gar nicht so einfach, die Kanus wieder ins

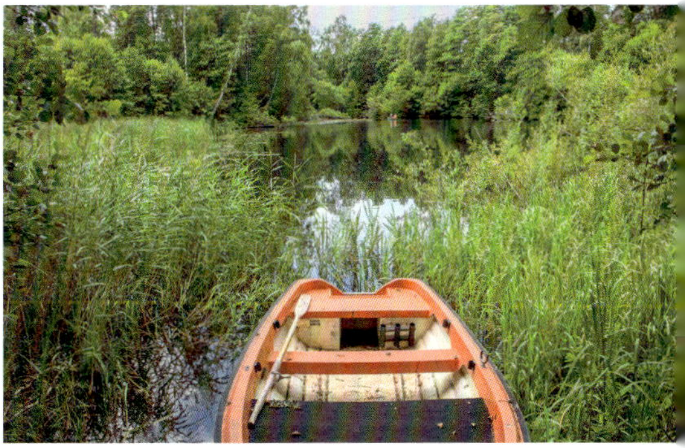

Einstieg nach der Portage am Kraftwerk in Os

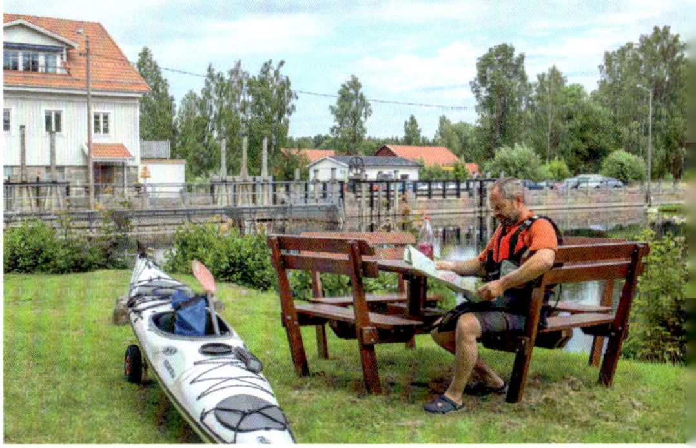

Rastplatz in Gransholm

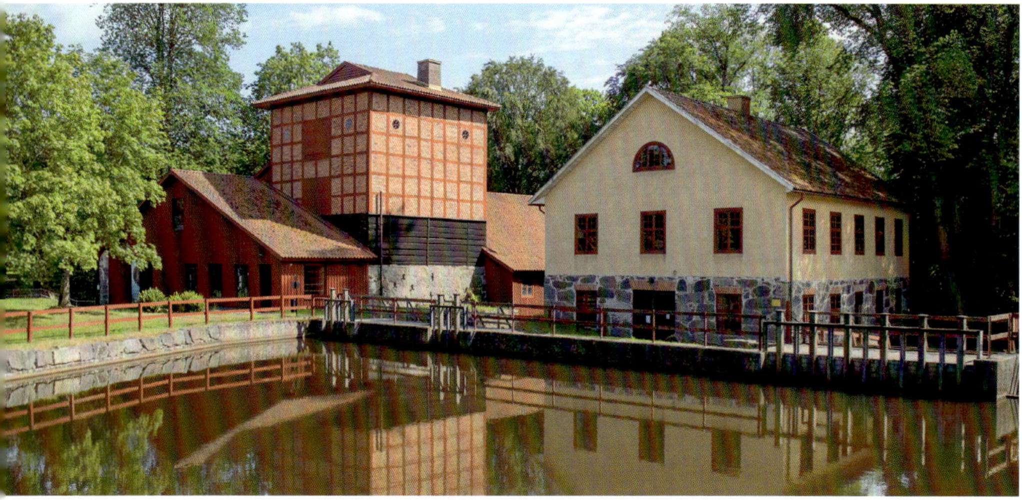

Bis 1930 wurde das aus den umliegenden Seen gewonnene Sumpferz zu Roheisen verarbeitet.

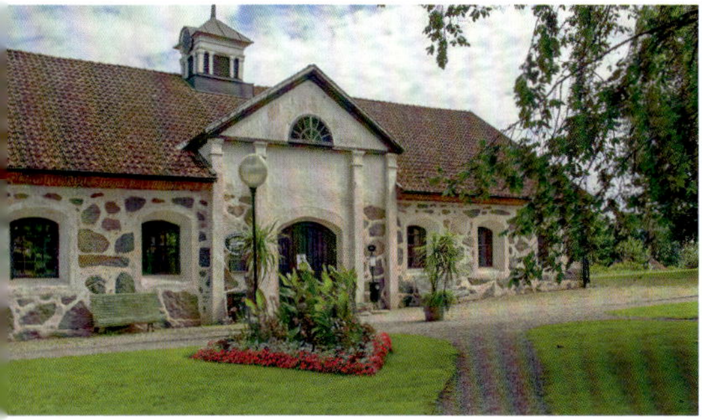

Das prächtige Stallgebäude wurde Mitte des 19. Jhs. von den Grafen Hamilton errichtet.

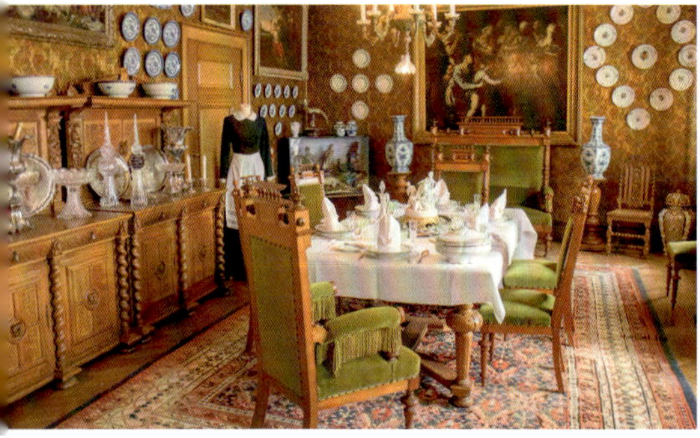

Die Ausstellung im Schloss entführt in längst vergangene Zeiten.

Wasser zu bekommen. Mit einem kurzen Finale erreicht der Helige å dann den Salen. In nördlicher Richtung wäre nach etwa sieben Kilometern das Städtchen Alvesta am Nordufer des Sees erreicht. Der Värendsleden biegt nach links ab und etwa vier Kilometer weiter südlich zweigt die flussartige Verbindung nach Huseby Bruk ab, wo man hinter der Straßenbrücke am rechten Ufer am Schwimmsteg gut anlegen kann. Die Anfänge des Guts reichen zurück ins 17. Jahrhundert, als in Huseby Bruk – wie an vielen anderen Orten in Småland – mit der Eisengewinnung begonnen wurde. Zusätzlich diente die Wasserkraft des Helige å zum Antrieb von Sägewerken, Mühlen und Hammerschmieden.

Die weitläufige Anlage mit prächtigen Gartenanlagen und einem schlossähnlichen Herrenhaus ist ein Besuch wert und es empfiehlt sich daher, am gut gepflegten Kanulagerplatz das Zelt aufzubauen.

In der alten Schmiede am Zugang ist ein kleiner Krämerladen, die Touristinformation und der Ticketverkauf untergebracht. Wer sich nur die Nationalpark-Ausstellung des im alten Kornspeicher untergebrachten Naturums am anderen

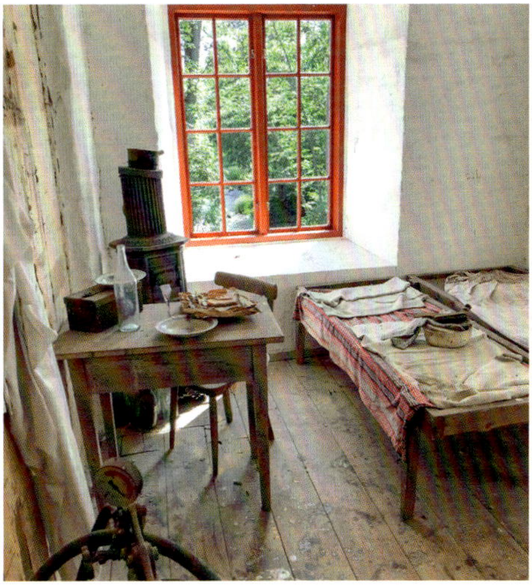

Die einfachen Angestellten lebten weniger prächtig.

Ende ansehen oder in dem in einem alten Stall untergebrachten Restaurant einkehren möchte, darf auch ohne Eintritt auf das Gelände. Hat man die Eintrittsgebühr entrichtet, erhält man einen Punkt zum Aufkleben auf die Kleidung, der zum Besuch der unterschiedlichen Ausstellungen und Gebäude berechtigt. Zu sehen

Traumrevier Åsnen

Der Åsnen ist der zweitgrößte See Smålands und seine dichten Wälder vermitteln ein Gefühl der Wildnis. Durch seine stark verästelte Form mit unzähligen Buchten und Inseln ist er ein Traum für Paddler. Entlang der Ufer stehen zahlreiche Übernachtungs- und Campingplätze bereit und auf dem Åsnen kann man locker eine Paddelwoche verbringen, ohne dass es langweilig wird. Die Einschränkungen durch den Naturschutz halten sich in Grenzen. Die Vogelschutzgebiete sind durch Tafeln mit Hinweisen zum richtigen Verhalten weithin sichtbar gekennzeichnet.

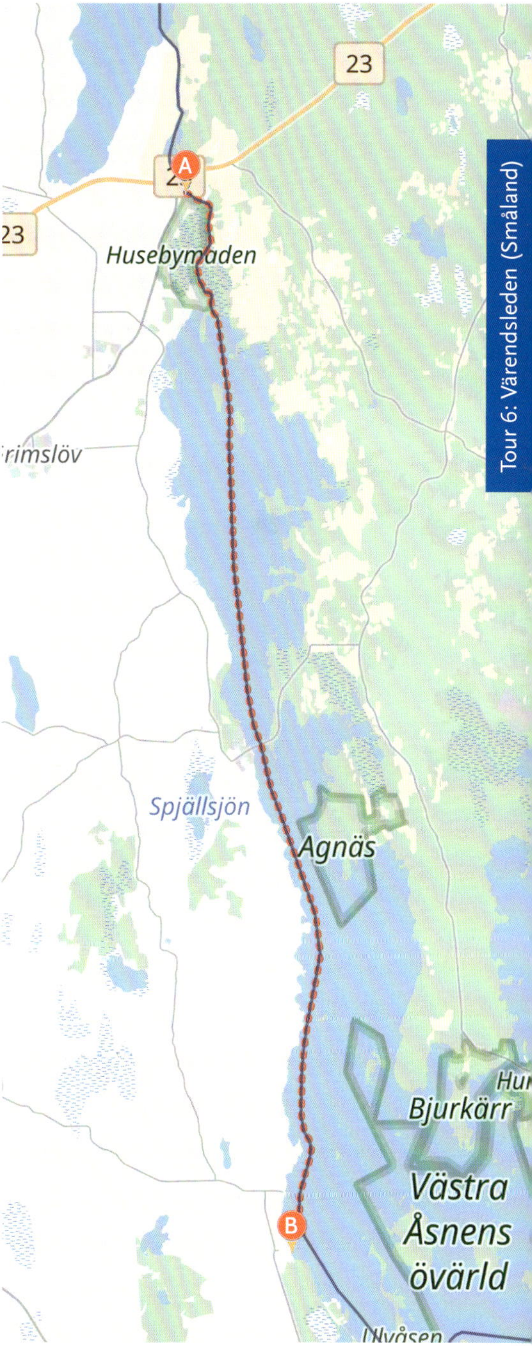

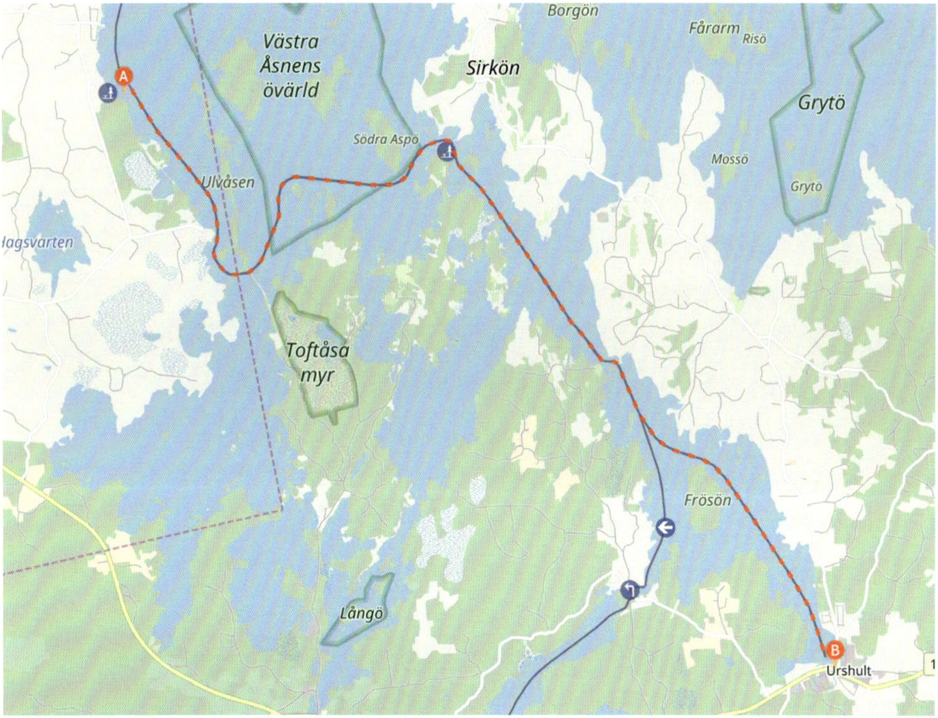

Nationalpark Åsnen

Im März 2018 wurde der Nationalpark Åsnen als vierter Nationalpark in Småland eröffnet. Er umfasst mehrere Naturschutzgebiete und die Inselwelt im westlichen Teil des Sees zwischen den Gemeinden Alvesta und Tingsryd. Die artenreichen, uralten Buchenwälder und der gute Fischbestand bilden die Lebensgrundlage für Vögel wie Fischadler, Baumfalke, Wespenbussard, Seeadler und Prachttaucher.

Mehr über den Nationalpark unter: *www.nationalparksofsweden.se/de/nationalpark-wahlen/asnens-nationalpark/*

Weitere Information zu Unterkünften, Aktivitäten und Sehenswürdigkeiten in der Region unter: *www.visitasnen.se*

gibt es u. a. das historische Schmelzwerk, die alte Mühle und das imposante Herrenhaus mit einer umfangreichen Kunst- und Antiquitätensammlung.

Nach der Zeitreise in das Schweden zur Frühzeit der Industrialisierung will im Hier und Jetzt die Portage bewältigt werden. Dazu geht man von der Ticketkasse auf der Straße rund 150 Meter nach rechts und biegt dann durch das Gatter auf einen Pfad ab, der zum Einstieg führt. Wieder im Boot geht es vorbei an der prächtigen Fassade des Herrenhauses und durch das renaturierte Feuchtwiesengebiet Husebymaden in den nördlichsten Zipfel des Åsnen.

Der Värendsleden folgt nun dem Westufer, vorbei am paddlerfreundlichen Campingplatz in Torne, und erreicht das traumhafte, inzwischen als Nationalpark geschützte Schärengebiet im westlichen Teil des Åsnen.

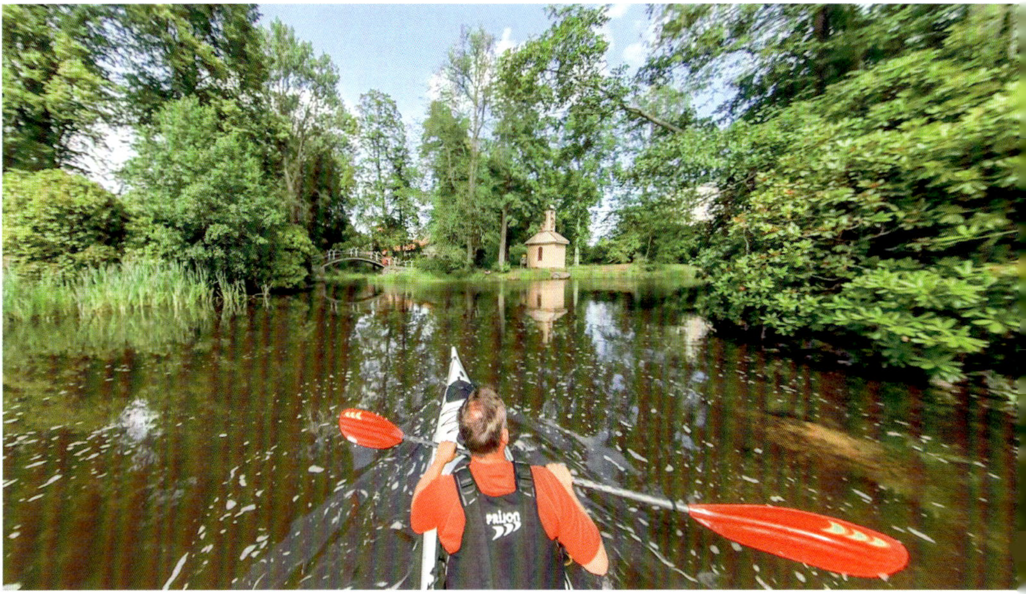

Das Gelände von Huseby Bruk reicht bis ans Ufer des Helige Å.

Südlich von Hulevik liegt der Kanulagerplatz Trollberget, der seinen Namen von der charakteristischen Steinformation erhielt. Wer sich nach dem Paddeltag noch die Füße vertreten möchte, folgt einfach den Wandermarkierungen zum nahegelegenen Aussichtsturm Ramnaberget mit einem fantastischen Blick auf das Wasser-und-Insel-Mosaik des Åsnen aus der Vogelperspektive.
Der Värendsleden verläuft nun noch für gut vier Kilometer in südwestliche Richtung bis zur historischen Drehbrücke der ehemaligen Eisenbahnstrecke. Der Damm der stillgelegten Bahnlinie ist heute als Radweg ausgebaut. Der sogenannte „Bannvallsleden" führt von Halmstad nach Karlstad. Nun schwenkt der Värendsleden zurück nach Nordost und das deutlich erhöhte Kanu-Aufkommen ist dem beliebten Campingplatz Getnö Gård geschuldet.
Auf der Rückseite der Insel-Nordspitze liegt ein weitläufiger Übernachtungsplatz mit einer Reihe von Feuerstellen und Unterständen, sodass hier sogar (mehrere) Gruppen Platz finden.
Auf der östlichen Seite der Getnö-Halbinsel geht es nun in südöstliche Richtung dem Tourenende entgegen und auf Höhe der zentral in der Seenmitte gelegenen Insel Frösön steht die Entscheidung an, welches Ziel angesteuert werden soll. In südwestliche Richtung gelangt man mit einer abschließenden Portage bei Hackekvarn auf eine Reihe langgestreckter Seen, auf denen sich bis Ryd oder sogar bis Granö weiter paddeln lässt.
Für die unkomplizierte Busrückreise zum Startpunkt empfiehlt es sich, an Frosön vorbei weiter in südöstliche Richtung zu paddeln und den Ort Urshult anzusteuern. Knapp eineinhalb Kilometer vor dem Seeende befindet sich am linken Ufer der Campingplatz. Wer hier nicht übernachten möchte, findet am Ende eine Boots-Slip-Rampe direkt neben dem Rastplatz an der Straße. Auf der Straße nach links in Richtung Tingsryd sind es nur wenige Schritte bis zur Bushaltestelle. Ein paar hundert Meter weiter liegen Supermarkt und Pizzeria.

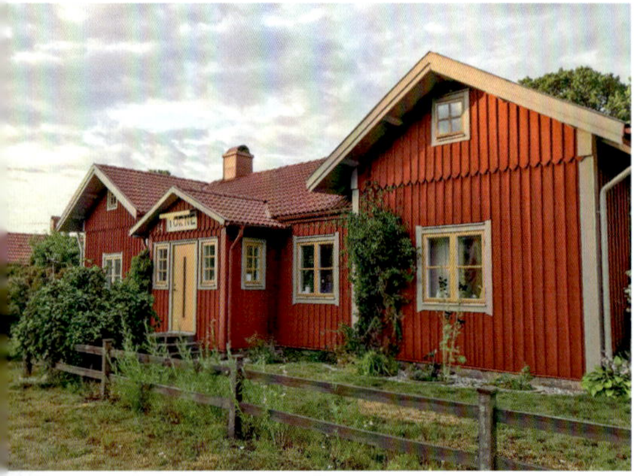

Ehemaliger Bahnhof von Torne

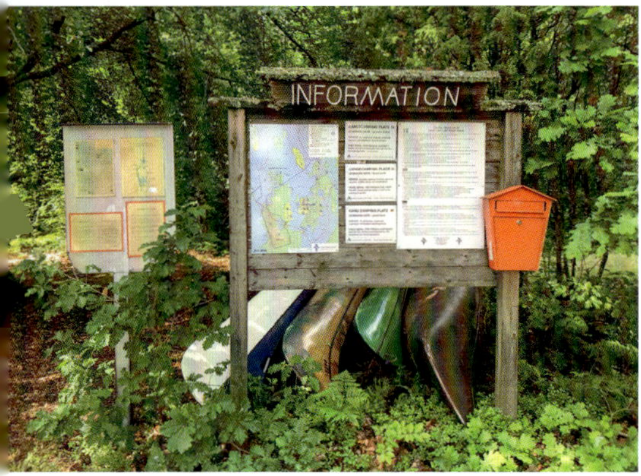

Die Nutzung der Lagerplätze im Nationalpark ist kostenpflichtig.

ADRESSEN UND INFOS

Beste Zeit

Der Värendsleden ist prinzipiell ganzjährig befahrbar. Der Åsnen ist bei Paddlern sehr beliebt und im Sommer herrscht durchaus reger Betrieb.

Hindernisse

Die insgesamt acht Portagen machen die Mitnahme eines Bootswagen obligatorisch.

Unterkunft

Im gesamten Streckenverlauf finden sich zahlreiche mit Feuerstellen und Trockentoiletten ausgestattete Kanulagerplätze. Oft gibt es auch einen Unterstand. Die zum Teil anfallende Übernachtungsgebühr wird vor Ort beim jeweiligen Betreuer entrichtet. An den Lagerplätzen im Åsnen kann die Zahlung alternativ auch mit Kanuschecks erfolgen. Diese sind bei den Campingplätzen oder bei Kanuverleihern erhältlich. Reguläre Campingplätze in:

- Öjaby/Växjö, Tel. +46 73 5219755
- Torne, *www.tornecamping.com*
- auf der Insel Getnö im Åsnen *www.getnogard.se*
- Urshult, *www.urshult-camping.se*

Transfer zurück zum Einstieg

In knapp 3 Stunden mit Umstieg in Tingsryd und Växjö zurück nach Åby.
Fahrpläne unter: *www.lanstrafikenkron.se*

Bootsverleih

- Torne Camping, *www.tornecamping.com*
- Getnö Gård, *www.getnogard.se*
- Kanuverleih Urshults Camping *www.urshult-camping.se*
- Ursulas Abenteuer//Norraryds Camping in Ryd, *www.ursulasaventyr.se*

Einkaufsmöglichkeiten/Proviant

In Gemla gibt es einen kleinen Supermarkt in Wassernähe (ca. 600 m Fußweg).

Sehenswertes

Museumspark mit Småland Museum. Schwedens Glasmuseum und Haus der Auswanderer (*www.kulturparkensmaland.se*) sowie Dom mit Karolinerhaus von 1715 in Växjö. Mittelalterliche Schlossruine Kronoberg. Herrenhaus Huseby Bruk aus dem 18. Jahrhundert.

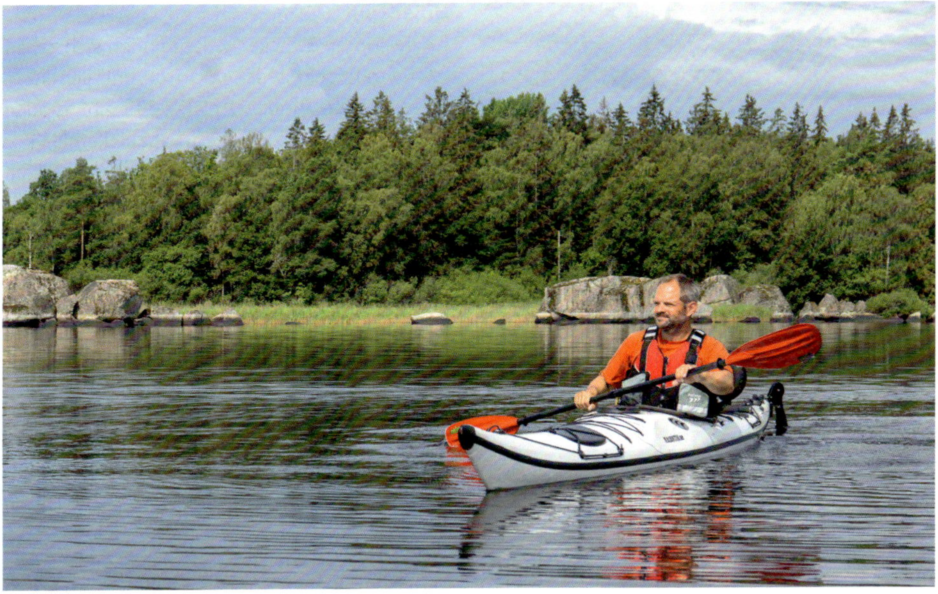

Naturparadies Åsnen

Alternativen

Tagestouren mit dem Rad auf unterschiedlichen Radwegen von 20 bis 60 km.
140 km-Runde um den Åsnen („Åsnen runt“). Mehrtagestour auf dem Sydostleden (270 km zwischen Växjö und Simrishamn). Mountainbike-Fahren im Hissö Naturreservat nördlich von Växjö. Wandern auf dem Sigfridsleden, einem Wanderwegenetz durch ganz Småland.

Auskunft

- Växjö Turistsenter, Residenset - Stortorget Kronobergsgatan 7, SE-35233 Växjö Tel. +46 470 733280, *www.vaxjoco.se*
- Tingsryds Turistbyrå, Skyttegatan 2 SE-36222 Tingsryd, Tel. +46 477 44164 *www.visittingsryd.se*

Buchtipps/Karten

Växjö turistkarta im Maßstab 1:50.000. In der Touristinformation vor Ort ist ein kostenloser Flyer (auch in deutscher Sprache) erhältlich, der eine Tourenbeschreibung sowie eine Übersichtskarte mit allen wasserwander-relevanten Informationen wie Lagerplätze und Portagen enthält. Die PDF-Version kann heruntergeladen werden unter: *www.korta.nu/varendsleden-DE*

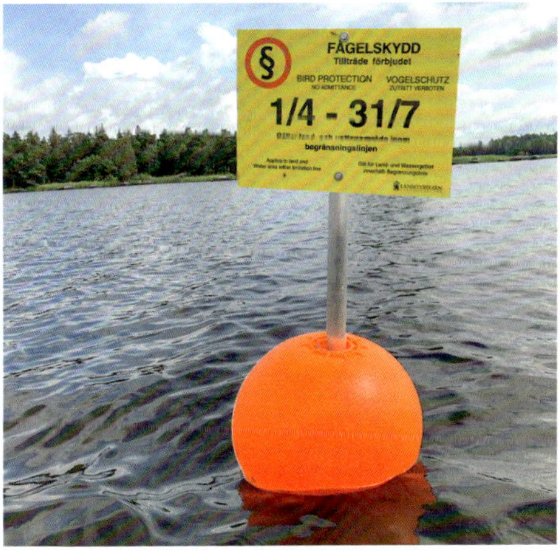

Die gesperrten Vogelschutzgebiete sind deutlich markiert.

Tour 7: Härån (Småland)

Der Härån ist einer der zahlreichen Nebenflüsse des Lagan und entspringt südöstlich von Jönköping. Er ist einer der abenteuerlicheren småländischen Kanuflüsse. Die Portagen führen mitunter über Stock und Stein. Es gibt kaum angelegte Lagerplätze mit Unterständen und Toiletten und auch der eine oder andere Baum kann quer über dem Fluss liegen. Für Gruppen und Anfänger ist diese Tour weniger geeignet. Abenteuerlustige Paddler, die sich der Herausforderung stellen und die bereit sind, diese Mühen auf sich zu nehmen, werden dagegen mit einem einmaligen Naturerlebnis entlohnt. Sie dürfen sich über einen stetigen Wechsel von Wiesen-, Weiden- und moorigen Waldlandschaften freuen und können sich auf Begegnungen mit Rehen, Kranichen und Singschwänen einstellen. Die letzten Kilometer der Tour führen ohne Probleme auf dem Lagan bis in das sehenswerte Städtchen Värnamo.

Etappen

1. Tag: Svenarum – Rolstorpasjön, ca. 15 km
2. Tag: Rolstorpasjön – Fryele Kvarn, ca. 24 km
3. Tag: Fryele Kvarn – Värnamo, ca. 20 km

Gesamtstrecke: ca. 59 km

Los geht es in Svenarum unter Aufsicht der weißen Kirche auf der Uferwiese an der Straßenbrücke in Richtung Vaggeryd (Koordinaten fürs Navi: 57.470802, 14.314255), auf der auch der kleine örtliche Kanuvermieter ein paar Alukanadier für seine Kundschaft bereit hält.

Auf den ersten Metern ist der Härån nur um die fünf Meter breit und schlängelt sich in engen Bögen durch Wiesen und Weiden. Je nach Wasserstand fällt die Strömung mehr oder weniger stark aus und es sind beherzte Steuerschläge

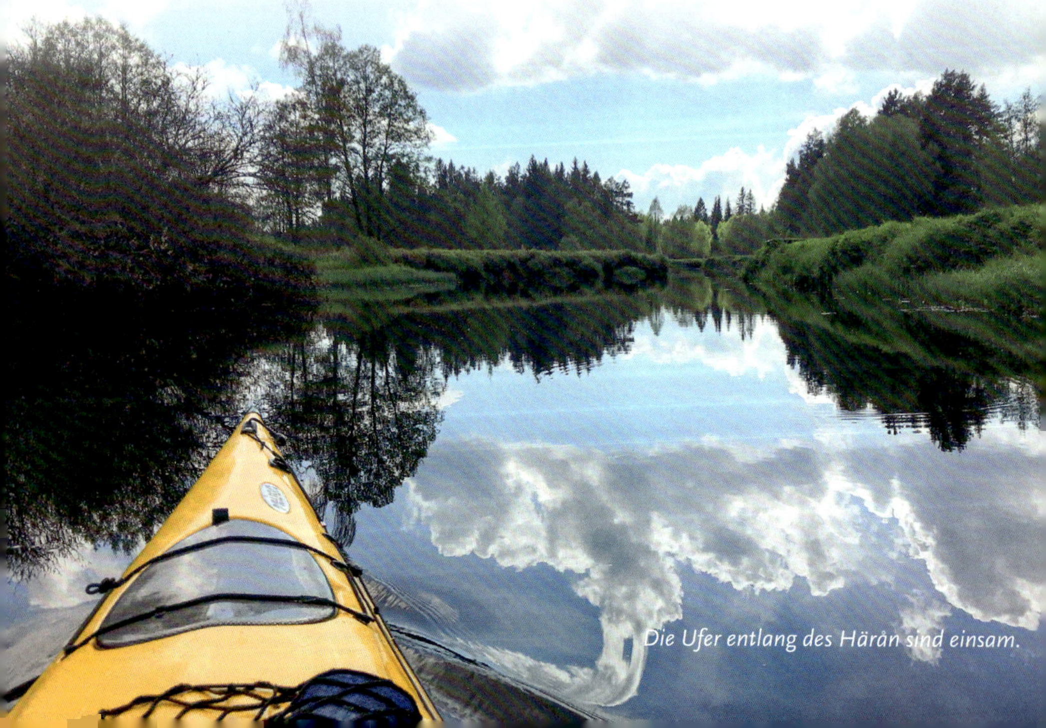

Die Ufer entlang des Härån sind einsam.

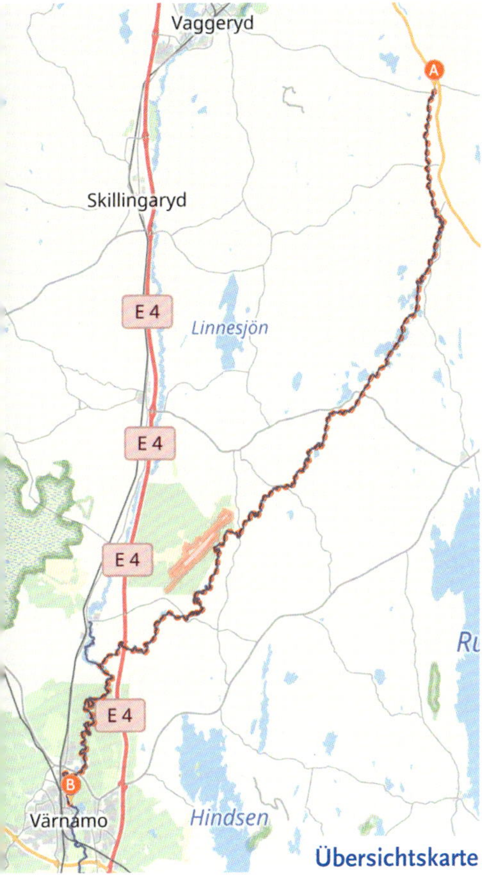

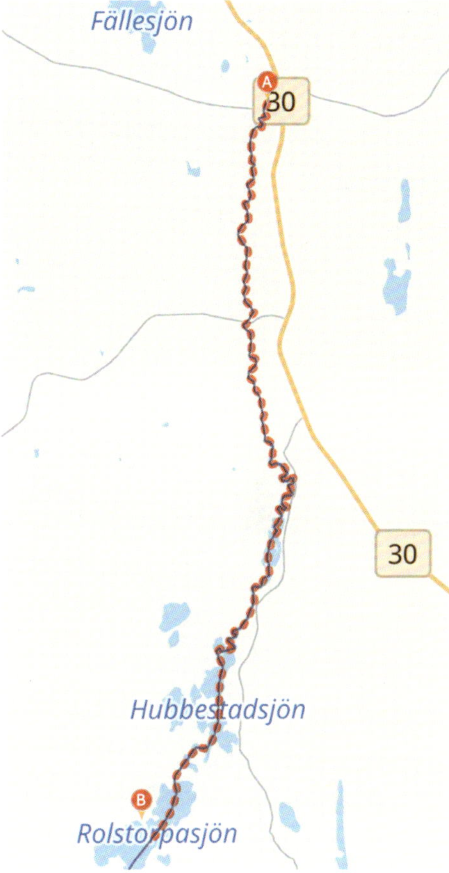

erforderlich, um es ohne Uferkontakt durch die engen Kehren zu schaffen.

Die Ufer ändern ständig ihren Charakter und bald geht es durch urigen Wald. Die Ufer sind sandig und ragen zum Teil steil in die Höhe. So bleibt es nicht aus, dass sich auch der eine oder andere umgestürzte Baum quer über den Fluss legt. Je nachdem wie das Hindernis ausfällt, gilt es nun mit etwas Akrobatik darüber hinweg oder darunter hindurch zu kommen. Falls das nicht möglich ist, hilft nur aussteigen und das Boot daran vorbei zu manövrieren.

Einmal mehr ändern die Ufer ihren Charakter und die hügelige, von Felsen durchsetzte Landschaft wirkt fast wie ein Park. Am linken Ufer zieht ein Bauernhof vorbei und der Fluss wird langsam und breiter.

Das Wehr in Blomfors ist kurz und schmerzlos am rechten Ufer umtragen, und schon geht es an einem privaten Rastplatz von Svenarums Kanotuthyring in Åkerslätt am linken, und bald darauf an dem Resort Yxenhagen am rechten Ufer vorbei.

Nachdem die einfache Portage am Wehr in Munkabo (kurz am rechten Ufer überheben) erledigt ist, erreicht der Härån den durch mehrere Inseln und Halbinsel untergliederten Hubbestadsjön.

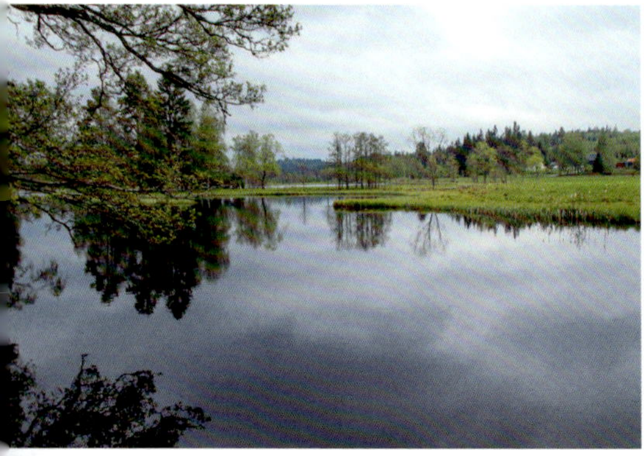

Bei Hubbestad

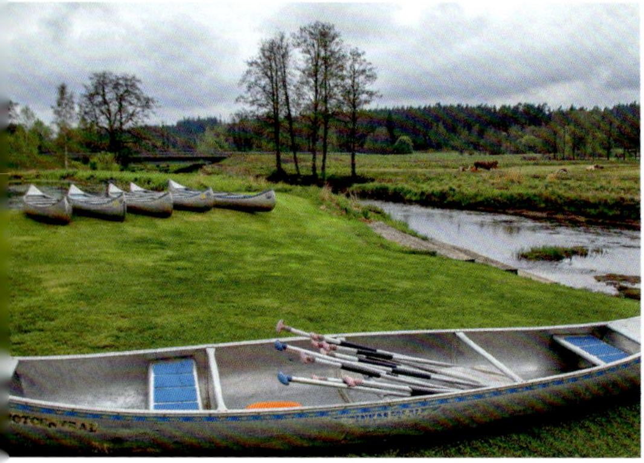

Kanustation in Svenarum

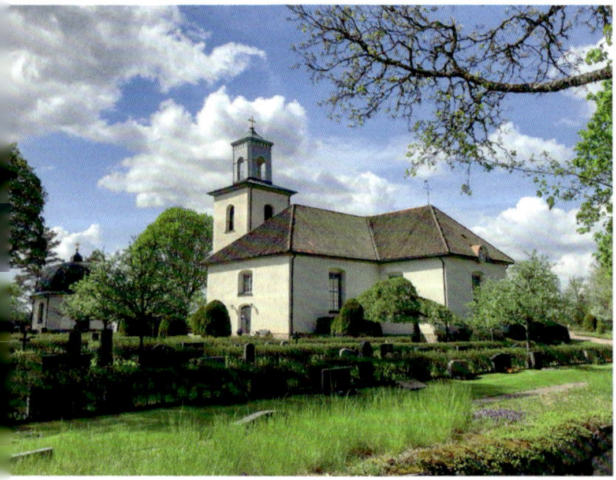

Kirche von Svenarum

Dieser wird der Länge nach von Nord nach Süd überquert, um am Ende über eine schmale flussartige Verbindung unter der Straßenbrücke hindurch in den großen Rolstorpasjön zu gelangen. Hier bietet die weitläufige Badestelle mit großem Sandstrand in der Bucht nach der Landzunge am Ostufer ein stimmungsvolles Ambiente, um am Ende der ersten Etappe das Zelt aufzuschlagen.

Von der Badestelle geht es schräg in südliche Richtung über den See und durch eine von Schilf gesäumte Engstelle weiter in den nächsten See. An der Brücke zwischen dem sich verjüngenden Gärdasjön und dem Ossingssjön kreuzt der Munkaleden („Wanderweg der Mönche"), ein vierzig Kilometer langer Wanderweg zwischen dem Kloster Nydala und Byarum den Härån.

Der Ossingsjön wird am Ende kontinuierlich schmaler und hinter der Straßenbrücke paddelt man wieder auf dem Härån, der sogleich in der engen Flussbiegung bei Myrebo über eine kleine Stromschnelle rauscht, an der das Boot bei Niedrigwasser übergehoben werden muss.

Die folgenden vier Kilometer bieten unbeschwertes Paddelvergnügen und schließlich öffnet sich rechter Hand der Angsjön. Der idyllische See ist einen Abstecher wert und der schöne Sandstrand an seinem Südost-Ufer lädt zu einer Pause oder auch zum Aufbau des Zelts ein. Bei der Weiterfahrt auf den Härån steht an der Mühle Dammen der nächste Landgang an. Die genaue Umtragestrecke ist nicht ganz eindeutig, am einfachsten ist es aber, rechts an der sumpfigen Wiese auszusteigen, über die Brücke vor den Mühlengebäuden nach links zu umtragen und die Fahrt dann am Ende der Insel fortzusetzen.

Wieder im Boot trägt die leichte Strömung durch urigen Wald und an den Prallhängen der Steilufer hat so mancher Baum den Kampf gegen die Schwerkraft verloren, und ist in den Fluss gestürzt.

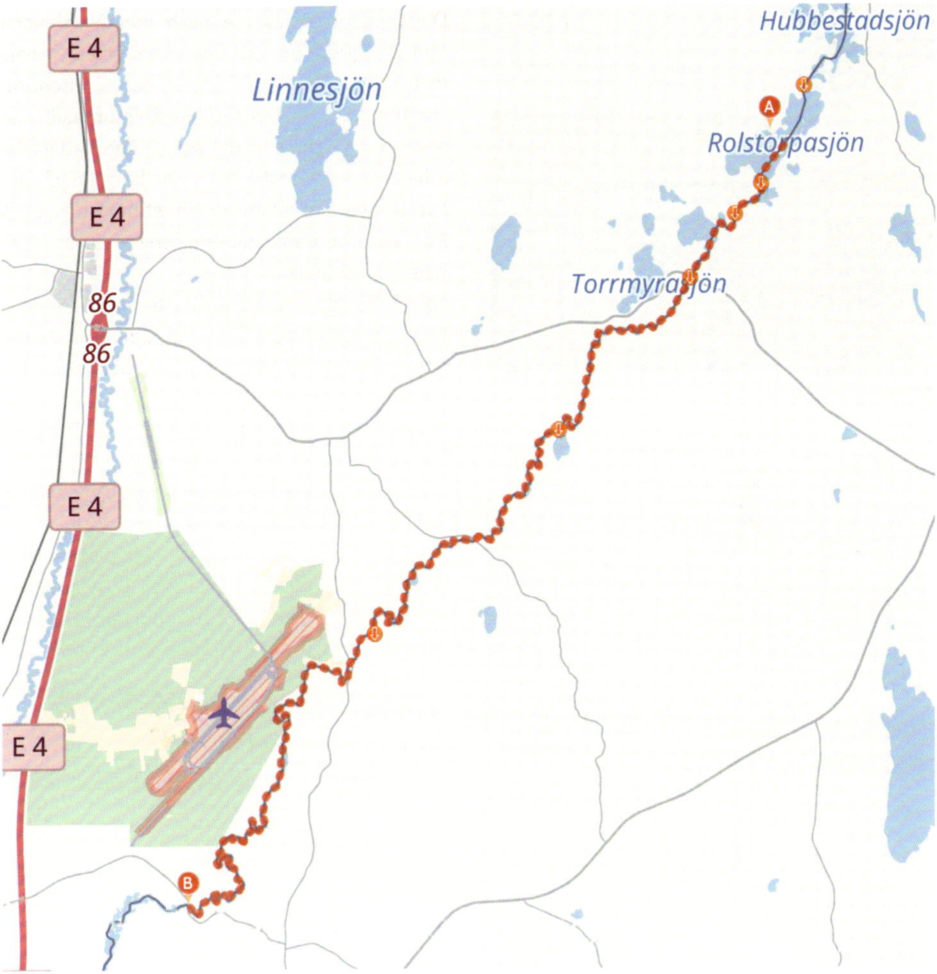

Vorbei an der Mündung des Ruskån ist bald das Wehr in Hemmershult erreicht. Nach dem Ausstieg am linken Ufer muss kurz an der Brücke vorbei umtragen werden und über eine Balkenrutsche – deren Tage aufgrund des maroden Zustands aber gezählt sind – geht es zurück auf den Fluss, der sich weiter in engen Kurven durch den Wald auf das Wehr Gustavsberg zubewegt.

Der Weg am rechten Ufer führt sehr unwegsam über Stock und Stein, sodass an den Einsatz ei-

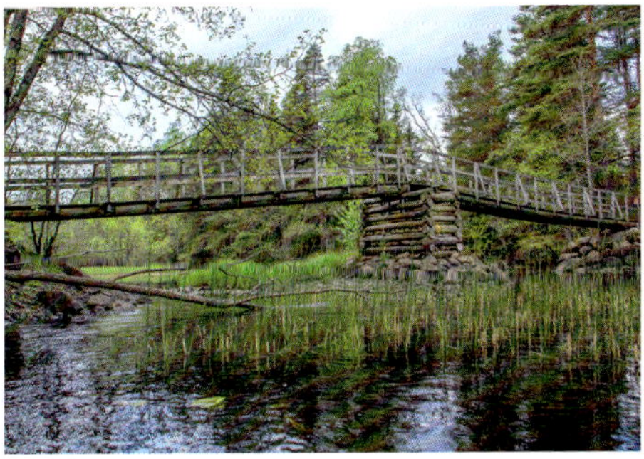

Hier kreuzt der Munkaleden

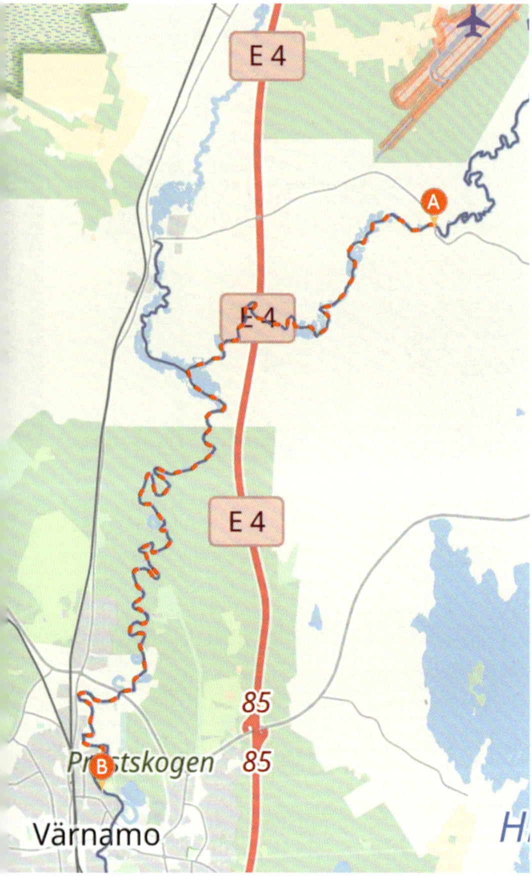

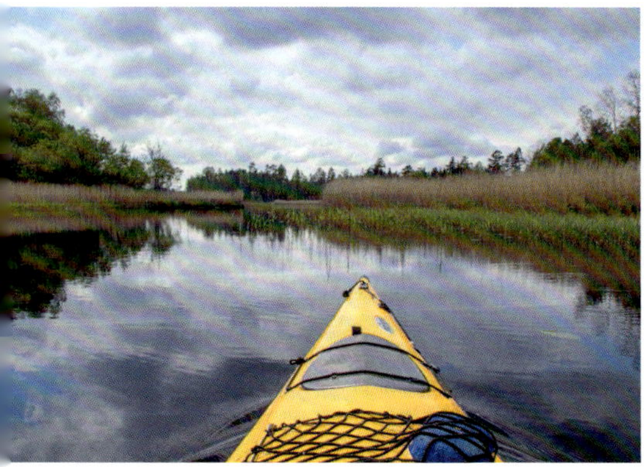

Ossingssjön

nes Bootswagens nicht zu denken ist. Je nach Wasserstand kann der rechte Flussarm hinter der Brücke aber auch getreidelt werden. Aber Vorsicht, die Steine sind extrem rutschig!

Ist das Hindernis bewältigt, entschädigt der Härån, der sich recht tief in die Landschaft eingeschnitten hat, mit einer besonders einsamen Passage. Nach weiteren rund sechs Kilometern heißt es allerdings aufgepasst, um den Ausstieg vor dem Wasserfall (hier schießt das Wasser über mehrere Kaskaden in die Tiefe!) hinter der Brücke in Fryele Kvarn nicht zu verpassen. Eine gute Anlandestelle bietet sich bei dem roten Häuschen der hydrologischen Messstation und dem Unterstand am rechten Ufer.

Anschließend läuft man mit dem Bootswagen auf dem Pfad am Ufer entlang vor bis zur Straße, überquert diese schräg nach rechts, um dann noch in der Kurve auf den Pfad abzubiegen, der durch den Wald zum Einstieg führt, wo eine Lichtung eine gute Möglichkeit zum Zelt aufschlagen bietet.

Vor seiner Mündung in den Lagan wächst der Härån auf eine Breite von fast 200 Meter an und begeistert mit einem vielfältigen Insellabyrinth, die Orientierung bereitet aber keinerlei Probleme. Schließlich spannt sich die Autobahnbrücke der E4 über den Flusslauf und bald ist der Lagan erreicht, der sich an dieser Stelle als Stausee präsentiert.

Hier geht es nach links weiter und am rechten Ende des Staudammes müssen die Boote in der kleinen Bucht aus dem Wasser gehoben werden. Nachdem die Schotterpiste überquert wurde, geht es auf einem Pfad am Ufer entlang zum Einstieg, der steil zu einer kleinen Sandbucht hinab führt.

Auf dem letzten Abschnitt der Tour präsentiert sich der Lagan recht grün aber unspektakulär und fließt von hochaufragenden Ufern gesäumt in südwestliche Richtung. Bald ragt vom linken Ufer eine Felsreihe weit in den Fluss hinein und das Wasser rauscht durch eine mit Steinen

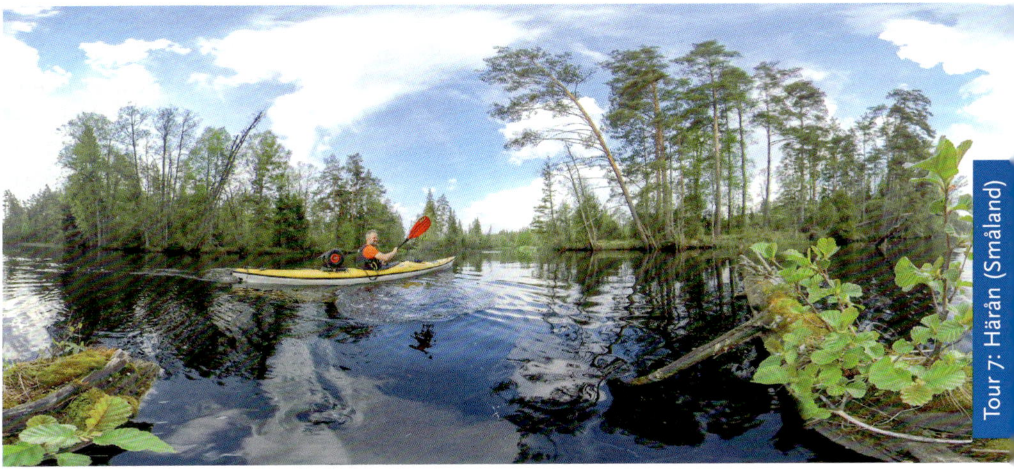

Insellabyrinth vor der Mündung in den Lagan

gespickte Engstelle am rechten Ufer. Värnamo rückt nun unaufhaltsam näher. Die Ufer bleiben zwar grün, aber die Bebauung wird langsam dichter und irgendwann übertönen die Rasenmäher die Vogelstimmen.
Zum Ende hin beschleunigt noch einmal das Rauschen einer höheren Stufe den Puls. Im linken Drittel gibt es aber eine recht gut zu fahrende Gasse, und bald dümpelt am linken Ufer der Schwimmsteg des Campingplatzes.

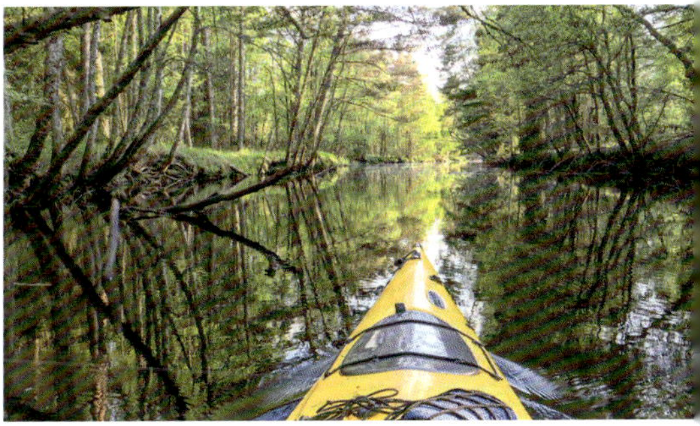

Die sich ständig verändernden Ufer lassen keine Langeweile aufkommen.

ADRESSEN UND INFOS

Beste Zeit

Die Befahrbarkeit hängt stark vom Wasserstand ab. Bei Niedrigwasser können die Boote auf den flacheren Flussabschnitten aufsetzen und müssen gezogen und geschoben werden. Bei Hochwasser im Frühjahr oder nach ergiebigen Regenperioden fordern die engen Kurven in Verbindung mit der flotten Strömung eine gute Paddeltechnik und Anfänger sind schnell überfordert.

Hindernisse

Für die insgesamt sieben Portagen ist ein Bootswagen sehr hilfreich, allerdings kann er nicht überall zum Einsatz kommen, da einige Uferstellen zu unwegsam sind. Besondere Aufmerksamkeit erfordert die Portage an der Mühle in Fryele Kvarn (Wasserfall!).

Unterkunft

Im Gegensatz zu anderen Kanuwanderstrecken gibt es kaum angelegte Rastplätze, und die wenigen, die vorhanden sind, befinden sich in einem schlechten Zustand. Daher ist man für die Übernachtung auf das wilde Zelten nach

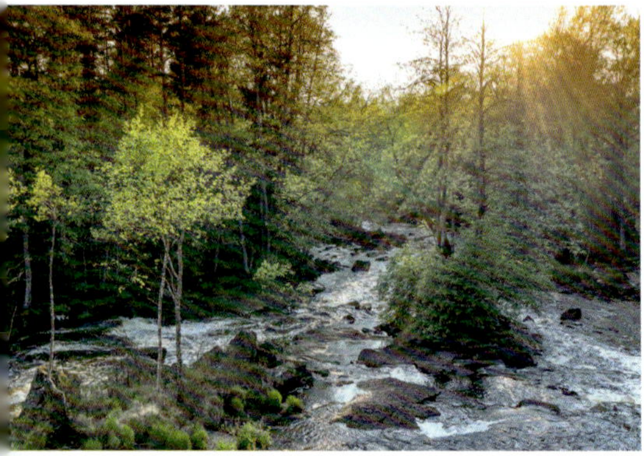

Wasserfall bei Fryele Kvarn

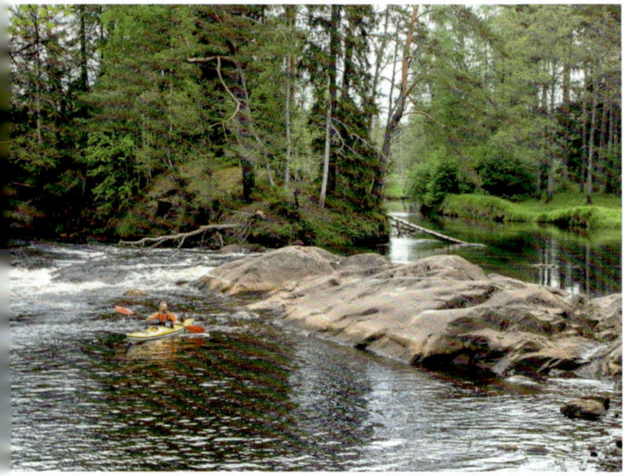

Letztes Hindernis auf dem Weg nach Värnamo

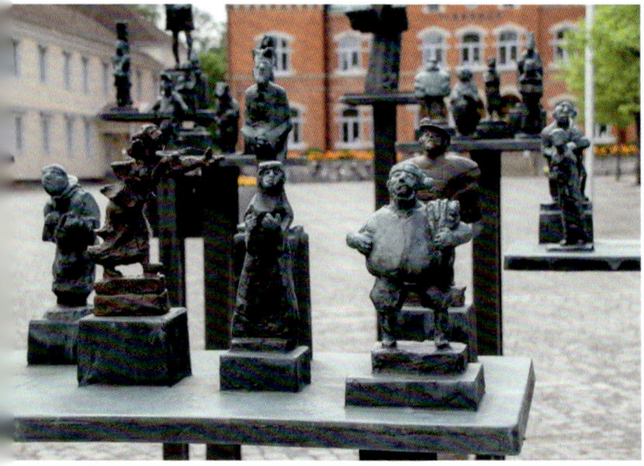

Skulpturengruppen auf dem Marktplatz von Värnamo

dem Jedermannsrecht (gilt nicht in Naturschutzgebieten!) angewiesen. Am Tourenende in Värnamo wartet ein regulärer Campingplatz, Tel. +46 370 16660.

Transfer zurück zum Einstieg

Mit dem Zug von Värnamo nach Hok und weiter mit der Buslinie 141 Richtung Sävsjö nach Svenarum, Fahrtzeit etwa 1:30 Std.
Fahrpläne unter: *www.jlt.se*

Bootsverleih

- Värnamo Camping, Tel. +46 370 16660
- Svenarums Kanotuthyrning Tel. +46 761 364500

Einkaufsmöglichkeiten/Proviant

Unterwegs gibt es weder Einkehr- noch Einkaufsmöglichkeiten.

Sehenswertes

Kirche in Svenarum, Apladalen Naturpark mit Freilichtmuseum, Museum Vandalorum. Bruno Mathsson Center und Kirche (1872/74) in Värnamo.

Alternativen

Mit dem Fahrrad um den Ruskensee (ca. 60 km) oder auf einem der zahlreichen Fahrradwege zwischen 18 und 68 km Länge durch die Gemeinde Värnamo. Wandern auf dem 40 km langen Munkaleden, *www.munkaleden.se*. Ausflug in den Nationalpark Stora Mosse (größtes Moorgebiet in Südschweden, ca. 20 km nordwestlich von Värnamo).

Auskunft

Touristinformation Värnamo
Tel. +46 370 18899, *www.visitvarnamo.se*

Buchtipps/Karten

Wetterfeste Outdoorkarte Sverigeserien Topo50, Blatt 23:Värnamo.

Tour 8: Solgeån & Emån (Småland)

Der Emån entspringt im südschwedischen Hochland bei Nässjö im Nordosten Smålands und mündet nach 220 Kilometer, rund zehn Kilometer nordöstlich von Mönsterås, in die Ostsee. Für gemütliche Kanuwanderungen eignet sich besonders der Oberlauf. Die vorgestellte Strecke beginnt nordwestlich von Vetlanda auf dem Solgeån, der südlich des Solgen-Sees bei Holsbybrunn in den Emån mündet. Auf mal schmalen, mal breiten Flussabschnitten und über einige Seen geht es durch schöne Naturlandschaften. Die angelegten, kostenlosen Lagerplätze bietet ein stimmungsvolles Ambiente, um am Etappenende das Zelt aufzuschlagen.

Etappen

1. Tag: Ryningsholm – Kanulagerplatz Mellby, ca. 12 km
2. Tag: Kanulagerplatz Mellby – Kanulagerplatz Aspödamm, ca. 24 km
3. Tag: Kanulagerplatz Aspödamm – Kvillsfors, ca. 20 km

Gesamtstrecke: ca. 56 km

Ausgangspunkt für diese Tour ist der kleine Hafen an der Straßenbrücke über den Solgeån in Ryningsholm südlich von Eksjö (Navi: Ryningsholmsvägen, SE-57595 Eksjö/ Koordinaten: 57.607002, 14.991991). Vor oder nach der Tour ist ein Besuch des Städtchens sehr zu empfehlen. Die Altstadt „Gamla Stan" beeindruckt mit einem geschlossenen Ensemble aus sechzig historischen Holzgebäuden. Deren Ursprung reicht zum Teil bis in das 17. Jahrhundert zurück und da der Originalgrundriss des Stadtviertels erhalten geblieben ist, fühlt man sich beim Schlendern durch die engen Gassen mit Märkten und Höfen sofort in das Mittelalter zurückversetzt.

Der Solgeån sucht sich seinen Weg als gemütlicher, unkomplizierter Wiesenfluss und fließt von Schilfufern gesäumt durch eine flache Landschaft. Nachdem der knapp ein Kilometer

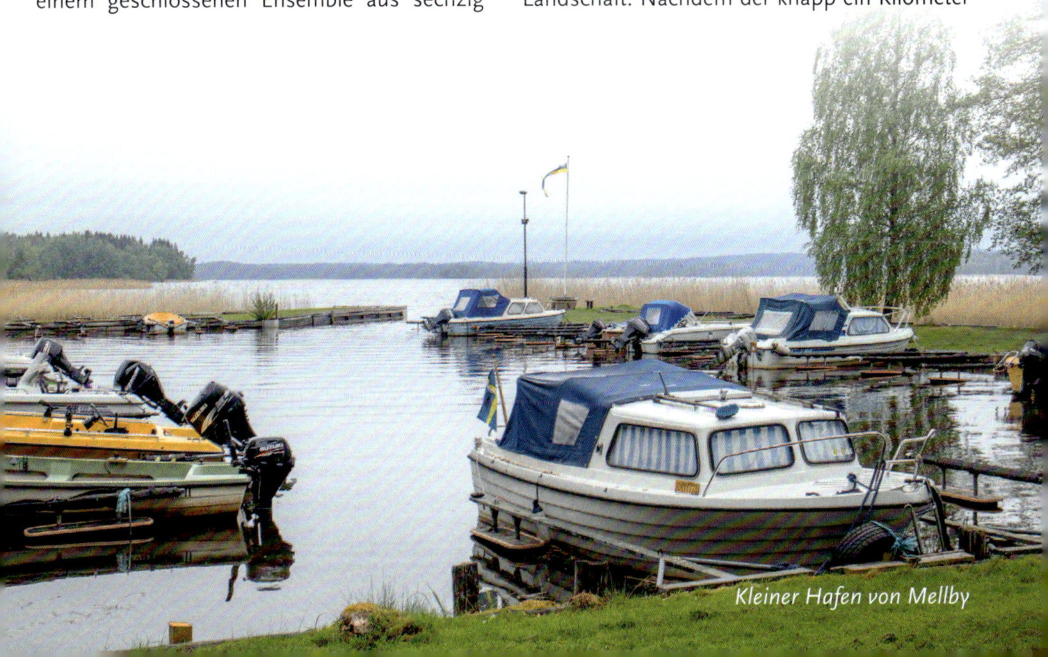

Kleiner Hafen von Mellby

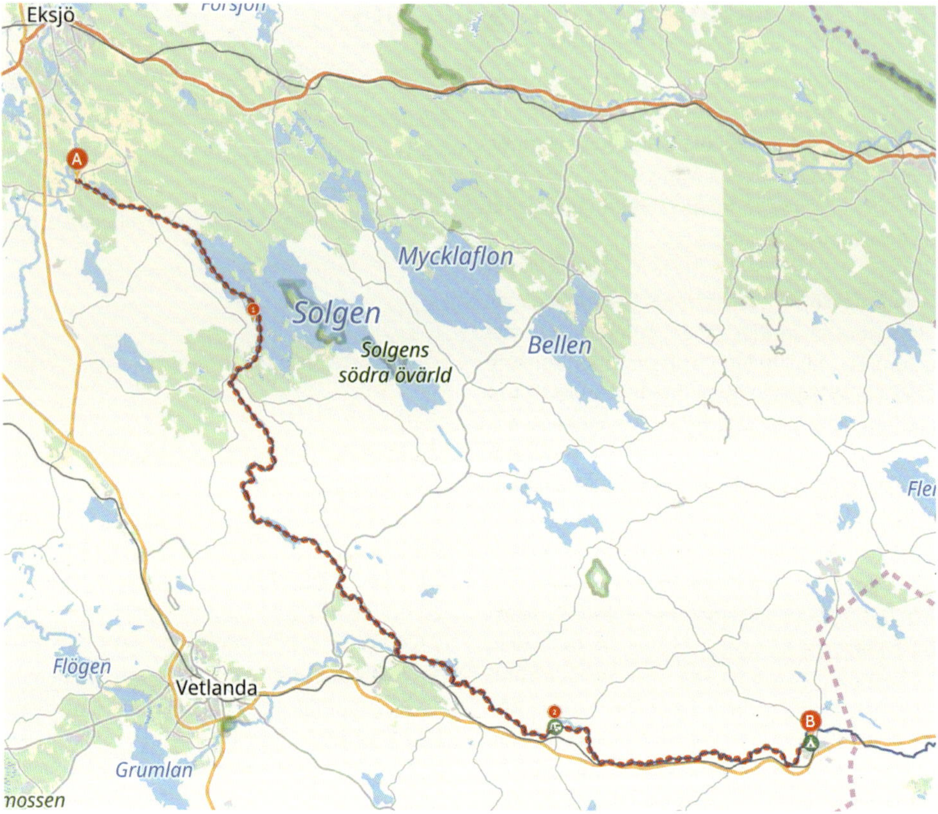

Solgeån, weiter. Am Wehr in Värne will dann die erste Portage bewältigt werden. Der Aufwand hält sich in Grenzen, denn es muss lediglich am linken Ufer ausgesetzt und kurz umtragen werden. Direkt hinter dem Hindernis geht es über eine Bootsrutsche in Form von zwei parallel liegenden Holzlatten zurück ins Wasser.

Diese praktische Konstruktion ist auch im weiteren Tourenverlauf immer dort zu finden, wo das Ufer unzugänglich, steinig oder steil ist. Auf dem folgenden Abschnitt erhöhen der eine oder andere umgestürzte Baum und dichtes Weidengestrüpp den Schwierigkeitsgrad. In der Regel lässt sich aber immer ein Weg finden, nicht zuletzt weil die Kanuvermieter im Frühjahr eine Schneise schlagen. Wer allerdings zeitig im Jahr unterwegs ist und zu den ersten Paddlern der Saison gehört, tut wahrscheinlich gut daran, Axt und/oder Säge im Gepäck dabei zu haben, um die Hindernisse aus dem Weg zu räumen.

Der Solgeån fließt weiter in südöstliche Richtung und verbreitert sich zu einem fjordartigen See, der durch eine Staumauer aufgestaut wird. Der Ausstieg für die Portage liegt ziemlich genau in der Mitte dieses Bauwerks. Unterhalb der Mauer geht es auf der Schotterpiste weiter und an der T-Kreuzung beim Bauernhof nach links. An der Gabelung 200 Meter weiter hält man sich rechts und gelangt am Umspannwerk vorbei zum Einstieg am Kanulagerplatz mit kleinem Unterstand im Wald.

Nach einem kurzen Stück mit Flusscharakter

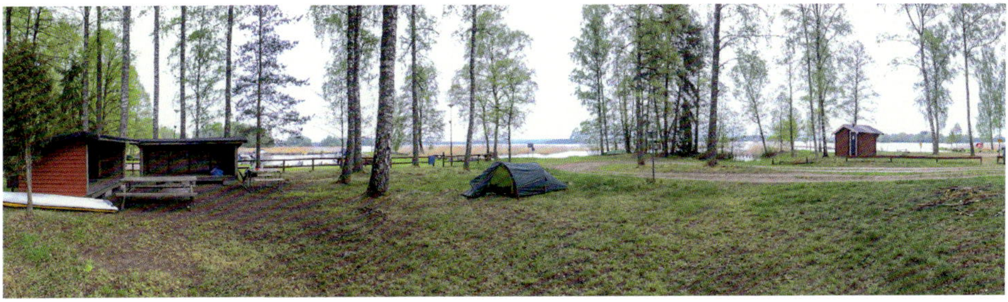

Kanurastplatz Mellby

ist schon nach 500 Metern der nächste Stausee erreicht, dessen Nordufer hoch emporragt. Die Hüttenvermietung Lilla Götskögle Stugor eröffnet die Möglichkeit, die Nacht in einem richtigen Bett zu verbringen und den Paddeltag entspannt in der Sauna oder im Badezuber mit weitem Ausblick über den See ausklingen zu lassen. Wem der Sinn nicht nach solchem Luxus steht, hält sich an das rechte Ufer und paddelt vorbei an einem weiteren Kanulagerplatz (nur Zelt, kein Unterstand) Richtung Osten. Im nordöstlichen Seezipfel liegt der Abfluss und ganz rechts neben dem Wehr findet sich eine schmale Durchfahrt zu einem kleinen Nachbarsee, an dessen Ende man am rechten Ufer gegenüber des Kraftwerks aussteigt. Die Umtragestrecke führt nach links und direkt hinter der ersten Brücke über eine Holzrutsche zurück ins Wasser. Rund 300 Meter weiter gilt es, sich rechts zu halten, um die Einfahrt in den historischen Hällaryds-Kanal nicht zu verpassen. Hinweisschilder warnen vor der Weiterfahrt auf dem Hauptlauf, der aber ohnehin von umgestürzten Bäumen versperrt ist. Am Anfang des Kanals geht es durch einen kleinen Hubschütz, der, falls der Schieber heruntergelassen sein sollte, kurz am linken Ufer umtragen werden muss. Anschließend geht es weiter auf dem schmalen etwa eineinhalb Kilometer langen Wasserlauf – der Ende des 19. Jh. von Hand gegraben wurde – durch einen wildromantischen Wald, der zur Rechten hoch aufragt.

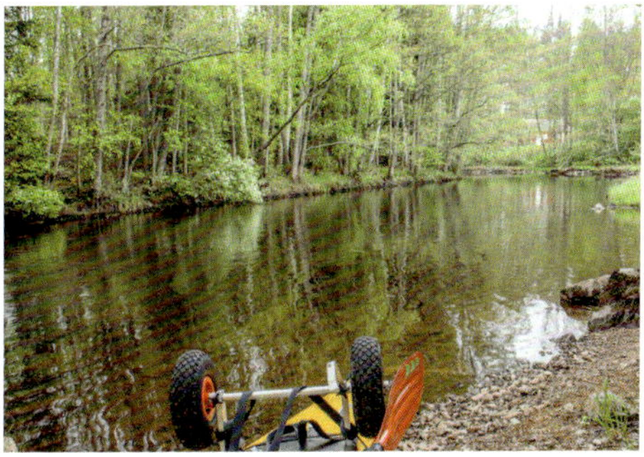

Bei Holsbybrunn

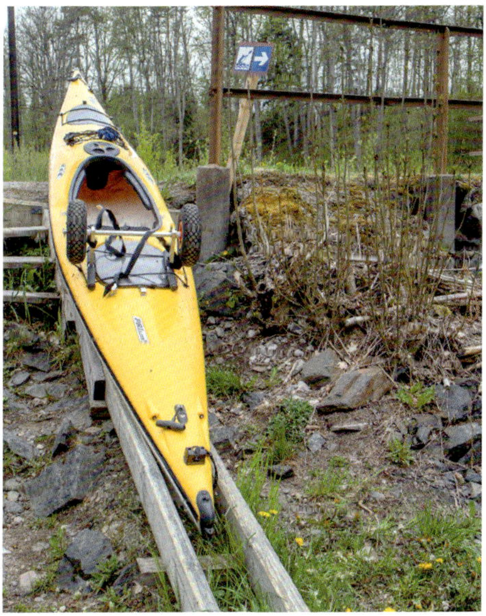

Im Streckenverlauf ist so manche Umtrage zu meistern.

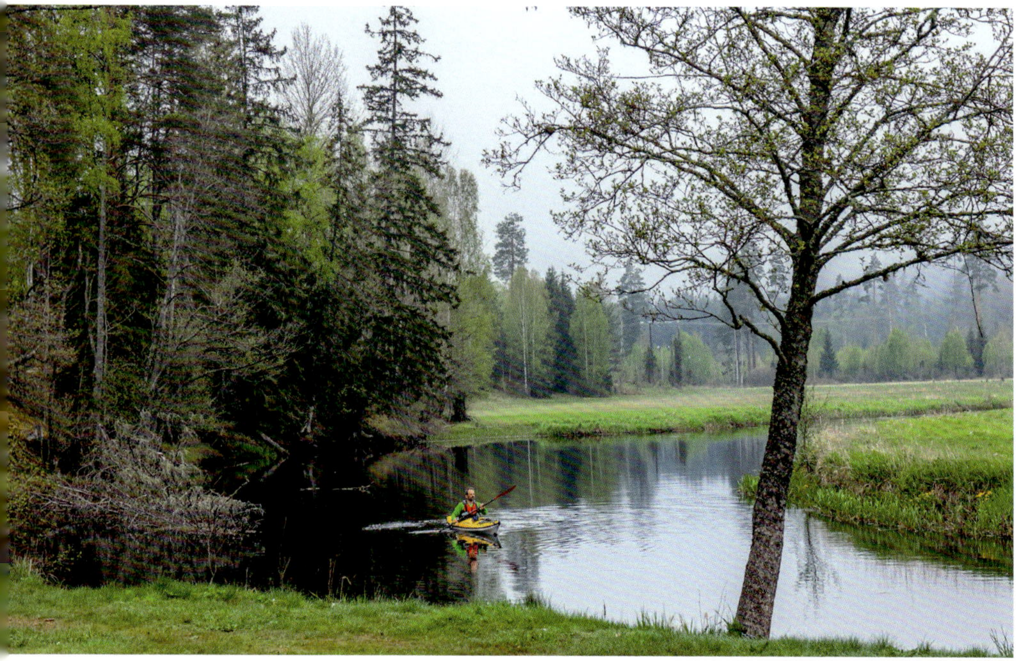

Bei Tälläng

Der Kanal treibt bis heute die Turbine eines Wasserkraftwerks an und der Ausstieg für die am Kanalende anstehende Portage liegt am linken Ufer. Anschließend verläuft der Landtransport auf der Straße bis zu einer T-Kreuzung mit einer größeren Straße. Hier geht es am Bushaltehäuschen weiter nach rechts und dann hinter dem letzten Haus nach links zurück ans Flussufer. Auf seinen letzten Kilometern verläuft der Solgeån in weiten Schleifen und gewinnt zunehmend an Breite, um dann hinter der Straßenbrücke bei Holsbybrunn auf den Emån zu treffen. Ein paar schöne Inseln lockern den Mündungsbereich auf.

Die seenartige Erweiterung des Emåns kündigt den nächsten Staudamm an und es muss links vor dem Wehr ausgesetzt werden. Die Umtragestrecke folgt der Straße kurz nach rechts und biegt dann vor dem blauen Zaun nach links ab zum Kanulagerplatz und Einstieg.

Bergbau in Småland

Die Goldmine in Ädelfors war die erste Goldmine in Schweden und von 1738 bis 1889 in Betrieb. In den Höhenzügen der Gemeinde Vetlanda wurden zu dieser Zeit in zahlreichen weiteren Gruben und Bergwerken kostbare Metalle wie Nickel und Kupfer abgebaut.

Das in einem alten Lagerhaus aus Natursteinen untergebrachte Museum in Ädelfors beherbergt eine bedeutende, 7.000 Exponate umfassende Mineraliensammlung und informiert mit alten Werkzeugen, Karten und Dokumenten über die Geschichte des Bergbaus in der Region.

Auf dem folgenden Abschnitt hat sich der Flusslauf zu einem langegestreckten schlauchartigen See verbreitert und am südöstlichen Ende findet sich der Ausstieg für die nächste Portage am rechten Ufer. Mit dem Bootswagen geht es dann nach links auf dem Damm weiter und gleich rechts zwischen den Häusern hindurch zurück ins Wasser.

Nächste Station ist Ädelfors, wo ein Schwimmsteg am linken Ufer vor der Straßenbrücke einen bequemen Ausstieg ermöglicht. Auf der Straße nach links liegt in etwa 400 Meter Entfernung erst das Bergbaumuseum (Gruv- och Mineralmuseum) und ein Stück weiter der Campingplatz im Stil einer Westernstadt mit der Möglichkeit zum Goldwaschen.

Kurz hinter der Straßenbrücke von Ädelfors wartet dann die letzte Portage der Tour. Vom Ausstieg am linken Ufer führt der Landtransport nach rechts am Kraftwerk vorbei auf einem Waldweg und rund 150 Meter weiter über eine Holzrutsche hinab zum Ufer.

Bald tritt die Straße 41 dicht an das rechte Ufer heran und wird den Emån auf dem verbleibenden Stück begleiten. Es bleibt trotzdem idyllisch und der Emån sucht sich gemächlich seinen Weg durch flache Wiesen und in einiger Entfernung zu den Ufern stehen Kiefern Spalier. Nachdem die dicht am Ufer stehenden Häuser von Tällang zurückgeblieben sind, ist bald der auf dem Prallhang eines Mäanderbogens liegenden Kanulagerplatz Kyrkängen mit komfortablen Schwimmsteg, Unterstand, altem Heuschober und Feuerstelle erreicht.

Die letzten Kilometer der Tour verlaufen unkompliziert. Erster Vorposten von Kvillsfors ist eine schöne Uferwiese mit Feuerstelle auf der rechten Seite. Kurz darauf ist am Ostufer einer seenartigen Erweiterung die große Badestelle des Ortes erreicht, wo die Tour am flachen Ufer links neben dem Badesteg gut beendet werden kann. Nach rechts ist es nur ein kurzer Spazier-

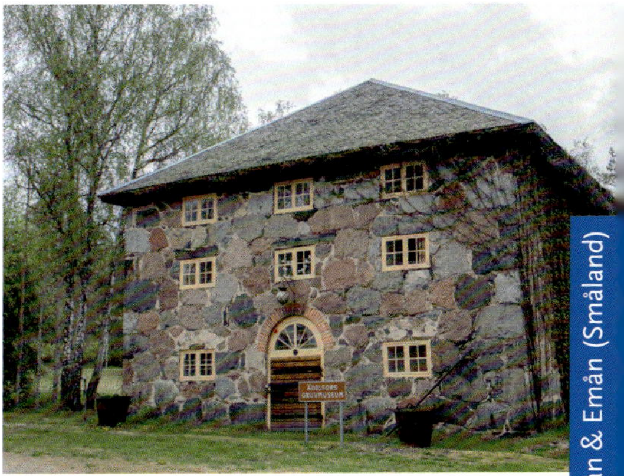

Bergbaumuseum in Ädelfors

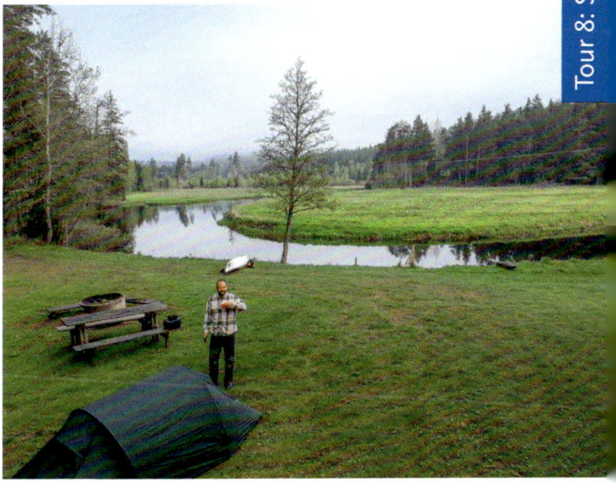

Kanulagerplatz Kyrkängen

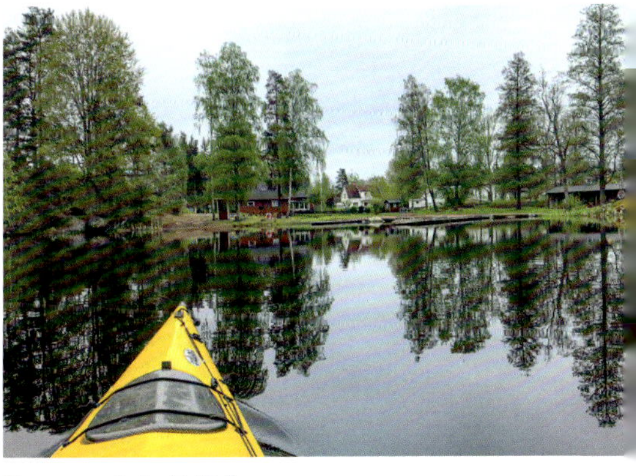

Tourenende in Kvillsfors

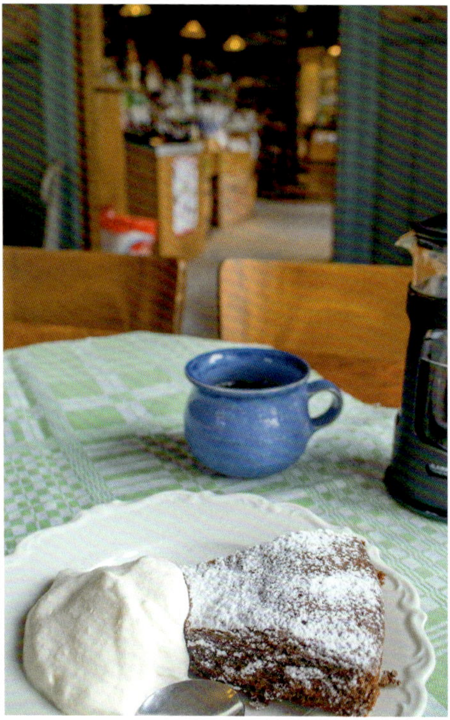

Das Café in Levanders Lanthandel serviert leckeren Kuchen ...

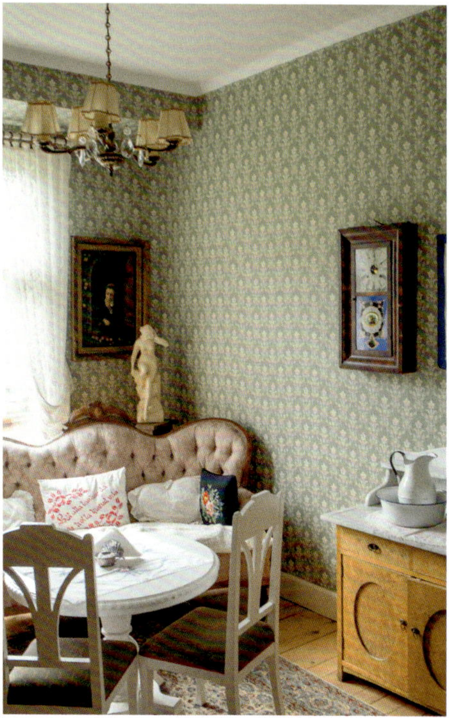

... und dient gleichhzeitig als Museum.

gang vorbei am Campingplatz zur Bushaltestelle und zum Supermarkt im Ortskern.

Für die Fortsetzung der Tour auf dem Emån müsste in Kvillsfors zunächst eine 3.000 Meter lange Portage bewältigt werden. Die Weiterfahrt Richtung Ostsee ist möglich, der Unterlauf wird aber nur wenig befahren. Die Infrastruktur ist nicht mehr so gut wie im Oberlauf und die Befahrung der verbleibenden Strecke ist recht anspruchsvoll. Aufgrund einiger ausgewachsener Stromschnellen ist sie ausschließlich erfahrenen und wildwassererprobten Kanuten zu empfehlen.

ADRESSEN UND INFOS

Beste Zeit

Diese Strecke ist selbst im Sommer nicht übermäßig stark frequentiert. Im Frühjahr ist im Oberlauf des Solgeån mit dichteren Baumhindernissen zu rechnen.

Hindernisse

Die insgesamt sieben Landtransporte sind mit einem Bootswagen gut zu bewältigen.

Die Portage hinter dem Klintedammen ist mit ca. 1.000 m die längste.

Unterkunft

Entlang der Strecke sind mehrere Kanulagerplätze angelegt. Sie verfügen über Feuerstellen, Toiletten und zum Teil Unterstände und können kostenlos genutzt werden.

- Hüttenvermietung auf dem Steilufer des Brunnhultadammen, *www.gotskogle.se*
- Campingplatz in Ädelfors (ca. 400 m vom Ausstieg entfernt), *www.guldvaskning.se*

Transfer zurück zum Einstieg

Von Montag bis Freitag besteht eine Busverbindung von Kvillsfors nach Vetlanda, von dort geht es unproblematisch mit der Linie R301 Richtung Nässjö zur Haltestelle Eksö Ryningsholm. Von hier ist es dann nur noch ein knapp zwei Kilometer langer Spaziergang zurück zur Einstiegsstelle. Fahrpläne unter: *www.jlt.se*

Bootsverleih

- EMventure in Kvillsfors, Tel. +46 383 18222 *www.emventure.se*
- Höglandets kanotcenter in Eksjö Tel. +46 70 8570114.

Einkaufsmöglichkeiten/Proviant

Unterwegs bestehen weder Einkaufs- noch Einkehrmöglichkeiten direkt am Wasser.

Sehenswertes

Levanders Lanthandel (nostalgisches Café in einem ehemaligen Krämerladen in Holsbybrunn), *www.levanders-lanthandel.se*.
Ädelfors Gruv och Mineralmuseum. Hultaby Slottsruin aus dem 13. Jahrhundert am Ufer des Norrasjön und historische Wassermühle aus dem frühen 19. Jahrhundert bei Vetlanda. Altstadt „Gamla Stan“ mit historischen Holzhäusern in Eksjö.

Alternativen

Goldwaschen in Ädelfors, *www.guldvaskning.se/de*. Fahrraddraisinefahrten auf der Strecke Åseda – Hultanäs – Triabo, *www.smalsparet.nu*. Besuch der Kleva Gruva (ehemaliges Kupfer- und Nickelbergwerk etwa 10 km östlich von Vetlanda, *www.klevagruva.se*.

Trekking auf dem Höglandsleden (insgesamt 450 km langer, markierter Wanderweg durch das småländische Hochland).

Auskunft

Vetlanda Infocenter, Storgatan 5B
SE-57432 Vetlanda, Tel. +46 383 97100
www.vetlanda.se

Buchtipps/Karten

Sverigeserien Topo50
Blatt 24: Vetlanda, 1:50.000

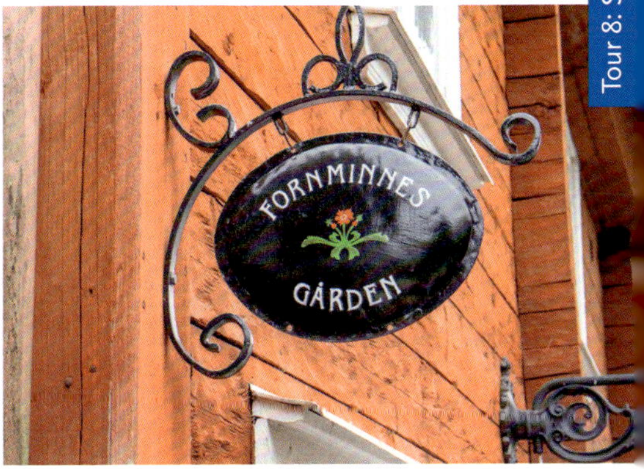

Das Heimatmuseum Fornminnesgården ist in einer alten Kupferschmiede aus dem 17.Jh. untergebracht.

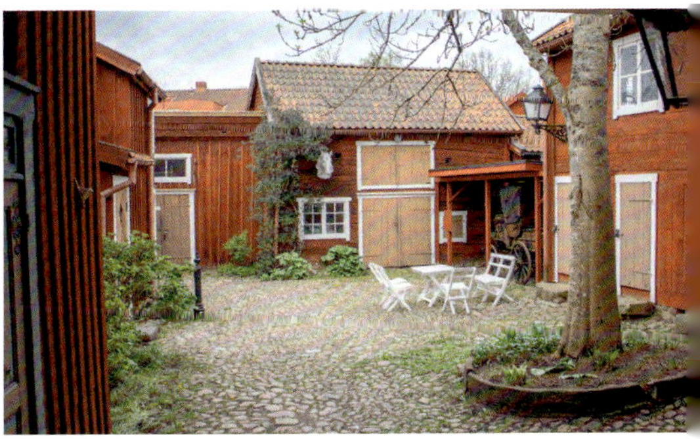

Die malerische Altstadt von Eksjö ist unbedingt einen Rundgang wert.

Tour 9: Stångån (Småland)

Von seinem Ursprung im See Möckeln fließt der Stångån in südöstliche Richtung nach Storebro, wo er seine Richtung ändert und über Vimmerby und die Seen Krön und Juttern nordwärts auf seine Mündung in den nördlich von Linköping gelegenen See Roxen zusteuert. Die ersten fünfunddreißig Kilometer der vorgestellten Tour bis Storebro führen durch eine urwüchsige Wildnis. Als Kleinfluss schlängelt sich der Stångån durch einen verwunschenen, fast mystischen Urwald, und es kann vorkommen, dass ein umgestürzter Baum den Weg versperrt. Im zweiten Teil verläuft die Strecke über ruhig dahinströmende, von Wiesen und Feldern gesäumte Flussabschnitte, die von idyllischen, größeren Seen unterbrochen wird.

Etappen

1. Tag: Ösjön – Kanulagerplatz Brånaholm, ca. 18 km
2. Tag: Kanulagerplatz Brånaholm – Kanulagerplatz Findeln, ca. 22 km
3. Tag: Kanulagerplatz Findeln – Camping Kröngården, 15 km
4. Tag: Camping Kröngården – Hornåbergs Camping, ca. 34 km

Gesamtstrecke: ca. 89 km

Bei gutem Wasserstand eignet sich der Kanulagerplatz am Westufer des Ösjön (Koordinaten fürs Navi: 57.75066, 15.55994) südlich von Ydrefors hervorragend für den Tourenstart. Der schöne Lagerplatz mit Feuerstelle und Trockentoilette direkt am Wasser entschädigt für die letzten drei holprigen Kilometer der Anfahrt ab der Staumauer auf einer Schotterpiste durch den Wald. Bei niedrigerem Wasserstand setzt man allerdings besser weiter flussabwärts ein, um dem Boden des Bootes tiefe Schrammen und sich selbst aufwändige Treidelpassagen zu ersparen.

Nach dem Start geht es kurz nach rechts über den See, denn gleich am Ende der ersten Bucht fließt der Stångan in südliche Richtung ab. Er führt in engen Kurven, umgebenen von nahezu vollkommender Stille in Gesellschaft von Kranichen, Graureihern und Mardern, durch eine wildromantische Waldlandschaft.

Das Urwald-Feeling wird nur von einer Rohrbrü-

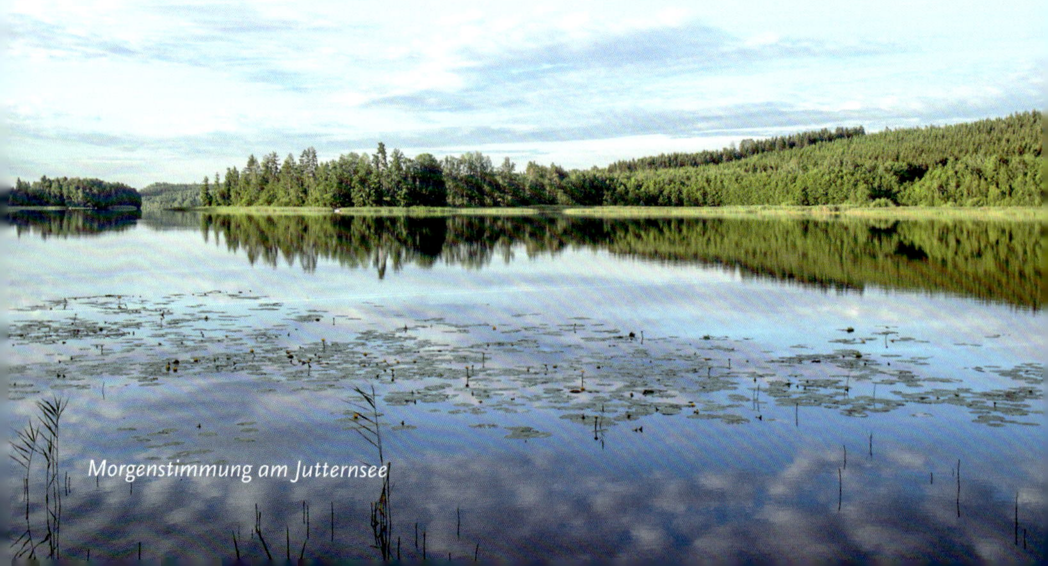

Morgenstimmung am Jutternsee

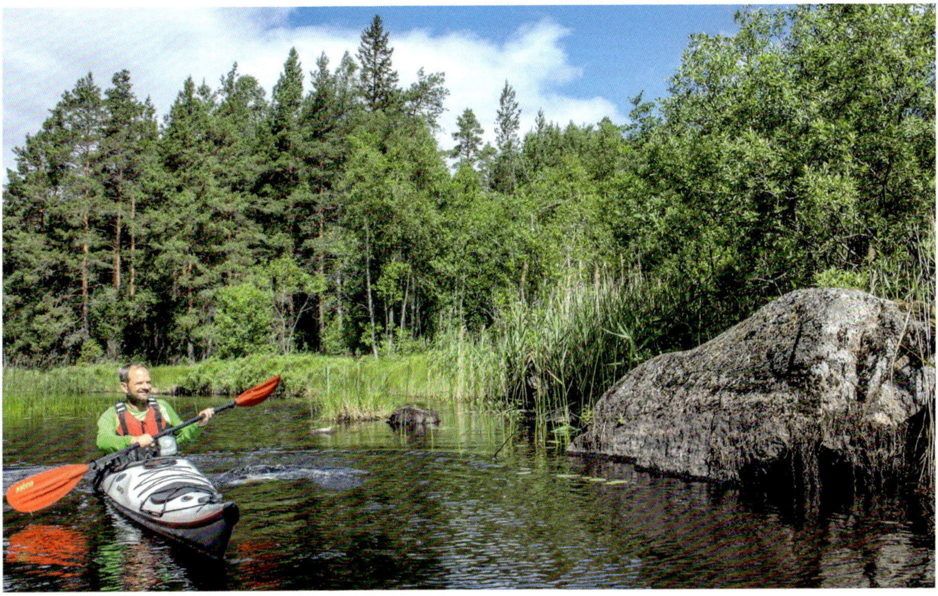

Im Oberlauf präsentiert sich der Stångån wildromantisch.

cke und einer Fußgängerholzbrücke unterbrochen, dann geht es durch einen engen Schilfgürtel auf den kleinen See Ågölen. Anschließend wird der Flusslauf wieder schmaler und hin und wieder streicheln tiefhängende Weidenäste den Kopf. Eine Straßenbrücke mit zwei Rohrdurchlässen ist eine weitere Wegmarke, bis rund achteinhalb Kilometer nach dem Start das Ufer zur Rechten hoch aufragt. Am Hang bietet ein Unterstand die Möglichkeit zur Übernachtung. Er ist vom Wasser aus nicht zu sehen, jedoch durch ein Schild gekennzeichnet. Geeignete Flächen für den Zeltaufbau sucht man hier allerdings vergeblich.

Ein Bauernhof am rechten Ufer und zwei Straßenbrücken sind die weiteren Stationen im Streckenverlauf und hinter der Brücke der Straße von Ydrefors nach Rumskulla versteckt sich ein Rastplatz im Wald. Kurz darauf steht die erste Portage der Tour an. Der linke Arm führt zum Ausstieg und nachdem das Wehr kurz umtragen wurde, rutscht das Boot auf der anderen Seite über Holzbohlen zurück ins Wasser. Allerdings reicht die Wassertiefe kaum zum Paddeln, sodass für die Strecke bis zur Vereinigung mit dem Hauptarm meistens Treideln angesagt ist.

Wieder mit genug Wasser unter dem Kiel geht es an einem mit üppiger maritimer Deko versehenem Holzhaus vorbei und weiter durch den Wald. Mit dem einen oder anderen umgestürzten Baum ist zu rechnen, aber es findet sich praktisch immer eine freie Durchfahrt am Hindernis vorbei.

Ein recht langer begradigter Flussabschnitt, dessen Ufer mit großen Steinen befestigt ist, kündigt die nächste Portage an. Ein Schild weist rechtszeitig auf den Ausstieg am linken Ufer hin, und eine hölzerne Rampe erleichtert das an Land ziehen des Bootes. Die Ruine der Papiermühle Brånaholm von 1814 entschädigt mit ihrer verwunschenen Stimmung für die anstrengende, da unwegsame Portage durch den Wald. Auf dem folgenden Abschnitt gibt es zwei kurze Schwallstrecken. Hinter dem zweiten Schwall

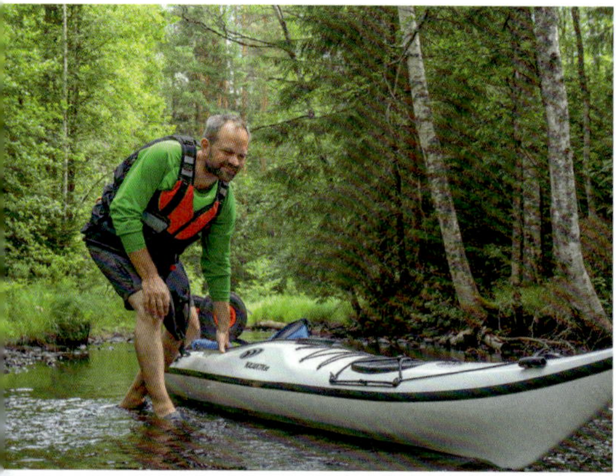

Bei niedrigem Wasserstand ist Treideln angesagt.

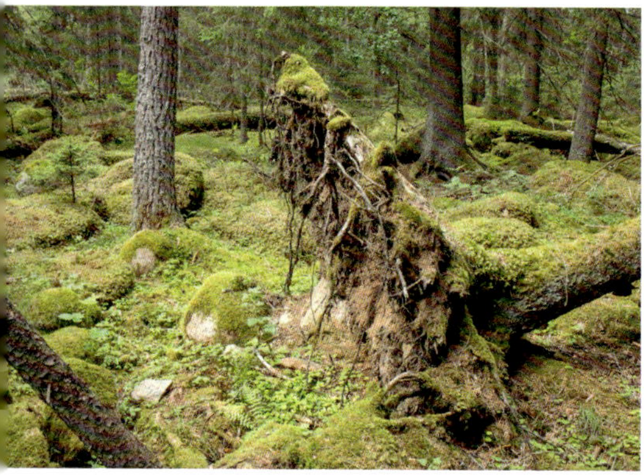

Der urwüchsiger Wald entlang der Ufer weiß zu begeistern.

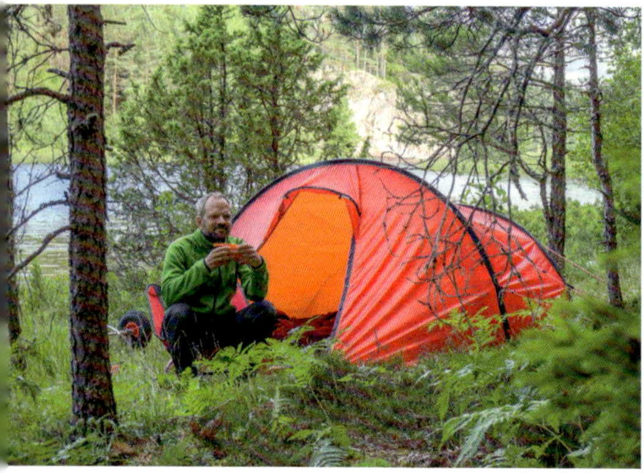

Plätzchen zum Zelten findet sich dort auch.

muss in der kleinen Sandbucht noch vor der Brücke am rechten Ufer angelegt, und das Boot für ca. 100 Meter bis zu dem großen Sandstrand umtragen werden.

Unter mehreren Brücken hindurch geht es auf den See Åsjön, dessen Ufer erstaunlich steil, felsig und hoch aus dem Wasser ragt. Hinter der Straßenbrücke der Straße 40 von Vimmerby nach Mariannelund bietet der Lagerplatz mit Feuerstelle und Toilette eine gute Möglichkeit für den Landgang.

Je näher Storebro kommt, desto weiter rücken die Ufer auseinander. Das linke Ufer ragt klippenförmig in die Höhe und vorbei an der Badestelle mit hohem Sprungturm geht es in den südöstlichen Zipfel des Stausees. Der Ausstieg findet sich rechtsufrig neben der Straße vor dem blauen Fabrikgebäude (Storebrogjuteriet). Für den Auftakt der Portage folgt man der Straße nach links, biegt vor dem ersten Gebäude nach rechts ab auf einen unbefestigten Weg und läuft auf der Brücke über den Stångån. Vor dem geöffneten Fabrikgelände mit Schornstein geht es nach rechts weiter und am Ende wiederum rechts auf der Straße weiter. Nachdem die Straßenbrücke unterquert ist, läuft man an einer langen Lagerhalle entlang und biegt kurz vor dem Bahnübergang links in die Tjänstemannagatan ein. Knapp 200 Meter geht es für das Finale dieser langen Portage an der Kreuzung nach rechts auf die Stångångatan und runter zum Einstieg am Kanulagerplatz mit Trockentoilette und Feuerstelle.

Für den Abschied von Storebro steht eine kurze Felsschlucht Spalier, dann fließt der Stångån breit durch Wiesen und Schilfgürtel und man erreicht den See Findeln. Dessen Wasseroberfläche ist dicht mit gelben Teichrosen und Binsen besetzt, und mitunter ist es aufgrund des dichten Bewuchses gar nicht so einfach voranzukommen. Nach etwa zwei Drittel der Strecke liegt zurückversetzt in einer Bucht am rechten Ufer ein schöner Lagerplatz.

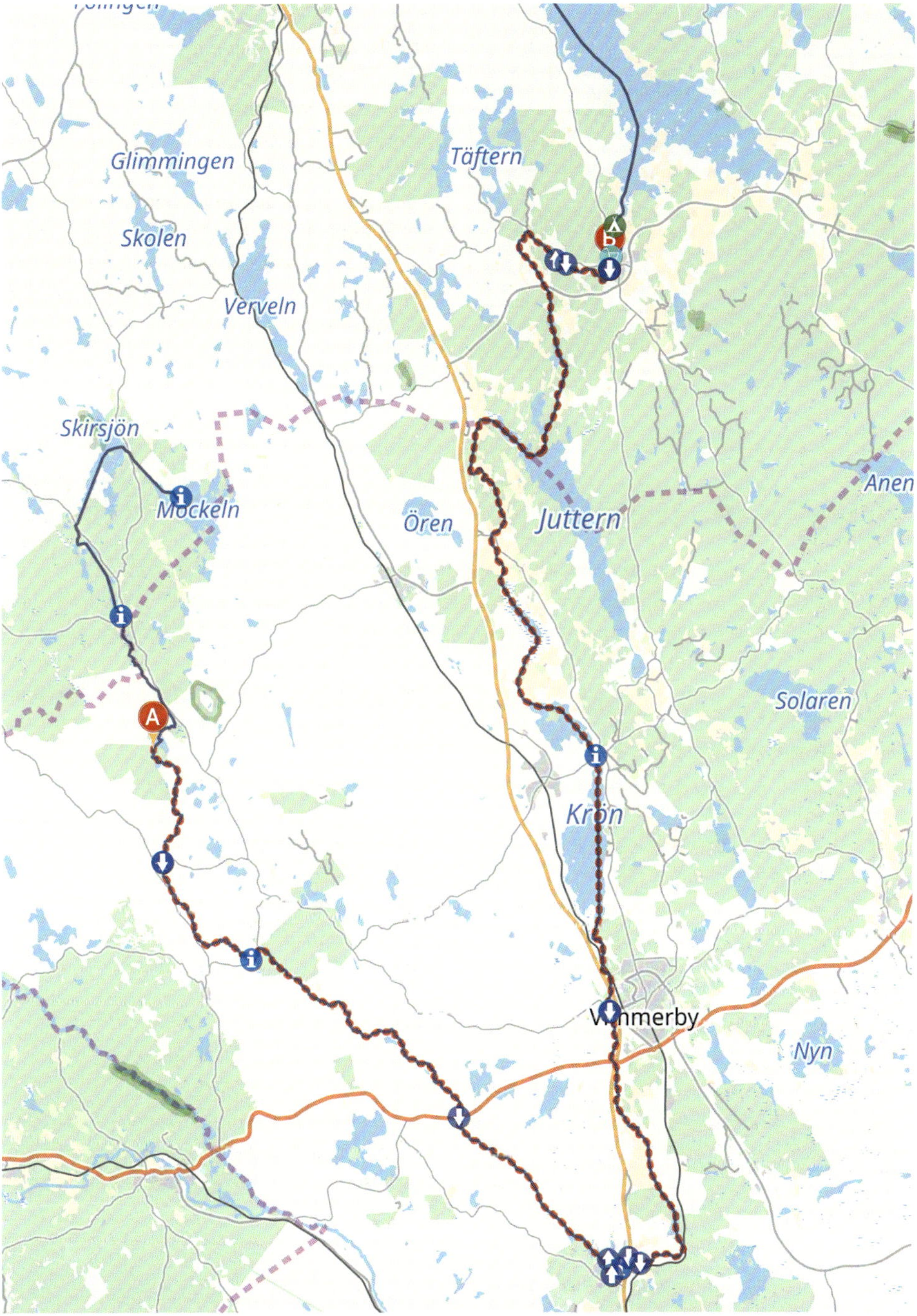
Glimmingen
Täftern
Skolen
Verveln
Skirsjön
Möckeln
Ören
Juttern
Anen
Solaren
Krön
Vimmerby
Nyn
A
B

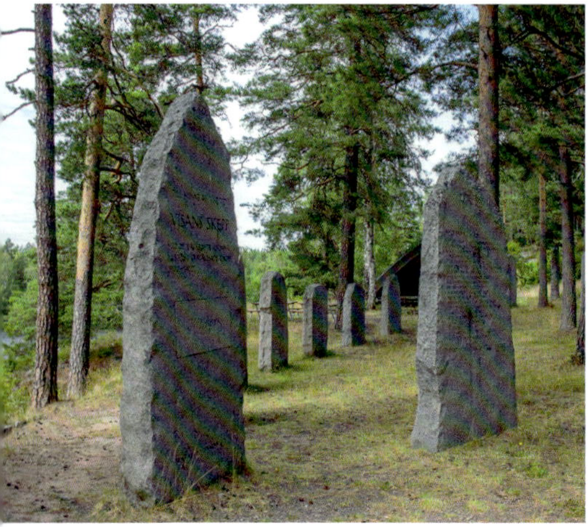

Visans Skepp („Schiff der Lieder") in Storebro

Der Findeln schrumpft auf Flussbreite zusammen und in weiten Bögen sucht sich der Stångån seinen Weg durch Wiesen und Weiden. Südlich des Stadtgebietes kreuzen in kurzem Abstand die Straßen 23 und 40 den Flusslauf. Knapp ein Kilometer weiter weist am rechten Ufer ein Schild im Schilf auf den Trampelpfad zum Ferienpark Smålandsbyn hin. Ansonsten bekommt man vom Wasser aus von der Stadt nicht viel mit. Die beste Anlegestelle für den Stadtbesuch markiert etwa eineinhalb Kilometer weiter die überdimensionale Bierdose am linken Ufer, die unmissverständlich Werbung für die örtliche Brauerei macht. Gegenüberliegend gibt es eine komfortable Ausstiegsmöglichkeit, um im Restaurant Brygghuset einzukehren, und auch das Stadtzentrum ist nicht weit.

Das Pfund, mit dem Vimmerby wuchert, ist die wohl bekannteste schwedische Kinderbuchautorin Astrid Lindgren, die 1907 auf einem Bauernhof unweit der småländischen Kleinstadt zur Welt kam.

Nachdem sie 1944 ihr erstes, konventionelles Mädchenbuch veröffentlicht hatte, war 1945 der Weg frei für „Pippi Langstrumpf". Pädagogen und Lehrer rümpften zwar die Nase, da sie den anarchistischen Lebensstil, die ordinäre Sprache und den fehlenden Ordnungssinn der frechen, unabhängigen Göre verdammten, doch der lautstarke Protest konnte den Erfolg des Buches dennoch nicht stoppen. Zwei weitere Bände über die Heldin mit den unterschiedlichen Strümpfen, sowie Äffchen und Pferd auf der Veranda der Villa Kunterbunt folgten. In den kommenden Jahrzehnten schuf Astrid Lindgren mit „Kalle Blomquist", „Michel aus Lönneberga", „Die Kindern aus Bullerbü" und vielen weiteren Werken Klassiker der Kinderliteratur.

Ob „Ronja Räubertochter" oder „Karlsson vom Dach": Die Helden in Astrid Lindgrens Büchern sind stets unkonventionell, lieben ihre Freiheit und das Abenteuer. Kein Wunder also, dass ihre Bücher weltweit erfolgreich waren, und es immer noch sind.

Der Stångan führt kanalartig westlich des Ortskern vorbei und nachdem die Eisenbahnbrücke zurückgeblieben ist, öffnet sich in nördliche Richtung der langgestreckte Krön. Der Charakter des Stångåns hat sich seit Storebro komplett gewandelt und nichts erinnert mehr an den Kleinfluss vom Tourenstart, der durch scheinbar unberührte Urwälder mäandriert. Nun geht es durch eine Region, die von der Landwirtschaft geprägt ist. An den Ufern weiden Kühe, Kornfelder wogen sanft im Wind und hier und da leuchtet rot ein Bauernhof.

Auf der rechten Seeseite bietet der Kröngården neben einer schönen Badestelle auch eine Camping- und Einkehrgelegenheit. Die Fortsetzung der Tour führt nach Norden, wo es unter einer Straßenbrücke hindurch in den nördlichen Seeteil geht.

Die große Fabrik und eine kleine Kirche sind die einzigen sichtbaren Zeugen des Städtchens Södra Vi am Südufer und vorbei an der Insel Kalvö wird der Abfluss des Stångån aus dem nordwestlichen Seezipfel erreicht. Der breite Flusslauf führt zwischen schilfbestandenen Ufern durch eine liebliche Landschaft nach

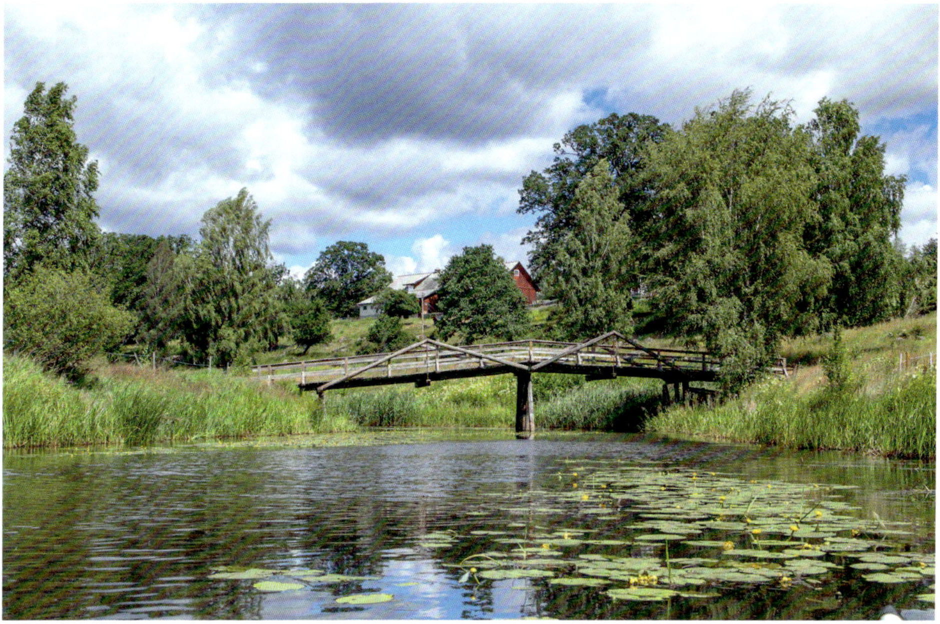

Im weiteren Verlauf werden die Ufer von der Landwirtschaft geprägt.

Norden und biegt nach rund zwölf Kilometern in südöstliche Richtung ab auf den von Wald umringten Jutternsee. Dieser langgestreckte schmale See erstreckt sich in südöstliche Richtung und ist bei ausreichend Zeit im Gepäck unbedingt einen Abstecher wert. Nach gut sieben Kilometern ist am südlichen Ende das Dorf Djursdala mit einer alten Holzkirche aus dem 17. Jahrhundert erreicht.

Für den Weg in Richtung Etappenendpunkt Horn wendet man sich aber gleich auf dem nördlichen Seeteil hinter der Landspitze Målanäs in Richtung Nordosten und paddelt unter einer Straßenbrücke hindurch.

Das Tourenfinale bietet noch einmal ein herrliches Naturerlebnis mit einsamen Waldufern und schroffen Felsen, und der ständige Wechsel zwischen Seen- und Flusspassagen lässt keine Langeweile aufkommen. Schnell ist der Damm des Kraftwerk Blomsfors erreicht.

Nach dem Ausstieg am rechten Ufer muss kurz entlang der Straße umtragen werden, dann geht es hinter dem letzten Haus nach links durch die Bäume zurück ans Ufer.

Abschließend geht es auf dem letzten Kilometer ruhig weiter bis zum freundlichen Campingplatz in Horn, der im übrigen auch mit einem netten Café lockt. Der Ausstieg befindet sich ganz am Ende des Geländes am Steg der Badestelle.

ADRESSEN UND INFOS

Beste Zeit

Im Spätsommer kann die Befahrung des ersten Abschnittes bis Storebro schnell zur Tortur werden, denn bei niedrigem Wasserstand läuft das schwerbeladende Wanderboot an den flachen Stellen (zu) oft auf Grund. Ab Storebro ist die Tour ganzjährig ohne Probleme befahrbar.

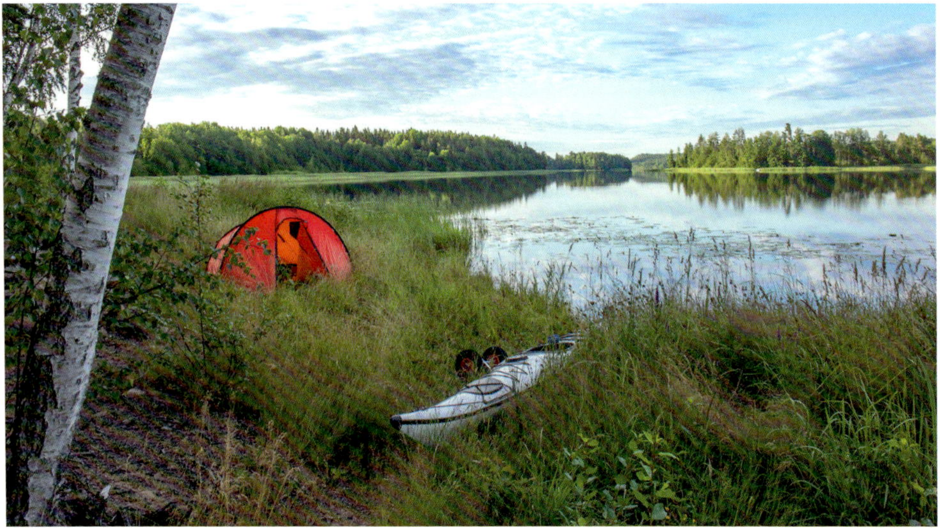

Jutternsee

Hindernisse

Insgesamt sind fünf Portagen, drei davon kürzer als 200 m, zu bewältigen. Für den rund 1.500 m langen Landtransport in Storebro ist ein Bootswagen unabdingbar.

Unterkunft

Entlang der Strecke finden Sie einen Unterstand zu Beginn, sowie einige Rastplätze mit Feuerstellen im weiteren Verlauf der Tour. Am Ende befindet sich ein Campingplatz (Hornåbergs Camping), Tel. +46 494 30357. *www.hornabergscamping.se*

Transfer zurück zum Einstieg

Mit öffentlichen Verkehrsmitteln sehr umständlich und zeitaufwändig (von Horn via Kinda und Vimmerby zur Haltestelle Ydrehammar plus 3 km Fußweg zum Ösjön). Daher besser ein Fahrrad nehmen (der Campingplatz verleiht auch E-Bikes) und 35 km auf einsamen, aber hügeligen (!) Schotterpisten direkt zurück zur Einstiegstelle fahren.

Bootsverleih

- Smålandsbyn in Vimmerby
  Tel. +46 492 12259, *www.smalandsbyn.se*
- Gyllenelgs Kröngården bei Vimmerby
  Tel. +46 70 5566007
- Hornåbergs Camping in Horn
  Tel. +46 494 30357, *www.hornabergscamping.se*

Einkaufsmöglichkeiten/Proviant

Supermärkte in fußläufiger Entfernung zum Fluss in Storebro (ca. 600 m), im Zentrum der Kleinstadt Vimmerby (ca. 1.500 m, großes Angebot) sowie am Tourenende in Horn (ca. 700 m).
Einzige Einkehrmöglichkeit direkt am Ufer ist das Restaurant Brygghuset der Brauerei Åbro in Vimmerby.

Sehenswertes

Norra Kvill Nationalpark (27 ha großer Urwald) östlich von Ydrefors, Visans skepp in Storebro (20 in Schiffsform angeordnete Steine, in die die Texte der wichtigsten schwedischen Lieder des 20. Jahrhundert eingraviert sind).

Vergnügungspark „Astrid Lindgrens Welt“, *www.astridlindgrensvarld.se*, und Geburtshaus Näs von Astrid Lindgren in Vimmerby .

Alternativen

Verlängerung der Kanufahrt von Horn nach Norden. Variante a: In nordwestliche Richtung vorbei an Kisa und über den See Ören bis in den Sommen (vgl. Tour 11).
Variante b: Von Horn weiter in nördliche Richtung und über den Kinda-Kanal bis nach Linköping. Unermüdliche können von dort ihre Tour über den Roxen-See und den Göta-Kanal sogar bis zur Ostsee fortsetzen. Der über 100 km lange Weitwanderweg „Sevedeleden“ bietet sich für diejenigen an, die das Paddel gegen die Wanderschuhe eintauschen möchten.

Auskunft

Turistbyrån Vimmerby, Rådhuset 1
SE-59837 Vimmerby, Tel. +46 492 31010
www.vimmerby.com

Buchtipps/Karten

- Das Faltblatt „Wasserwege für Kanufahrer im Gebiet Svartå – Stångå – Uknadalen“ ist zwar keine topographische Karte, sondern eine Übersichtsskizze im gewöhnungsbedürftigen Maßstab 1: 270.000. Diese Kartenskizze reicht zur Orientierung aber völlig aus und ist kostenlos in der Touristinformation in Vimmerby erhältlich. Die PDF-Fassung steht auf der Website des Touristenbüros (Menüpunkt „Broschüren und Karten“) zum Download bereit.
- Der Reise Know-How Reiseführer „Astrid Lindgrens Schweden – von Bullerbü zur Villa Kunterbunt“ von Sabine und Wolfram Schwieder nimmt den Leser mit auf Entdeckungstour auf die Spuren Astrid Lindgrens und zu den Schauplätzen der Verfilmungen ihrer Bücher.

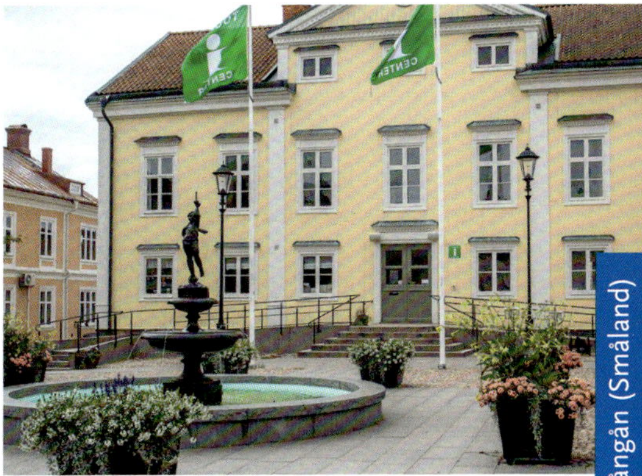

Rathaus in Vimmerby

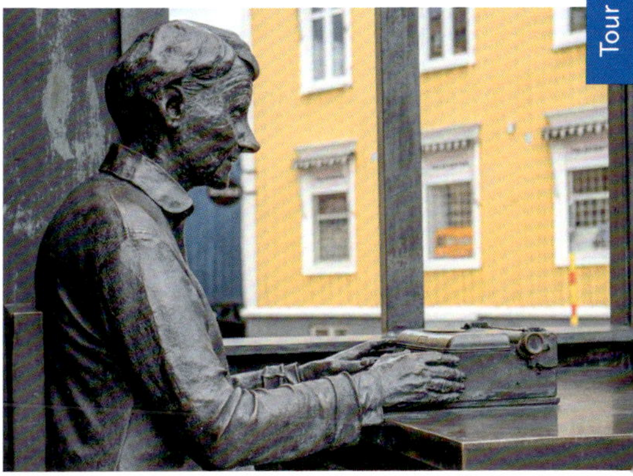

Die Bronzestatue auf dem Marktplatz zeigt Astrid Lindgren an der Schreibmaschine in ihrem Arbeitszimmer.

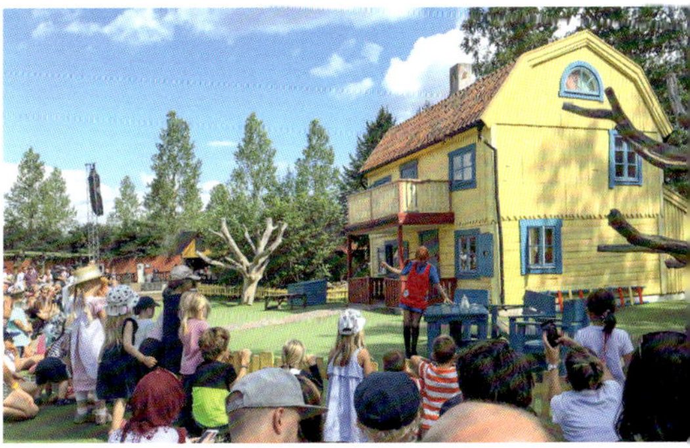

Im Erlebnispark Astrid Lindgrens Värld werden die Figuren der Kinderbuchautorin lebendig.

Tour 10: Schären von Västervik (Småland)

Der beliebte Ferienort Västervik ist ein hervorragender Ausgangspunkt für Seekajaktörns in einen herrlichen Schärengarten, der mit unzähligen großen und kleinen Inseln gespickt ist, und dank seiner abwechslungsreichen Küstenlinie aus Meerengen, Buchten und Halbinseln zu den schönsten Schwedens zählt. Die Variationsmöglichkeiten des Tourenangebots reicht vom einfachen, küstennahen Tagesausflug in geschützten Gewässern bis hin zu – die entsprechende Erfahrung und Ausrüstung vorausgesetzt – anspruchsvollen Touren in Richtung offenes Meer.

Etappen

Rundtour, ca. 15 km

Die Kleinstadt Västervik an der schwedischen Ostseeküste ist das Tor zu einem Schärengarten mit über 5.000 Inseln und Inselchen. Südöstlich der malerischen Altstadt auf einer Halbinsel gelegen, bietet sich das Västervik Resort (Koordinaten fürs Navi: Lysingsvägen, SE-59353 Västervik) als Basislager an. Wer ohne Übernachtung einfach nur paddeln möchte, kann auch an einem kleinen Steg eine Bucht weiter (Koordinaten fürs Navi: Lilla Örserum 3, SE-59393 Västervik) einsetzen.

Die Bezeichnung Campingplatz ist für diese riesige Ferienanlage eine kühne Untertreibung. Das Angebot an Übernachtungsmöglichkeiten reicht vom einfachen Zeltplatz bis zur Luxushütte, und für das leibliche Wohl stehen gleich mehrere Restaurants zur Auswahl. Auch ein gut sortierter Minimarkt ist vorhanden und das Freizeitangebot zeigt sich ähnlich vielfältig. Minigolf, Seilbahn, Fahrrad-, Kanu- oder Segwaysverleih, Badestelle mit Sprungturm und Sandstrand sowie ein Hallenbad lassen selbst bei längerem Aufenthalt keine Langeweile aufkommen.

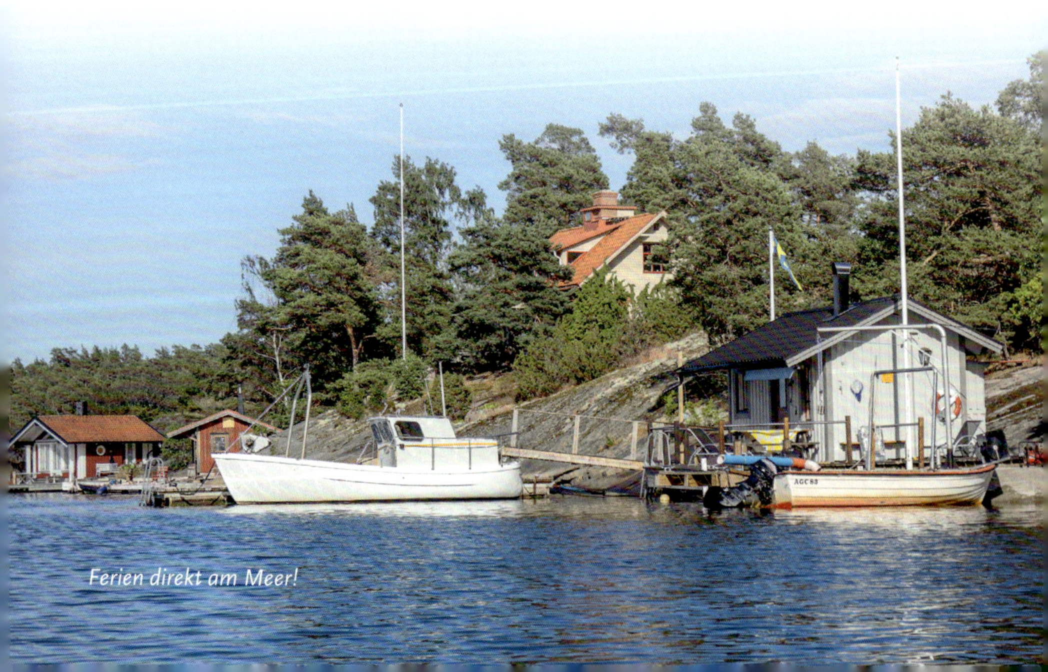

Ferien direkt am Meer!

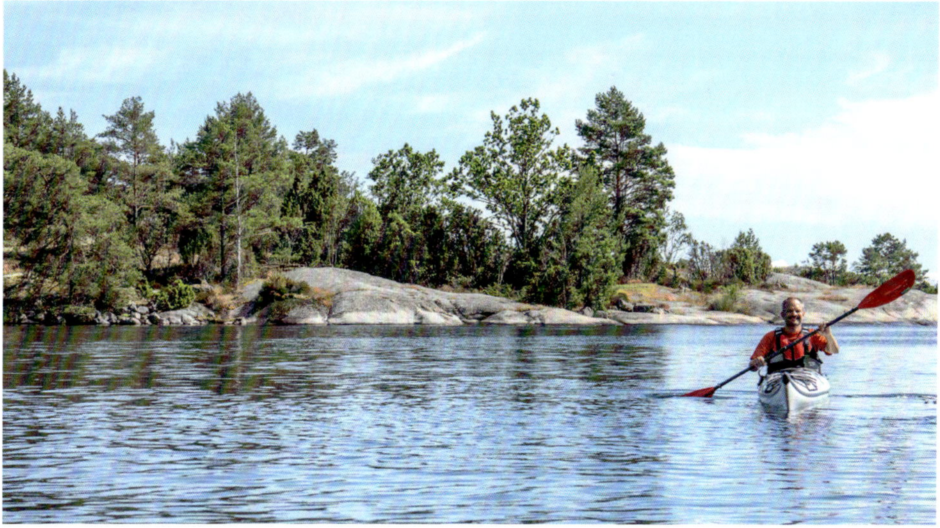

Die Schären vor Västervik zählen zu den schönsten in Schweden.

Trotz der Größe gibt es aber ruhige Ecken und tolle Plätze in der ersten Reihe, von denen man direkt lospaddeln kann. Für den Abendspaziergang bietet sich sogar die Gelegenheit zum Schären-Hopping ohne Boot, denn die naheliegenden, kleine und glattgeschliffene Felseninseln gegenüber sind durch mehrere Fußgängerbrücken miteinander verbunden.

Die vorgestellte Runde lässt sich bequem an einem Nachmittag paddeln und führt von Västervik in östliche Richtung zur Insel Idö und zurück. Die ersten Paddelschläge führen zwischen der bereits erwähnten Korpaholmarna-Inselgruppe und dem Bootshafen hindurch und an der Zufahrt zur Örserumsvik-Bucht vorbei, an deren westlichem Ende der alternative Startpunkt liegt.

Weiter geht es südlich der Insel Borgö, deren steile Uferklippen beeindruckend in den Himmel ragen, in östliche Richtung. Nachdem die flache Brücke, die Borgö mit dem Festland verbindet, passiert wurde, erhebt sich hinter einer Reihe von Inseln der charakteristische, weiße Leuchtturm mit seinem roten Dach auf

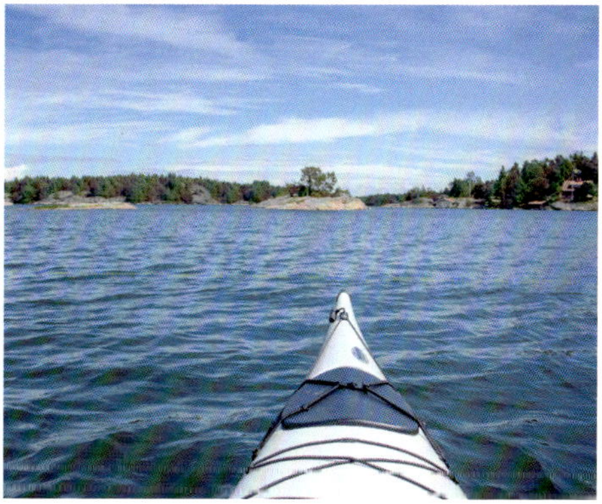

Über 5.000 Inseln sollen es sein.

der Insel Spårö über den Horizont. Das Wahrzeichen der Stadt wurde in der zweiten Hälfte des 18. Jahrhunderts errichtet, um den Schiffen die Einfahrt nach Västervik zu erleichtern. Es ist fünfundzwanzig Meter hoch und steht auf dem „Gipfel" des 34 Meter hohen Spåröberget.

Sich rechts haltend, paddelt man über die St. Bråtviken Bucht und unter der flachen Brücke zwischen Festland und der Insel Grönö hindurch auf den Lindödjupet. Die Wasserfläche

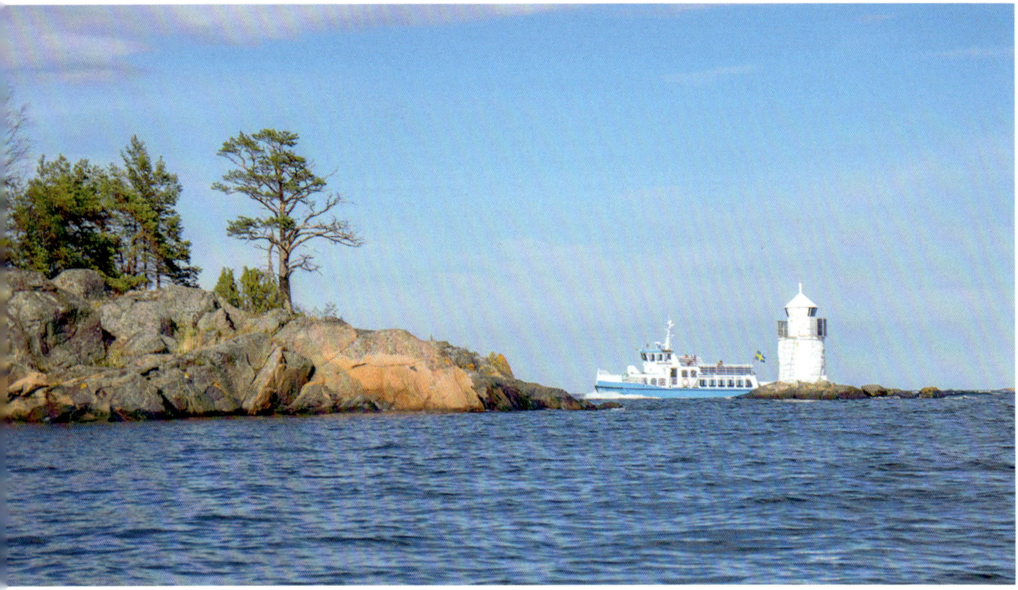

Die Inseln unterschiedlicher Größe werden von einer Reihe Bootslinien erschlossen.

zur Rechten öffnet sich und man paddelt auf der Südseite der zahlreichen kleineren und größeren Inseln, die sich wie Perlen an einer Kette aufreihen, weiter Richtung Osten.

Glatt geschliffene Inselrücken und ruhige Buchten mit Blick auf eindrucksvolle Klippen laden zu einer Picknickpause ein.

Wer dagegen lieber etwas „Richtiges" essen möchte, findet im Gästehafen von Idö ein Restaurant sowie ein Café.

Nach der Stärkung geht es an den Rückweg, der je nach Wind und Wetterlage gewählt werden sollte. Bei guten Bedingungen und nicht zu starkem Wind aus nördlicher Richtung gelangt man über den Idösund auf die offeneren Nordseiten der Inseln, die man zu Beginn der Tour auf der Südseite entlang gepaddelt ist. In Begleitung der Segelboote und Fährschiffe wird die Insel Marsholmen angesteuert und der Weg über den Borgfjärden führt zurück in den Archipel der idyllischen Korpaholmares am Campingplatz.

ADRESSEN UND INFOS

Beste Zeit

Am schönsten und unkompliziertesten ist eine Fahrt natürlich an einem windstillen Sommertag. Mit ausreichend Erfahrung und der richtigen Ausrüstung sind aber auch Touren bei rauem Herbstwetter möglich.

Hindernisse

Keine Portagen

Unterkunft

Großer 5-Sterne-Campingplatz mit rund 900 Standplätzen und über 200 Mietunterkünften direkt an den Schären in Västervik.
Tel. +46 490 258000, *www.vastervikresort.se*

Transfer zurück zum Einstieg

Entfällt, da Rundtour

Bootsverleih
Kanuverleih Nordic Outdoor Guiding am Campingplatz, Tel. +46 73 3372336
www.outdoorguiding.se

Einkaufsmöglichkeiten/Proviant
Gut sortierter Minimarkt und mehrere Restaurants im Västervik Resort, kleiner Lebensmittelladen und Café am Gästehafen auf der Insel Idö.

Sehenswertes
Rathaus (Ende 18. Jh.), Schlossruine Stegeholm und Stadtmuseum in Västervik.

Alternativen
Erlebnisbad am Campingplatz, Schmalspur-Museumseisenbahn zwischen Västervik und Hultsfred (*www.hwj.nu/de/*). Klettern und Bouldern in der Kletterhalle in Västervik oder an den Granitfelsen der Region (*www.vasterviklimbing.se*).

Auskunft
Västerviks Turistbyrå
Stora torget 4 (Rådhuset), SE-59333 Västervik
Tel. +46 490 87520, *www.vastervik.com*

Buchtipps/Karten
- Calazo-Karte St Anna & Gryt, 1:50.000
- Norsteds Outdoorkarten 21: Arkösund – Gryt – Västervik, 1:50.000

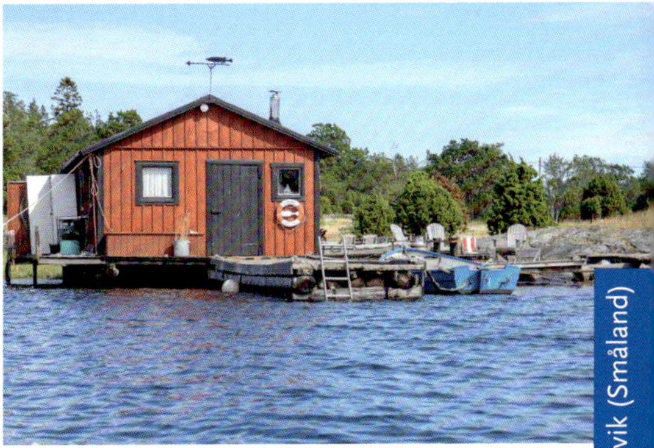

Hektik ist hier ein Fremdwort

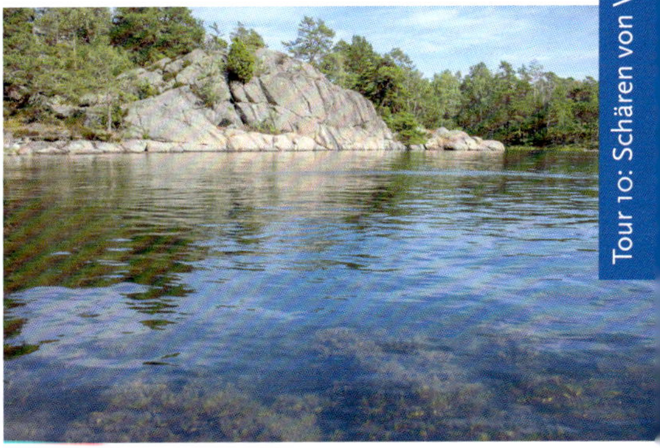

Weiter draußen findet man auch eine Schäreninsel ganz für sich allein.

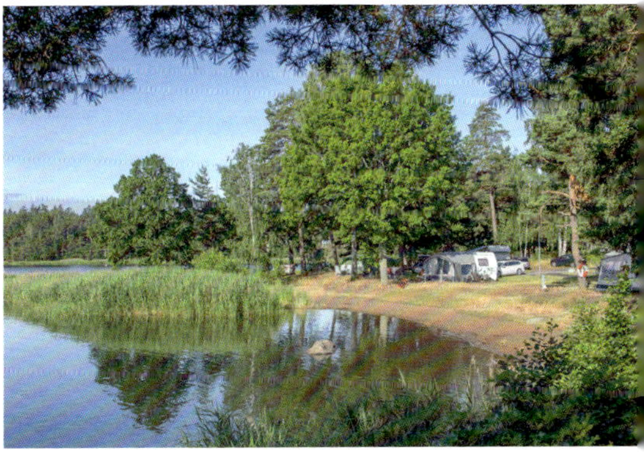

Der komfortable Campingplatz Västervik Resort ist ein idealer Ausgangspunkt für Ausflüge in die Schären.

Tour 11: Sommen (Östergötland)

Mit etwas Phantasie sieht der Sommen auf der Landkarte wie ein großer Tintenklecks aus. Der weitverzweigte See schmiegt sich zwischen die Hügel an der Grenze von Småland zu Östergötland und begeistert mit sauberem Wasser und einer abwechslungsreichen Inselwelt. Der Archipel ist nicht nur bei Paddlern beliebt, aber glücklicherweise wird der (zumindest an den Sommerwochenenden) recht aufdringliche Motorbootverkehr rund um Tranås schnell spärlicher, je weiter man sich nach Osten bewegt.

Beschrieben wird die Umrundung der Insel Torpön, die man gemütlich in zwei Tagen bewältigen kann. Dank einer Wasserfläche von über 130 km² und sich weit in das Land hineinstreckenden, fjordartigen Buchten lässt sich die Tour ohne Probleme zu einem mehrtägigen Kanutrip ausdehnen, und die unzähligen Strände und ebenso viele Inseln bieten perfekte Bedingungen zum Rasten und Übernachten.

Etappen

Entweder als sportliche Tagestour oder mit einer Übernachtung, z. B.:

1. Tag: Tranås – Unterstand Lomsviken, ca. 17 km

2. Tag: Unterstand Lomsviken – Tranås, ca. 14 km

Gesamtstrecke: ca. 31 km

Die beschriebene Rundtour startet unter der Aufsicht von keckernden Möwen an der Badestelle oder dem Steg des Kanuverleihers Petruskajak unterhalb des Hättebadens Camping (Koordinaten fürs Navi: Badvägen 2, SE-57393 Tranås), etwa drei Kilometer östlich von Tranås. Oben an der Straße stehen ausreichend Parkmöglichkeiten zur Verfügung.

Gestartet wird in östliche Richtung. Auf dem

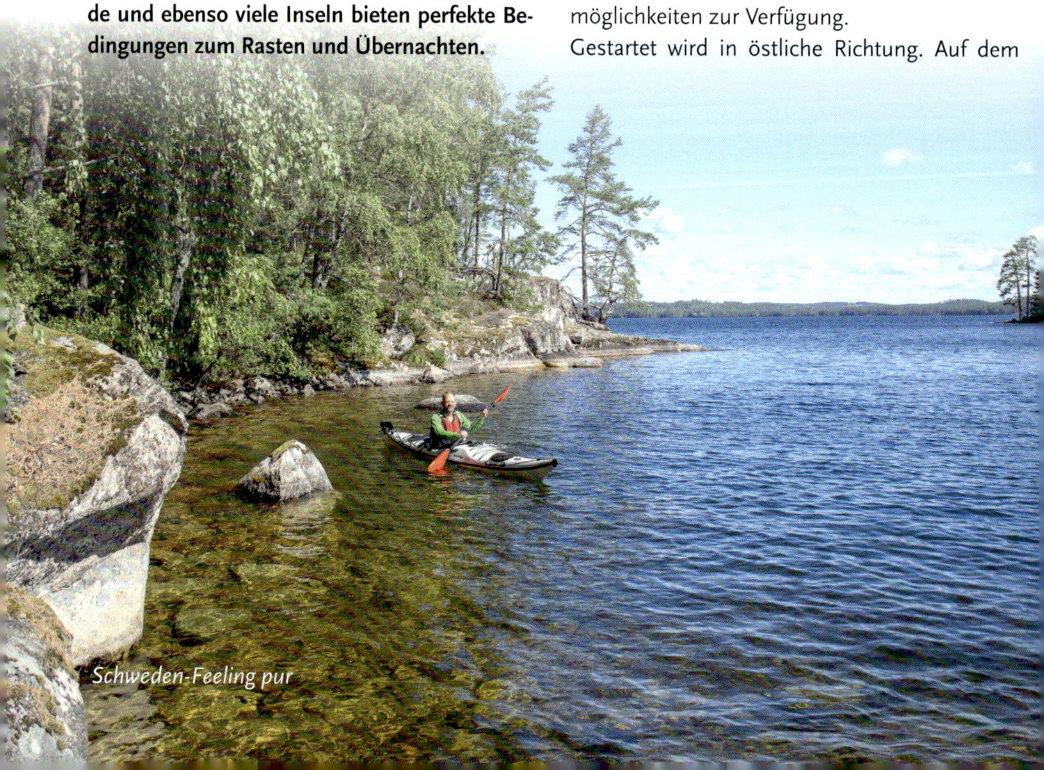

Schweden-Feeling pur

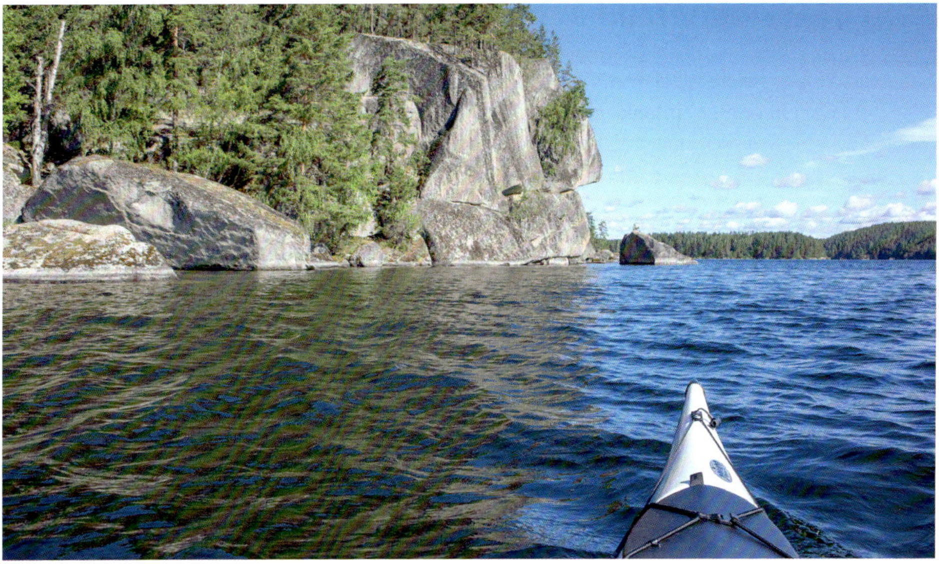

Die unzähligen Inseln und Buchten machen den Sommen zum Paddelrevier der Extraklasse.

Tranåssjön ist einiges los, denn der Sommen ist ein sehr beliebtes Ausflugsziel, insbesondere am Wochenende. Dann kurven alle nur denkbaren Bootstypen über das Wasser. Große Yachten mit Kajüte – mit denen man wahrscheinlich auch eine Weltumsegelung wagen könnte – sind ebenso zu finden, wie Ruderboote, an deren Heck ein Außenborder geklemmt wurde. Hausboote liegen im Windschatten einer Insel vor Anker und Jugendliche donnern im Sport boot mit hoher Geschwindigkeit über den See und haben einen Heidenspaß dabei, einen Autoreifen hinter sich her zu ziehen, während weiße Segel über den Horizont flitzen.

Zwischen den Inseln Storön und der erstaunlich hoch aufragenden Insel Karlsö hindurch geht es zur Landzunge an der nördlichen Spitze der Insel Torpön, von der auch die Fähre abfährt.

Neben einem Campingplatz gibt es hier auch ein Restaurant für all diejenigen, die schon nach den ersten Paddelschlägen Hunger verspüren oder Lust auf ein Eis bekommen haben. Ebenfalls einen Besuch wert ist das Naturum mit einer Ausstellung über die Flora und Fauna des Sommen.

In jeder schönen Bucht drängeln sich die Boote, aber mit jedem Paddelschlag, der auf der Ostseite von Torpön weiter nach Süden führt, geht der Trubel zurück und die Natur übernimmt wieder das Kommando. Kiefern krallen sich an schmale, steil aufragende Landzungen, rund und glattgeschliffen wölben sich kleine Inselchen in den See, obendrauf ein dickes Moospolster.

Bei solchen Ansichten fällt es nicht schwer, der „Sommakoa" Tribut für diesen prächtigen Flecken Erde zu zollen. Der Sage nach schuf diese Urkuh den Sommen. Als sie vor Wut auf den Boden stampfe, entstand eine große Vertiefung, die sich später mit Wasser füllte. Wer diese Geschichte, die Laurentius Oestergoetius 1736 niederschrieb, nicht glaubt, der kann sich von der Existenz dieser Kuh selbst überzeugen, denn sie lebt noch heute, eingeschlossen in einer Höhle, nördlich von Norra Vi bei Tallerum am östlichen Arm des Sommens.

Die Landschaft scheint über weite Strecken wie

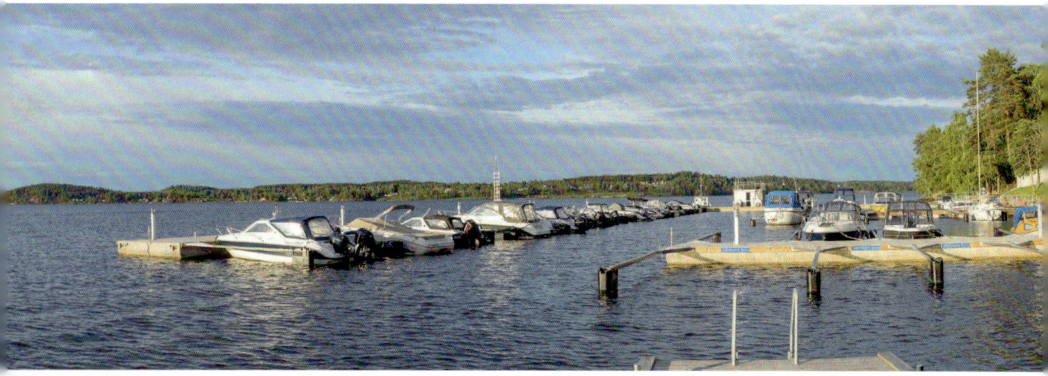

Sommenufer beim Hätte-Camping

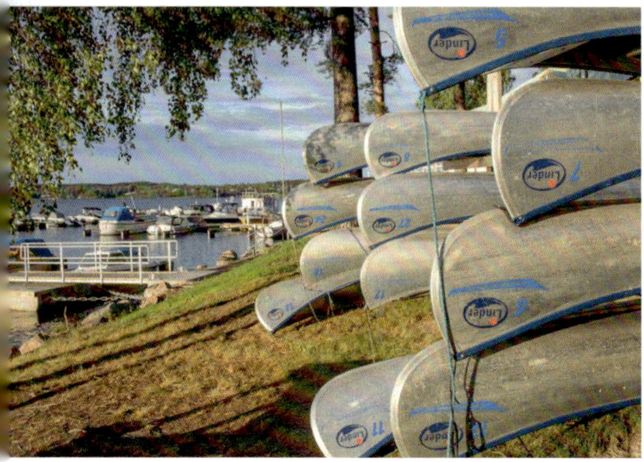

Alucanadier bei Petruskajak

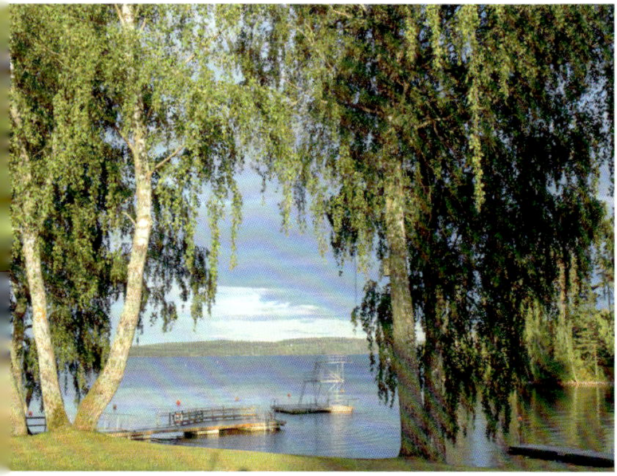

Badestelle Hättebaden

aus einem Schweden-Bildband entnommen. Überall am Ufer stehen „stugas“, die typischen roten Ferienhütten. Die Häuser sind aber nicht in irgendeinem Rot, sondern in Falunrot gestrichen. Die Pigmente dieser Farbe fallen beim Kupferabbau an, der in der Bergbaustadt Falun in Dalarna seit dem 11. Jahrhundert betrieben wird. Die zweite typische Farbe für schwedische Ferienhäuser ist Weiß. Weiß gestrichen sind die Eckpfosten, die Fenster und die obligatorischen Fahnenmasten. Weht dort das gelbe Kreuz auf blauem Grund, so sind die Besitzer zu Hause. Überhaupt wird die Nationalflagge gerne und oft gehisst, z. B. an Mittsommer oder am 10. Dezember, wenn die Nobelpreise verliehen werden. Und natürlich am 6. Juni, früher „Tag der Schwedischen Flagge“, seit 1983 Nationalfeiertag. Dieses Datum ist für Schweden gleich zweimal bedeutend: Am 6. Juni 1523 wurde Gustav Vasa zum König gewählt und dadurch der Weg zu einem souveränen, eigenständigen Staat geebnet, und am 6. Juni 1809 bekam Schweden seine Verfassung.

Am Ostufer beeindruckt Torpön mit zum Teil steil und hoch aufragenden Felsklippen, dann geht es über den Asbyfjärden nach Süden. An der äußersten Südspitze lockt die wunderschöne Bucht Lomsviken. Etwas zurückversetzt und vom Wasser aus nur schwer auszumachen,

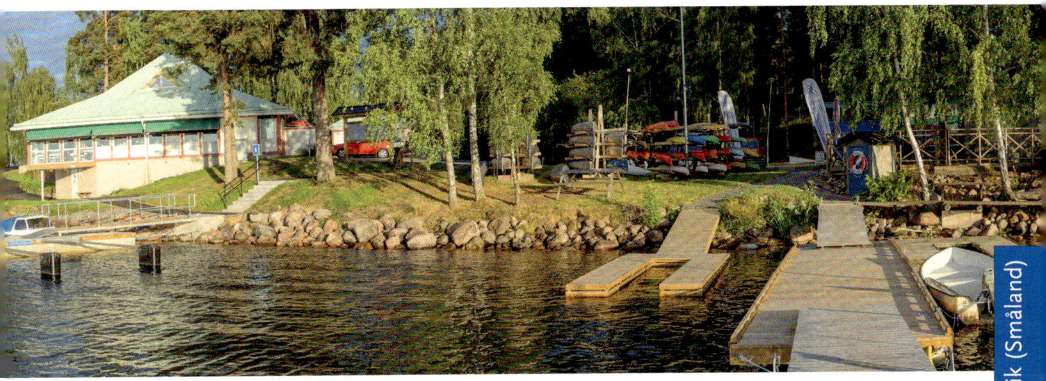

bietet ein Windschutz mit Feuerstelle die Möglichkeit zu einer urigen Übernachtung, wenn die Strecke bequem auf zwei Tage aufgeteilt werden soll.

Kurz darauf wird die Straßenbrücke passiert und es geht über den Torpasjön zurück Richtung Norden. Die schöne Badestellte in Torpa am linken Ufer und der glattgeschliffene Felsen Bodaberget mit einem höhlenartigen Überhang am Fuß an der engsten Seestelle zwischen Tranudden auf dem Festland und der Landnase Mellsberget am Westufer von Torpön, sind zwei weitere Stationen, aber bei weitem nicht die einzigen landschaftlichen Höhepunkte auf dem Rückweg zum Campingplatz.

ADRESSEN UND INFOS

Beste Zeit

Im Sommer ist es am schönsten, aber natürlich auch am vollsten. Wer den Motorbooten aus dem Weg gehen möchte, sollte die Wochenenden meiden.

Hindernisse

Es sind keine Portagen erforderlich. Je nach Windrichtung und Windstärke können sich hohe Wellen bilden.

Unterkunft

Am Ostufer finden sich zwei vom Wasser aus zugängliche, allerdings nicht ganz einfach zu entdeckende Unterstände mit Feuerstellen. Gute Möglichkeiten zum Wildzelten (außerhalb der Naturschutzgebiete, versteht sich!) bieten sich besonders auf den zahlreichen glattgeschliffen und einsamen Inseln auf der Ostseite von Torpön. Reguläre Campingplätze mit Wasserzugang finden sich in Tranås am Westufer (*www.hattecamping.se*) und an der nördlichen Spitze der Insel Torpön (*www.torponscamping.se*)

Transfer zurück zum Einstieg

Entfallt, da Rundtour

Bootsverleih

Petrus Kajak, Tel. +46 70 2271171
www.petruskajak.se.

Einkaufsmöglichkeiten/Proviant

Supermärkte in Tranås

Sehenswertes

Naturum an der Fähre im Nordteil von Torpön, (*www.sommen-naturum.se*). Zentrum mit der Einkaufsstraße Storgatan in Tranås (laut Eigenwerbung angeblich Schwedens bestes „Klein-

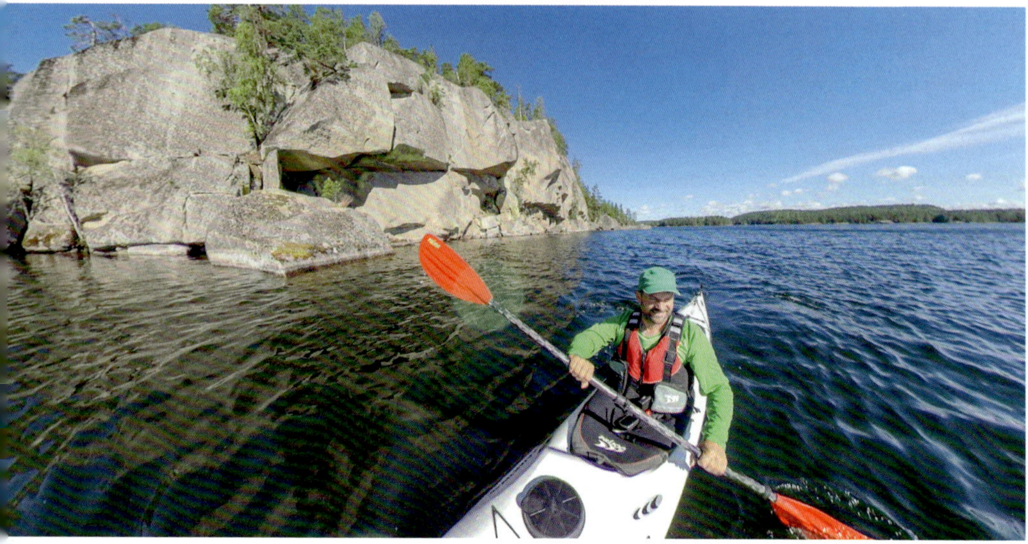

Über 250 Inseln…

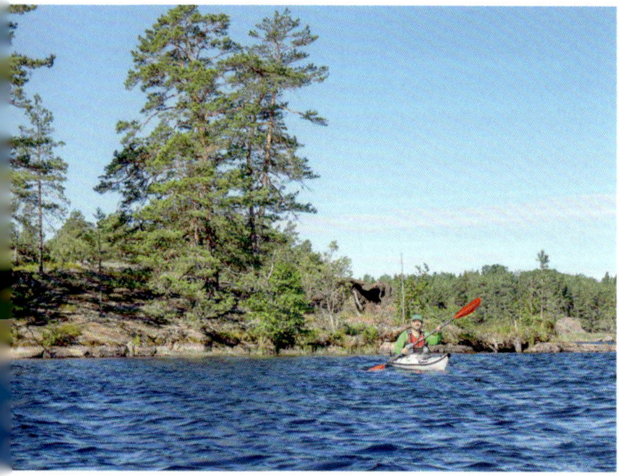

… und eine fast 450 km lange Uferlinie kann der Sommen vorweisen.

stadtshopping"). Freilichtmuseum Hultet, ca. 6 km nördlich von Tranås (*www.gammelbynhultet.se*).

Alternativen

Radtour rund um den Sommen, kinderfreundliche Wanderung zum Trollstenen nördlich von Tranås, Hochseilgarten Torpön (*www.torponsfarjelage.se*), Ausflugsfahrt mit der Boxholm II, einem der ältesten holzbefeuerten Dampfboote Schwedens.

Auskunft

Turistbyrån Tranås, Storgatan 22
SE-57331 Tranås, Tel. +46 140 68790
www.visittranas.com/de

Buchtipps/Karten

Wetterfeste, topographische Outdoorkarte Sverigeserien Topo 50, Blatt 32:Tranås, 1:50.000.

Tour 12: Schärengarten St:Anna (Östergötland)

Der Inselgürtel vor der Ostseeküste Östergötlands erstreckt sich von Arkösund im Norden bis Valdemarsvik im Süden und lässt sich in die Schärengärten Arkösund, S:t Anna und Gryt einteilen. Obwohl dieser feinziselierte Schärengarten mit seinen grünen Inseln im inneren, und kargen, glattgeschliffen Felsen im äußeren Bereich wie für das Seekajakfahren gemacht ist, geht es hier im Gegensatz zu den Schären rund um Stockholm deutlich ruhiger zu. Selbst im Hochsommer lässt sich ein menschenleeres Inselchen finden, und mit etwas Glück bekommt man Seeadler oder eine Robbe zu Gesicht. Die vorgestellte Tagestour erkundet das besonders inselreiche Missjö-Archipel, zweifellos das landschaftliche Highlight des mittleren Küstenabschnittes um S:t Anna zwischen der Insel Aspöja und Södra Finnö. Die dicht beieinander liegenden Inseln bilden einen guten Windschutz und die vielen engen Passagen hervorragende Paddelbedingungen. Erfahrene Seekajakfahrer mit soliden Orientierungsfähigkeiten können auch die gesamte, rund 100 Kilometer lange Tour von Slätbaken bis Harstena in Angriff nehmen.

Etappe

Gesamtstrecke: ca. 21 km

Der Weg in die Schären führt von Söderköping über die Landstraße 210 nach Osten. Eine eindrucksvolle Brücke überspannt den Lagnöströmmen. Auf der Insel Lagnö lohnt ein Stopp an der Sankt Anna Turiststuga, wo die freundlichen Mitarbeiter dem Schärenbesucher von Mitte Juni bis Mitte August mit Landkarten und vielen praktischen Tipps gerne weiterhelfen.

Am Ende der Straße, auf Norra Finnö, liegt Tyrislöt. Das einstige Fischerdorf – die letzten Berufsfischer zogen Ende des 20. Jahrhunderts nach Öland – zählt heute nicht einmal dreißig feste Einwohner, hat aber im Sommer alles, was man für den gelungenen Urlaub benötigt. Es gibt einen Kajakverleih samt kleinem Tante-Emma-Laden und einen großen Campingplatz mit Restaurant und Minimarkt. Mehr über die Lebens- und Arbeitsbedingungen der zu früheren Zeiten in den Schären lebenden Menschen erzählt das kleine Schärenmuseum des Heimatvereins.

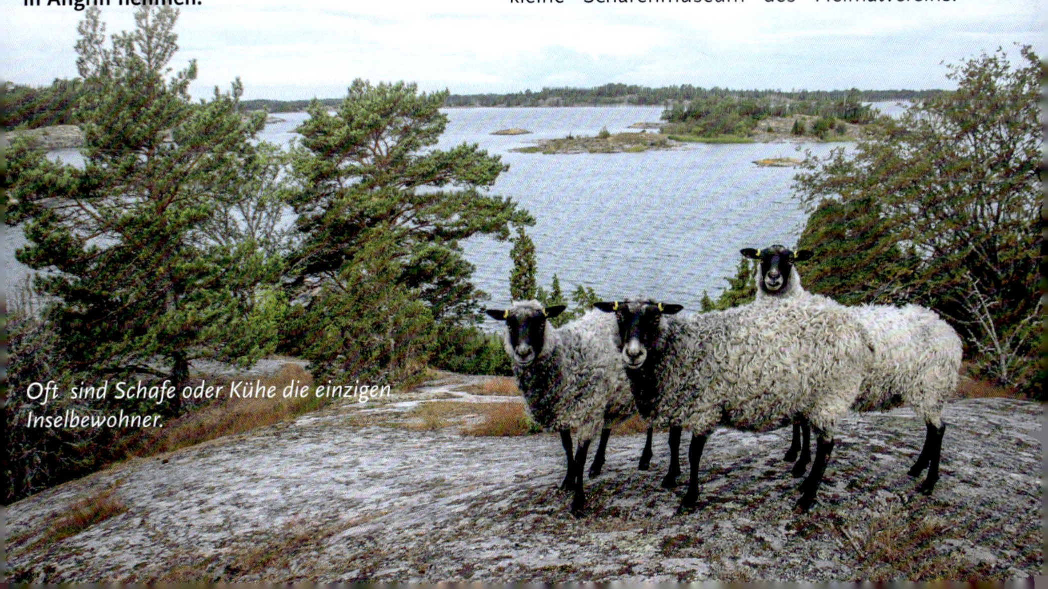

Oft sind Schafe oder Kühe die einzigen Inselbewohner.

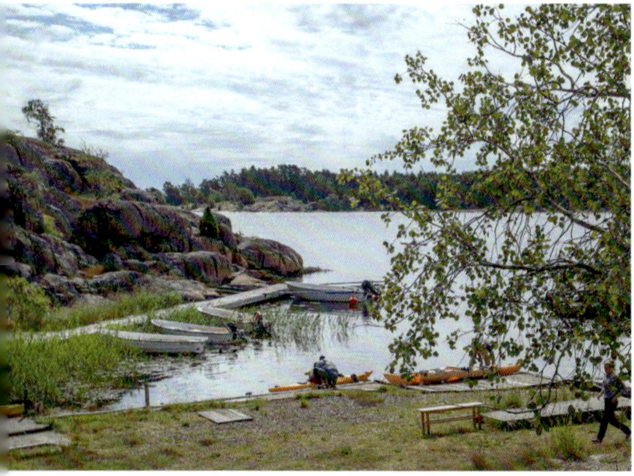

Tyrislöt Camping

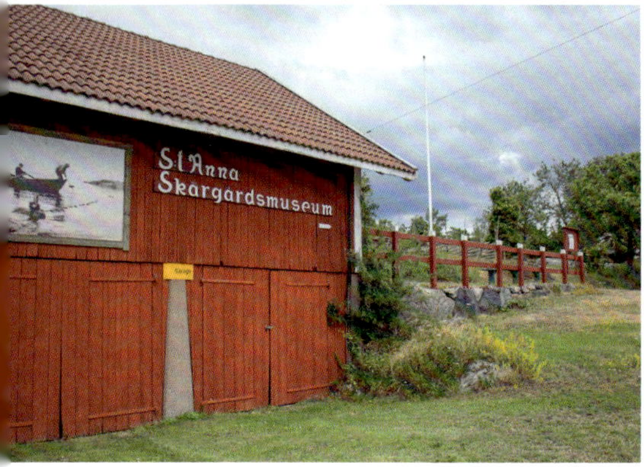

Schärengartenmuseum in Tyrislöt

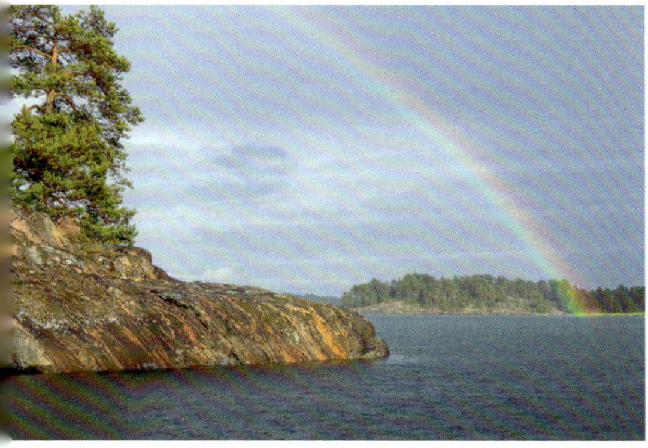

Die Region lässt freie Wahl bei Schwierigkeitsgrad und Länge der Tour.

Einen guten Startpunkt für den Ausflug in diese einmalige Landschaft aus unzähligen Inseln und Felsbuckeln bietet die Badestelle des Campingplatzes auf der Nordseite von Norra Finnö. Nach dem Ablegen geht es in nördliche Richtung auf die beiden größeren Nachbarinseln Grytsholm und Ramsholm zu, und anschließend vor der großen Insel Vänso nach Nordosten. Auf Höhe von St. Bransholmen biegt man scharf rechts ab, um in südöstliche Richtung den Olsundsleden (eine schmale Durchfahrt zwischen der Ostspitze von Norra Finnö und der Insel Yttre Olsön) nicht zu verpassen.

Gegenüber der südlichen Ausfahrt liegt in südöstlicher Richtung das Missjö-Archipel und am Nordostufer der Hauptinsel bietet ein uriger Pub (*www.sodlings.se*) die Gelegenheit zu einem kühlen Bier. Auf Vorbestellung werden auch frisch gefangene Fische oder Wildgerichte serviert. Man paddelt durch das Insellabyrinth weiter nach Osten und biegt dann spätestens an den beiden benachbarten Inseln Norra und Södra Viskår nach Süden ab. Keinesfalls sollte man einen Landgang an der langgestreckten Inseln Kupan versäumen. Die Steinpyramide auf der Anhöhe in der Inselmitte diente den Seeleuten schon vor 300 Jahren als Navigationshilfe und der Aussichtspunkt bietet bei gutem Wetter einen phantastischen Ausblick auf das einmalige Inselmosaik aus der Vogelperspektive.

Die Schären bestehen aus Gneis und Granit, also aus 1,9 Milliarden Jahren altem Grundgebirgsgestein. Die Landschaft selbst ist jedoch viel jünger, denn sie wurde erst von den mächtigen Eiszeit-Gletschern rund und glatt geschliffen. Und weil die schweren Eismassen das Land einst tief nach unten gedrückt haben, taucht das Land nach dem Abschmelzen erst sehr langsam wieder auf. Noch heute hebt sich das Land um zwei bis drei Millimeter pro Jahr, sodass im äußeren Schärenbereich im wahrsten Sinne des Wortes neue Inseln auftauchen, während im Westen die Inseln mit dem Festland zusammenwachsen.

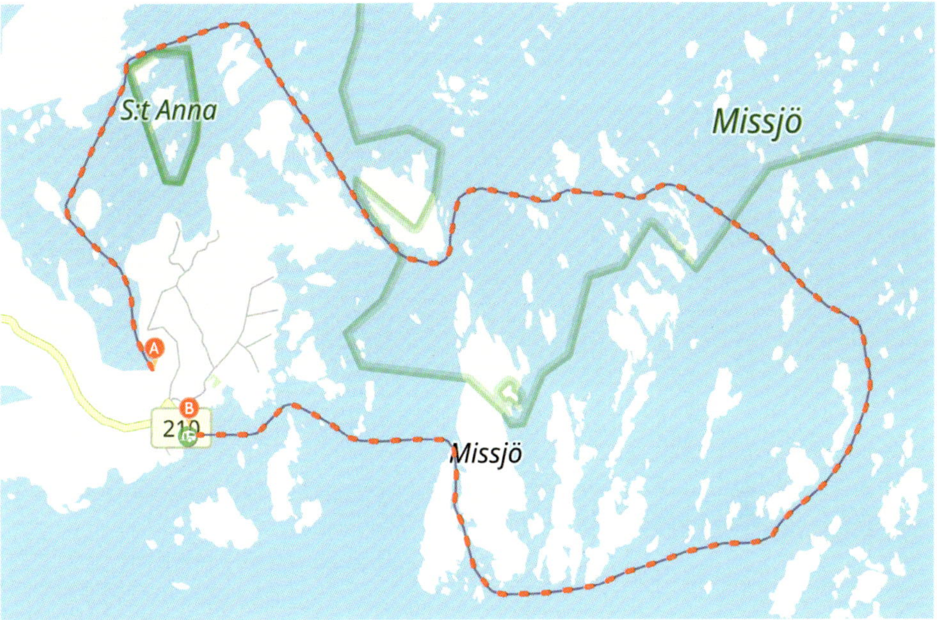

Wieder im Boot geht es auf der Ostseite der Insel Mansö nach Süden und dann in südwestliche Richtung auf die Parallelinseln Småskär, Lökö und Missjö zu. An der Südspitze von Missjö wird der Bug in Richtung Nordwest ausgerichtet und durch eine enge Passage zwischen Missjö und Västerön geht es hinaus auf den Västerfjärden. Hier heißt es dann Kurs West! Von der Inselgruppe der Skinnsholmarna ist es nur noch ein Katzensprung zum kleinen Gästehafen von Tyrislöt am Südufer von Norra Finnö.

ADRESSEN UND INFOS

Beste Zeit

Selbst im Hochsommer nicht überlaufen.

Hindernisse

Keine Landtransporte. Der Schwierigkeitsgrad der Tour variiert naturgemäß je nach Windstärke und -richtung.

Unterkunft

Tyrislöt Camping, SE-61498 S:t Anna
Tel. +46 121 52021, *www.tyrislotcamping.se*
Auf einigen Inseln (u. a. Missjö, Äspskär, Grytsholm und Mansö) stehen Mülltonnen und Trockentoiletten bereit.

Transfer zurück zum Einstieg

Ca. 400 m vom Hafen zurück zum Campingplatz. Bei längeren „Einweg-Touren" bieten die Schiffe der Skärgårdslinjen eine unkomplizierte und schnelle Transportmöglichkeit. Sie verkehren im Sommer zwischen Arkösund im Norden und Harstena im Süden (*www.skargardslinjen.com*).

Bootsverleih

- S:t Anna Kajak Tyrislöt
  Tel. +46 708 234637, *www.stannakajak.se*
- Kajakparadiset S:t Anna & Gryt
  (am Strand von Mon, vor der Brücke über die Lagnöbrücke), Tel. +46 73 0932109
  www.kajakparadiset.se

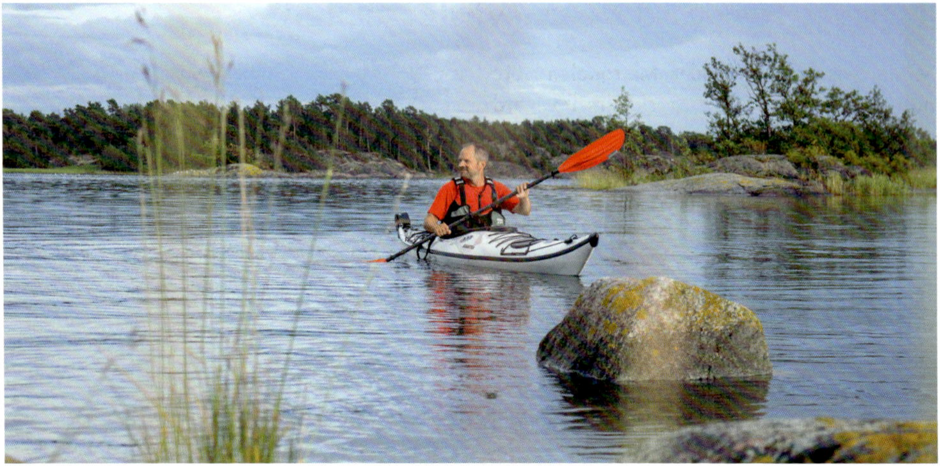

Durch die geschützte Lage wähnt man sich oft eher auf einem (großen) See als auf dem Meer.

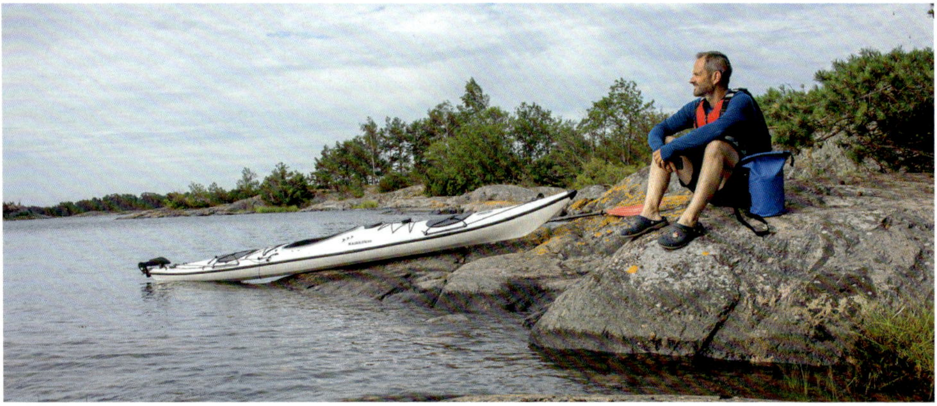

Trotzdem ist man von viel Wasser und Wildnis umgeben.

Einkaufsmöglichkeiten/Proviant

Kleiner Minimarkt am Campingplatz sowie am S:t Anna Kajakverleih.

Sehenswertes

Schärenmuseum in Tyrislöt, Schlossruine Stegeborg aus dem 13. Jh. am Meeresarm Slätbaken (bei der An- bzw. Abreise).

Alternativen

Natur- und Kulturlehrpfad bei Tyrislöt

Auskunft

- *www.visitostergotland.se*
- Turistinformationen i S:t Anna
  Nedre Lagnö 1, SE-61498 Sankt Anna
  Tel. +46 76 1937066, *www.sanktanna.com*

Buchtipps/Karten

Calazo Freizeit- und Wanderkarte S:t Anna & Gryt, 1:50.000 auf wasserabweisendem Tyvek-Papier.

Tour 13: Tiveden (Örebro/Västergötland)

Mittig zwischen den beiden Metropolen Göteborg im Südwesten und Stockholm im Nordosten liegt das ruhige und abgeschiedene Tiveden-Waldgebiet. Die gemütliche, etwa fünfstündige Tagestour führt über eine Reihe schmaler Seen inmitten eines wildromantischen Waldes. Tiefe Schluchten, steile, mit Moosen und Flechten bewachsene Felsufer und dunkle Wälder prägen den Charakter dieser Tour und sorgen für Wildnis-Feeling.

Die wunderschöne Tagesfahrt über eine Reihe stiller Seen in den märchenhaften Wäldern des Tiveden Nationalparks startet am Unterstand am nordöstlichen Ende des Bosjön im Naturreservat Getaryggen (Koordinaten fürs Navi: 58.801952, 14.644654).

Von dort führt die Route über den nördlichen Teil des Sees nach Westen. Mit einem kurzen Landtransport von weniger als 100 Metern (das Boot muss lediglich einmal über die Straße getragen werden), ist der See Kvarnsjön erreicht. Zu Beginn säumt noch das eine oder andere Ferienhaus das Ufer, aber schnell wird es einsamer.

Etappe

Gesamtstrecke: ca. 15 km

Die Ausfahrt am westlichen Seeufer liegt etwas versteckt im Schilf. Dank des Hinweisschildes an einem Mast mit orangefarbener Haube sollte die Suche aber auch mit wenig ausgeprägten Pfadfinderfähigkeiten erfolgreich verlaufen.

Links vom Ausstieg versteckt sich die ehemalige Eisenhütte Åboholm aus dem 18. Jahrhundert im Wald. In den 1920er Jahren wurde die Kraft des Wassers außerdem genutzt, um ein Sägewerk anzutreiben, denn natürlich ist die Natur auch im Tiveden nicht so unberührt, wie man auf den ersten Blick meinen möchte. Schon in der Antike wurde das Holz der Wälder für die Herstellung von Holzkohle geschlagen. Da die hügelige und zerklüftete Waldlandschaft aber gänzlich ungeeignet für die Landwirtschaft ist, wurden in der Region nie viele Menschen sesshaft und der Wald konnte seinen ursprünglichen Charakter bis heute beibehalten. Die anschließende Portage durch den Wald zum

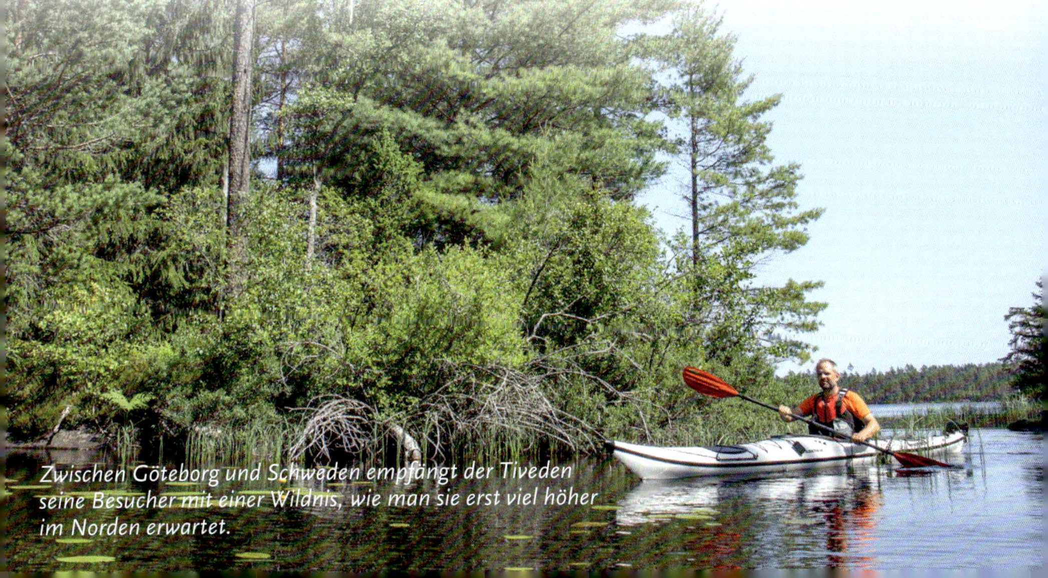

Zwischen Göteborg und Schweden empfängt der Tiveden seine Besucher mit einer Wildnis, wie man sie erst viel höher im Norden erwartet.

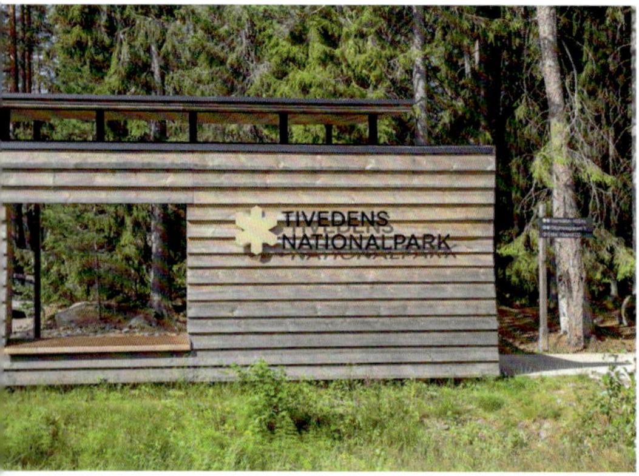

Eingang zum Tiveden Nationalpark

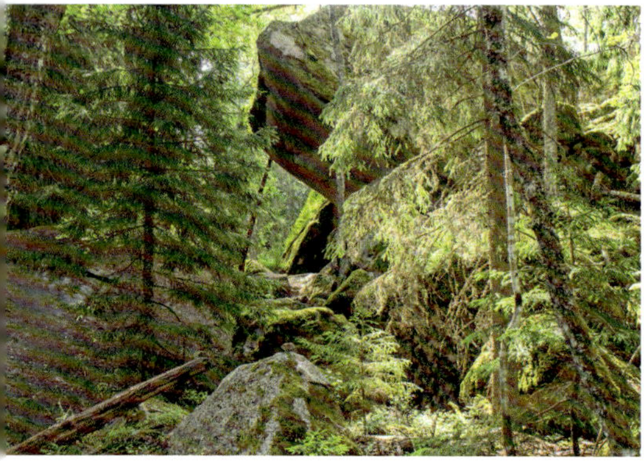

Der Nationalpark lockt mit urigen Wäldern und Felsen.

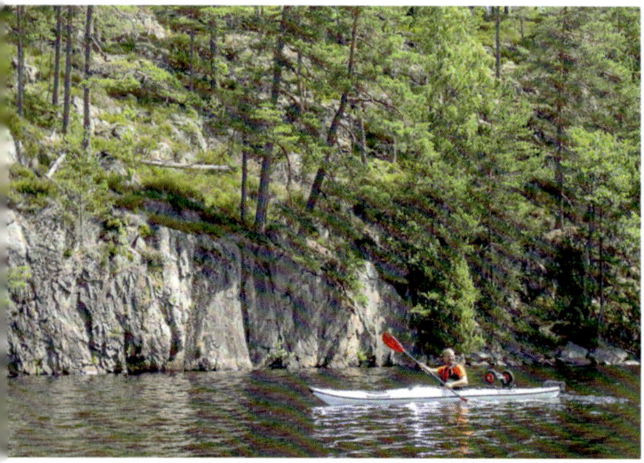

Eine Kanutour bietet die einmalige Gelegenheit, die prächtige Natur vom Wasser aus zu erleben.

nächsten See ist etwa 500 Meter lang, und führt am Ende recht steil hinab zum Ufer.

Mit zwei weiteren einfachen Portagen in kurzen Abständen, und zwar zuerst über die Straße, auf der man zu Beginn zur Einstiegsstelle gefahren ist, und dann an der ehemaligen Mühle aus dem 17. Jahrhundert vorbei, wird der Bergvattnet erreicht.

Die Tour verläuft auf diesem einsamen, etwas größeren See weiter in nördliche Richtung. Im nördlichen Seeteil lädt der Unterstand in einer Bucht am Westufer zu einer Pause oder zu einer Übernachtung ein, gegenüber ragt das Felsufer steil aus dem Wasser.

Einige Paddelschläge später weist ein Schild am rechten Ufer auf die „Backstugan" in einem Kilometer Entfernung hin. Das gemütliche Café serviert neben Kaffee und Kuchen auch typisch schwedische Gerichte wie Raggmunk (pikante Pfannkuchen mit Speck) oder Pyttipanna (Kombination aus gebackenen Kartoffeln, Zwiebeln und kleinen Fleischstücken).

Danach geht es über den Sävsjön, der sich zum Sågkvarnsbäcken verengt, und am Ausstieg bietet eine Picknickbank die Möglichkeit zur Rast vor der Portage.

Nun geht es an den Endspurt zum Unden. Die Portage folgt einem Feldweg und es geht an der ersten Kreuzung rechts, dann an der zweiten dann links zur größeren Straße. Wenn das Wetter es zulässt, kann die Tour gut auf dem Unden fortgesetzt werden. Dazu überquert man die erwähnte Straße und läuft hinab bis zum Seeufer, wo links vom Schuppen das Boot wieder ins Wasser gelassen werden kann.

Nun geht es am Ostufer des großen Sees Richtung Süden. Zunächst bieten mehrere Inseln und die von Norden weit in den See hineinreichende Landzunge etwas Schutz, dann wird die große, offene Wasserfläche erreicht. Einen Kilometer weiter geht die Tour am Strand neben dem kleinen Hafen des Campingplatzes zu Ende.

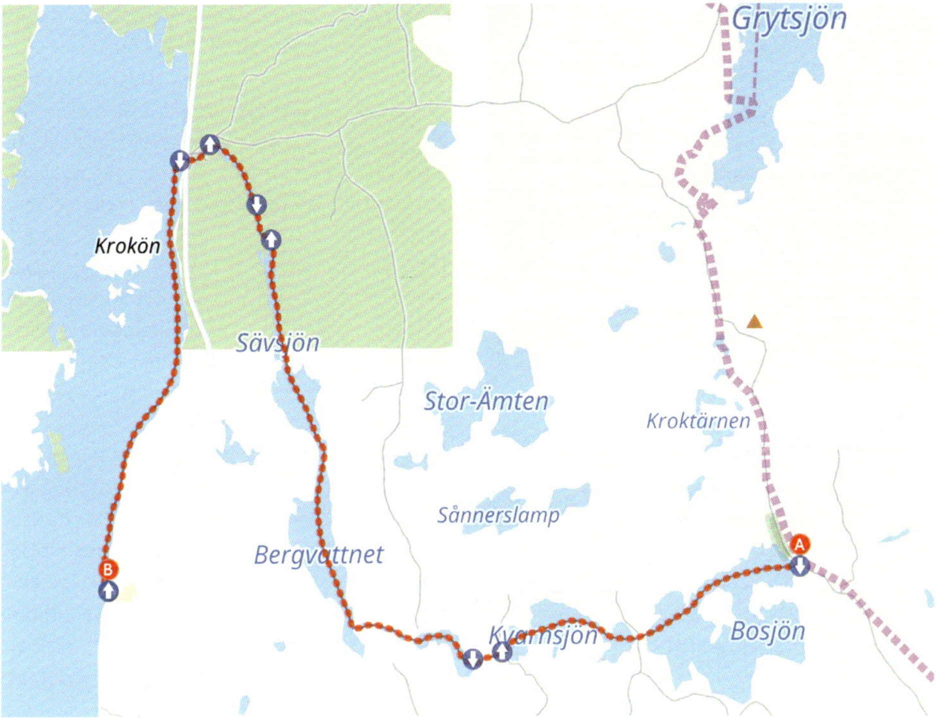

Wem die Tagestour zu kurz ist, kann vom Unden bis nach Karlsborg weiter paddeln. Dazu geht es vom Campingplatz einmal quer über die riesige Wasserfläche des Unden nach Westen. Von dort gelangt man auf dem Fluss Edsån und über den See Viken zur Stadt Karlsborg am Westufer des Vättern. So mausert sich die Fahrt zu einer ausgewachsenen siebzig Kilometer langen Tour, für die mindestens drei Tage veranschlagt werden sollte.

ADRESSEN UND INFOS

Beste Zeit

Die Tour ist grundsätzlich von Frühjahr bis Herbst möglich und der Urwald des Tiveden Nationalparks hat zu jeder Jahreszeit seine Reize.

Hindernisse

Entlang der Strecke sind sechs nicht übermäßig aufwändige Portagen bis maximal 500 m Länge zu bewältigen. Die Mitnahme eines Bootwagens ist sehr zu empfehlen.

Unterkunft

Unterstände am Startpunkt der Tour am Ostufer des Bosjön sowie etwa auf halber Strecke am Westufer des Bergvattnet. Gemütlicher und familiärer Naturcampingplatz am Endpunkt der Tour (*www.campingtiveden.se*).

Transfer zurück zum Einstieg

Schnell und unkompliziert per Rad (direkter Weg zurück ca. 10 km, Fahrradverleih am Campingplatz). Im Hochsommer verkehrt an ausgewählten Tagen ein spezieller Touristenbus durch den Nationalpark.

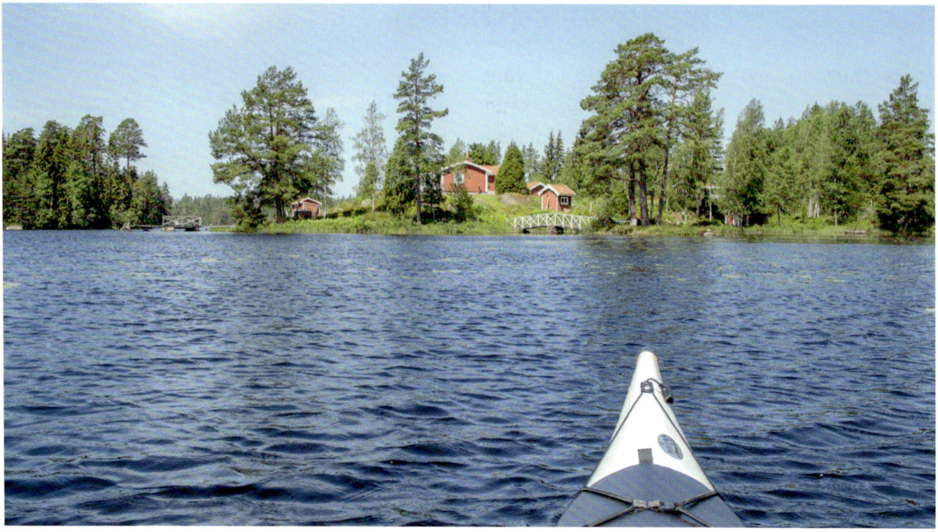

Auf dem Bosjön

Haltestellen und Fahrpläne unter:
www.tiveden.se/en/tivedsbussen

Bootsverleih

Am Campingplatz Tiveden
www.campingtiveden.se

Einkaufsmöglichkeiten/Proviant

Begrenztes Angebot an Lebensmitteln und Getränken im Kiosk am Campingplatz. Kleiner Dorfladen „Tiveds lanthandel" im 3 km entfernten Sannerud.

Sehenswertes

Naturschutzgebiet Fagertärn mit rosaroten Seerosen (Blüte im Juli/August), Holzkirche Ramundeboda und Gebrauchsmuseum in Laxå, ehemalige Zinkgrube bei Askersund.

Alternativen

Fahrradfahren auf dem Lilla Kungsleden-Radweg (ca. 30 km). Wandern auf einem der zahlreichen, gut markierten Rundwanderwege zwischen 1,5 und 15 km Länge, die am Hvitsands Infozentrum des Nationalparks (Koordinaten fürs Navi: 58.71585, 14.59291) starten. Der Fernwanderweg Bergslagsleden führt auf 270 km in 17 Tagesetappen von Kopparberg bis Tiveden. Ösjönäs Tiveden Adventure am Haupteingang des Nationalparks (Kanu, Fahrrad, SUP und Hochseilgarten), *www.osjonas.se*.

Auskunft

- *www.tiveden.se/de/*
- Laxå Turistbyrå, Tel. +46 584 473313
- Askersunds Turistbyrå, Tel. +46 583 81088
- Infocenter Karlsborg, Tel. +46 505 17350

Buchtipps/Karten

Die Broschüre „Tivedens Kanustrecke" enthält eine Übersichtskarte, die zur Orientierung ausreicht. Im deutschen Begleittext werden Strecken und Landtransporte beschrieben. Sie ist mit etwas Glück am Campingplatz sowie in den Touristenbüros in Askersund oder Laxå erhältlich. Die schwedischsprachige PDF-Ausgabe kann unter *www.tiveden.se* (Menüpunkt Aktivitäten/Paddeln) heruntergeladen werden.

Tour 14: Rejmyre-Runde (Östergötland)

Diese Tour als Geheimtipp zu verkaufen, wäre übertrieben. Richtig aber ist, dass die Seenkette zwischen Finspång im Südwesten und Katrineholm im Nordosten selbst bei schwedischen Paddlern relativ unbekannt und dementsprechend einsam ist. Dabei brauchen sich die Gewässer keineswegs hinter den „großen" Kanugebieten des Landes zu verstecken, denn diese kurzweilige und abwechslungsreiche Route bietet alles, was das Paddlerherz begehrt. Sie führt von Rejmyre auf einer Reihe schmaler Seen, die über enge flussartige Abschnitte miteinander verbunden sind, in nördliche Richtung und dann über den größeren, durch unzählige Inseln unterteilten See Hunn in einem Halbkreis zurück nach Rejmyre. Am Ende der Tour geht es mit einem kurzen Spaziergang durch den Ort zurück zum Auto.

Etappen

1. Tag: Östjuten – Unterstand am Regnaren, ca. 11 km
2. Tag: Unterstand am Regnaren – Rejmyre, ca. 24 km

Gesamtstrecke: ca. 35 km

Um den Startpunkt dieser Tour am Ostufer des Sees Östjuten zu finden (Koordinaten fürs Navi: 58.82017, 15.90404) biegt man an der Pizzeria in Rejmyre von der Hauptstraße auf den Tvartorpsvägen ab und nimmt nach gut eineinhalb Kilometer die nach links abzweigende Schotterpiste ans Seeufer.

Nachdem in der ruhigen Bucht alles für den Start gerichtet ist, kann es losgehen. Auf dem Wasser wendet man sich nach rechts und paddelt am Ostufer des Sees nach Nordwesten. Erst ziehen am Ufer ein paar Ferienhäuser vorüber und auf Höhe der Insel Storön bietet ein erster Unterstand die Möglichkeit zur Rast oder Übernachtung mit Blick auf den See.

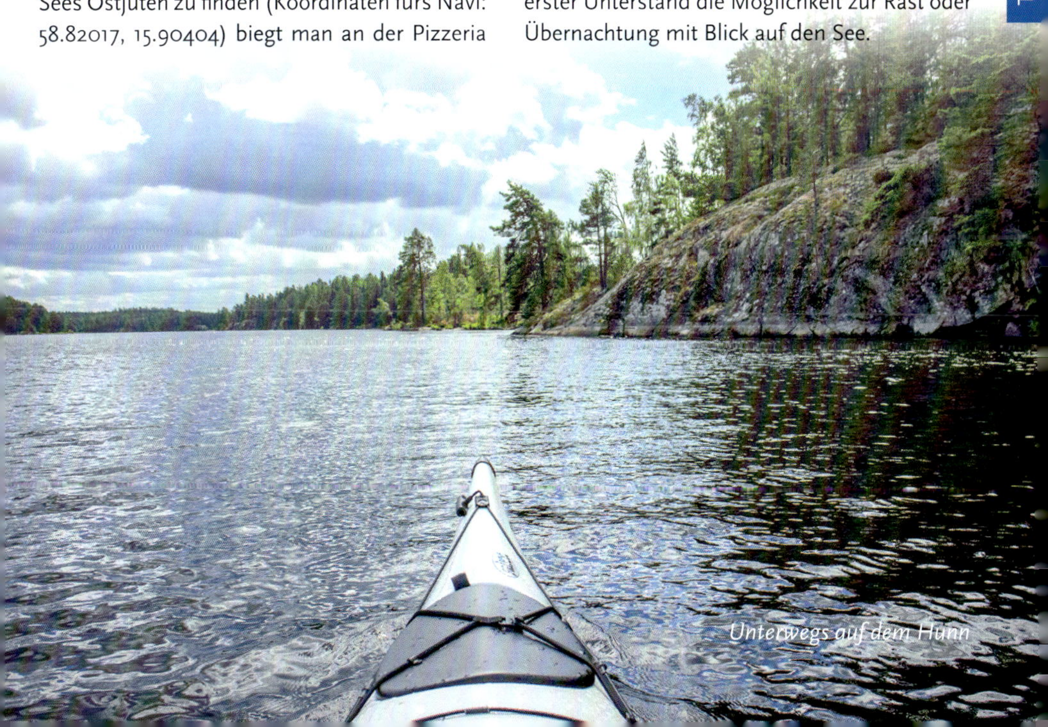

Unterwegs auf dem Hunn

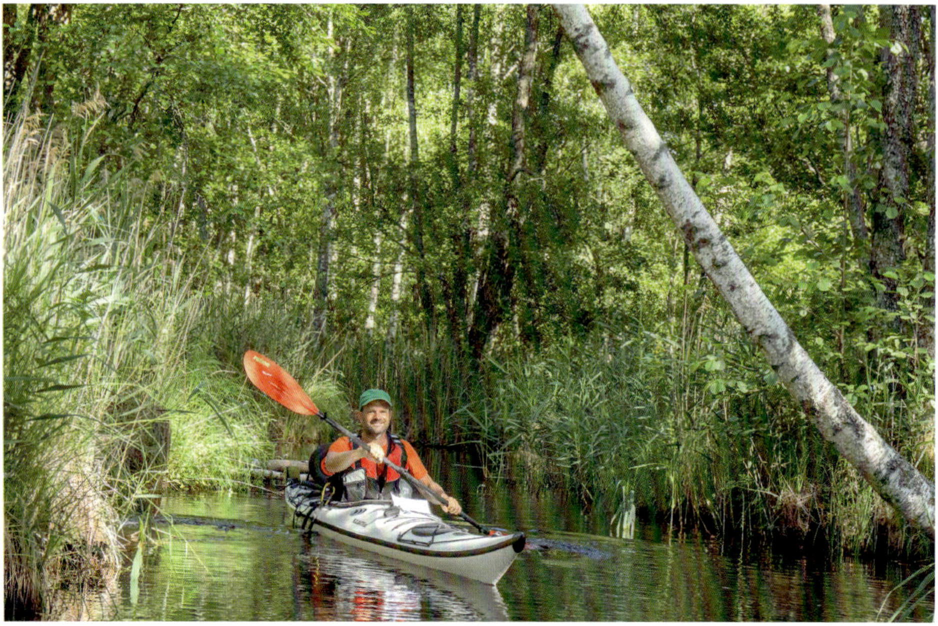

Mal großer See, mal schmaler Fluss: Die Strecke bietet viel Abwechselung.

Im nördlichsten Zipfel erschwert ein dichter Schilfgürtel die Navigation. Mit etwas Suchen lässt sich aber eine schmale Durchfahrt links in den kleinen, sich westlich anschließenden Seeteil finden. Auch an dessen Nordufer, das nach wenigen Paddelschlägen erreicht ist, heißt es wieder „Augen auf!“, um die schmale, flussartige Verbindung für die Weiterfahrt zu erspähen. Theoretisch ist der Streckenverlauf mit weißen, auf dem Kopf stehenden Dreiecken markiert, sodass sich die Ausfahrten aus den Seen gut finden lassen sollten. Allerdings fehlen diese Markierungen oft, und dort, wo sie (noch) vorhanden sind, sind sie häufig so ein- und zugewachsen, dass man sie nur schwer ausmachen kann. Der Ausstieg für die erste Portage der Tour liegt am rechten Ufer. Zum Einstieg für die Weiterfahrt geht es an der Toilette hinter dem Wehr nach rechts und über einen schmalen Wasserlauf zum sichelförmigen See Hemtvaren. Nach einem weiteren Flussabschnitt ist der See Mellantvaren erreicht, und um den Ausgang aus diesem See zu finden, paddelt man am besten links an der zentral im See gelegenen Insel vorbei. Am Ende verjüngen sich die Ufer zu einem Flusslauf und die Stufe unter der Straßenbrücke kann am rechten Ufer kurz umhoben werden. Ein Schild fordert dazu auf, im folgenden See zum Långtvaren nicht auf den Inseln anzulanden, um die Vogelwelt nicht zu stören.

Die langestreckte, fjordartige Bucht des Sees in westliche Richtung wird links liegen gelassen und die Bootspitze nach Norden ausgerichtet, wo das Flüsschen Gäddån aus dem See abfließt. Der Ausstieg für die folgende Portage ist rechts vor der Brücke zu finden. Der Landtransport führt dann auf der Straße kurz zurück nach rechts und direkt hinter dem Unterstand nach links. Nun folgt man dem Waldweg am Flussufer entlang für etwa 600 Meter, bis der Wasserstand wieder für die Befahrung ausreicht.

Nun folgt ein besonders wildromantischer Ab-

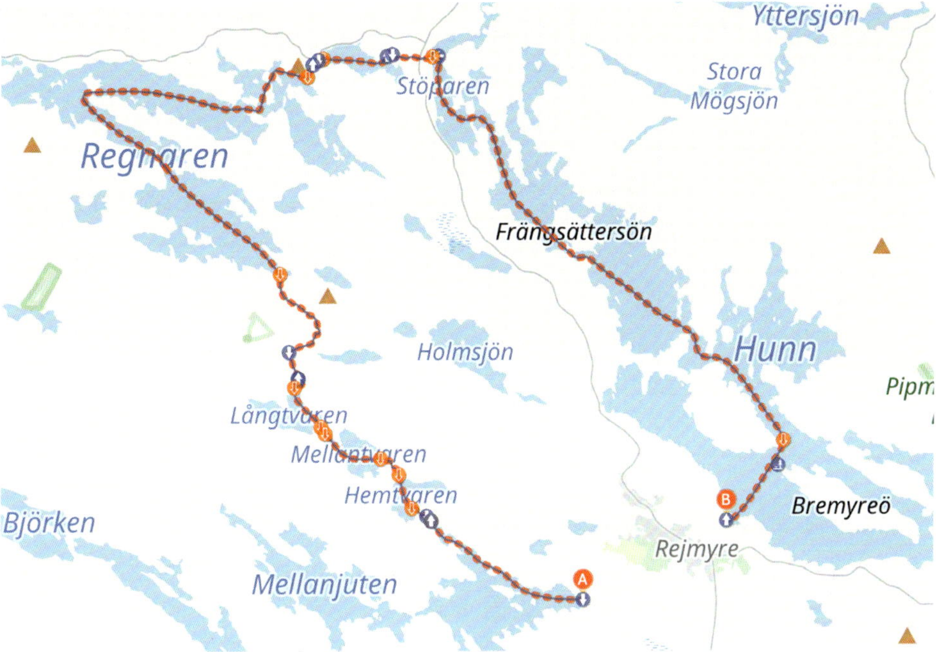

schnitt und das Flüsschen sucht sich seinen Weg in den Gölstorpsfjärden erst durch eine tiefe Waldschlucht, dann in engen Kurven durch das Schilf und zum Schluss wieder durch Wald. An einer Stelle ist die Durchfahrt zwischen den Felsen nur bootsbreit.

Die Straßenbrücke (Trockentoilette am rechten Ufer) kündigt das Ende des Flussabschnitts an, und gleich auf der ersten von rechts in den See hineinragenden Landzunge thront am Hang ein Unterstand.

Die Fortsetzung der Tour führt in nordwestliche Richtung über den See, der mit einsamen Ufern begeistert. Soweit das Auge reicht, sind keine Spuren der menschlichen Zivilisation zu entdecken. Nach gut vier Kilometer, am Ende der langgestreckten Landzunge Nyckelkärrsudden, muss man scharf nach rechts abbiegen. Geradeaus am westlichen Ende des Sees in Form eines auf dem Kopf stehenden Ypsilons liegt der Ort Regna.

Nach gut drei Kilometer führt eine schmale Durchfahrt am Ende des östlichen Schenkels in ein kleines Insellabyrinth und ganz im Osten versteckt sich eine kleine Bucht, welche die Durchfahrt nach Övre Hävla Bruk ermöglicht. Der Landtransport zum Einstieg an der großen Wiese hinter der Hammerschmiede ist schnell erledigt und ein schöner Picknickplatz lädt zu einer ausgedehnten Pause ein. Die historische Hammerschmiede erinnert an das industrielle Erbe der Region, das sich auf den Holz- und Erzreichtum gründete. Die Häfla Hammarsmedja war vom Ende des 17. Jahrhunderts an bis 1924 in Betrieb. In der Hochsaison ist ein fachkundiger Guide vor Ort, der gern durch die ländliche Werkssiedlung mit Hochofen, Schmiede, Sägemühle und Wohnhaus führt. Fast wirkt es, als hätten die letzten Arbeiter bei der Schließung einfach das Tor abgesperrt und alles stehen und liegen gelassen. Besonders beeindruckend ist der durch das Wasserrad angetriebene Schmelz-

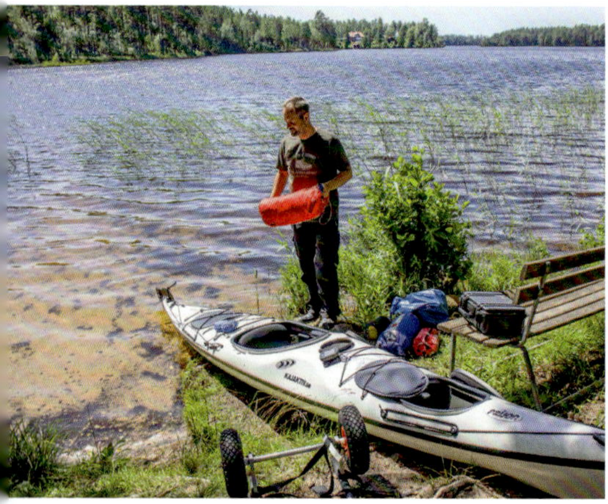

Einstieg am Östjuten

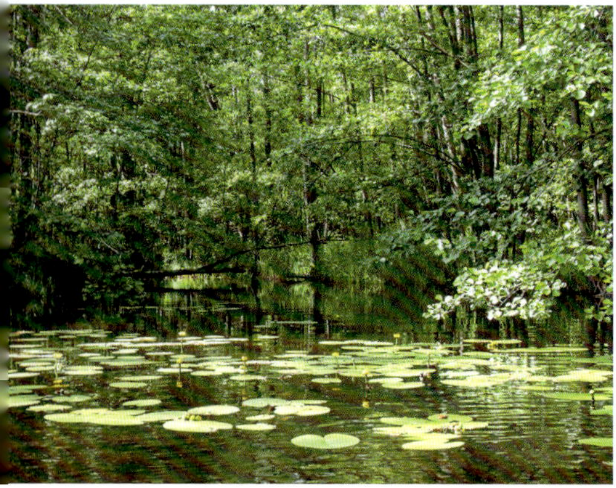

Unterwegs erwarten einen viel Natur und wenig andere Paddler.

hammer, mit dem einst das glühende Erz aus der Schlacke geschlagen wurde.

Zurück auf dem Wasser will der kleine See Vagnaren (Zelten auf den Inseln ist verboten!) in östliche Richtung überquert werden. Dort steht in Hävla Kvarn ein letzter, kurzer Landtransport am linken Ufer an. Am Einstieg hinter dem Mühlengebäude gibt es eine Trockentoilette und einen Steg.

Die nächste Station ist die Brücke der Straße zwischen Rejmyre und Hävla, unter der hindurch der See Stöparen erreicht wird. Hier wird die Bootsspitze nach rechts in südliche Richtung gelenkt und durch ein enges Netz aus Buchten und Halbinseln geht es in den See Hunn. Wer darauf verzichten kann, das Kajak durch einen verlandeten Schilfgürtel zu wuchten, sollte südlich, d. h. rechts an der Insel Frängsättersön vorbeipaddeln!

Nun geht es für rund fünf Kilometer weiter in südöstliche Richtung, und dank der vielen Inseln und der zum Teil imposant aufragenden Felsufer wird es eigentlich nie langweilig. Schließlich öffnet sich in südwestlicher Richtung eine Durchfahrt zwischen der Halbinsel Näset und der Insel Bremyreö, an dessen Nordwestspitze ein weiterer Unterstand zu finden ist. Abschließend braucht nur noch die Wasserfläche des Hunnsbackefjärden überquert zu werden, bevor man im kleinen Hafen von Rejmyre gut anlegen und die Tour beenden kann. Der Weg zurück zum Auto am Einstieg ist etwa dreieinhalb Kilometer lang. Dazu folgt man der Straße vom Hafen aus bis zur Glasfabrik in der Ortsmitte, wendet sich dort kurz nach rechts und biegt gleich 200 Meter weiter links ab auf den „Tvartorpsvägen“. An der Gabelung hinter dem Ortsausgang führt die nach links abzweigenden Schotterpiste in einer weiteren Kurve zur Einsatzstelle.

Nachdem die Kajaks auf dem Dach verzurrt sind, ist es Zeit für einen Besuch der Glasbläserei, um in der „Reijmyre Glasbruk“ den Glasmachern bei der Arbeit über die Schulter zu gucken.

Die hohe Temperatur von über 1.300 °C, die nötig ist, um Quarzsand – den Hauptbestandteil von Glas – zum Schmelzen zu bringen, treibt den Arbeitern die Schweißperlen auf die Stirn. Ansonsten scheinbar mühelos und routiniert verwandeln sie Glasfladen in bunte Aschenbecher, formen sie zu Tieren oder blasen kunstvolle Vasen daraus.

In Rejmyre wird seit 1810 Glas geblasen, ge-

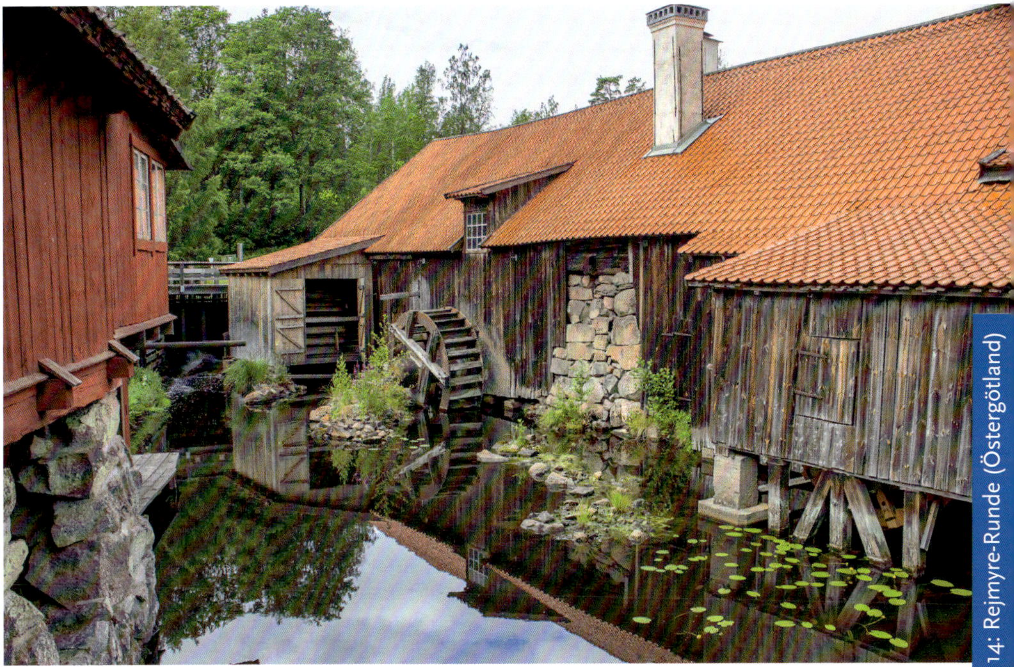

Övre Hävla Bruk

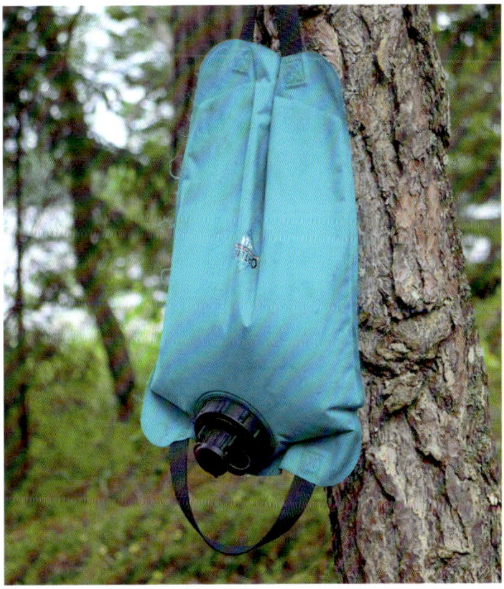

Praktischer als ein Kanister: Ein Wassersack lässt sich klein zusammenrollen, wenn er nicht gebraucht wird.

schliffen und geformt. Die Manufaktur ist damit eine der ältesten noch aktiven Glasmanufakturen Schwedens, und eine der nördlichsten. Der Schwerpunkt der schwedischen Glasindustrie liegt in den småländischen Wäldern zwischen Växjö und Nybro, wo das Holz für die Öfen der Glashütten in ausreichender Menge vorhanden war und nicht, wie in den nördlicheren Landesteilen, für die Eisenverhüttung gebraucht wurde. Heute ist ein Großteil der einst zahlreichen Familienbetriebe zu großen Konzernen zusammengeschlossen. Einen Hauch davon, wie es in vergangen Zeiten in den alten Manufakturen zugegangen ist, kann man noch in einigen kleinen Hütten spüren, die sich, um wirtschaftlich überleben zu können, auf die Produktion von kostbaren, mundgeblasenen Gläsern spezialisiert haben.

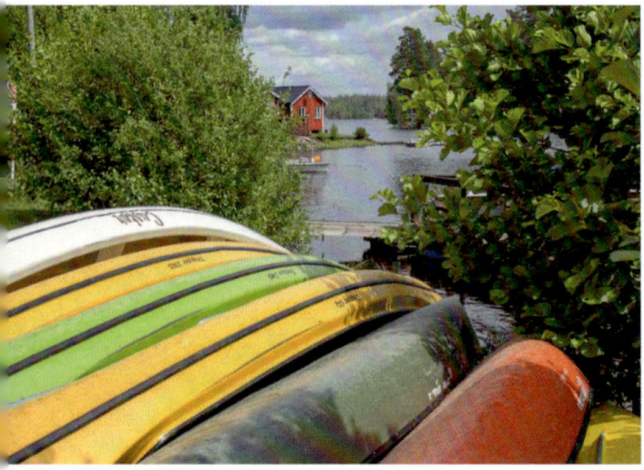

Kanuverleihstation in Rejmyre

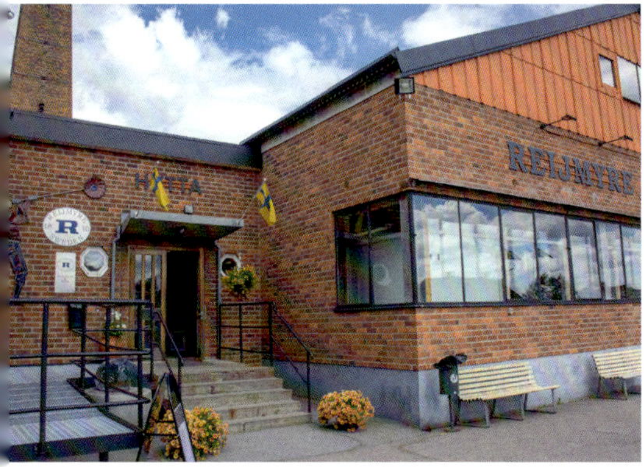

Reijmyre Glasbruk wurde bereits 1810 gegründet...

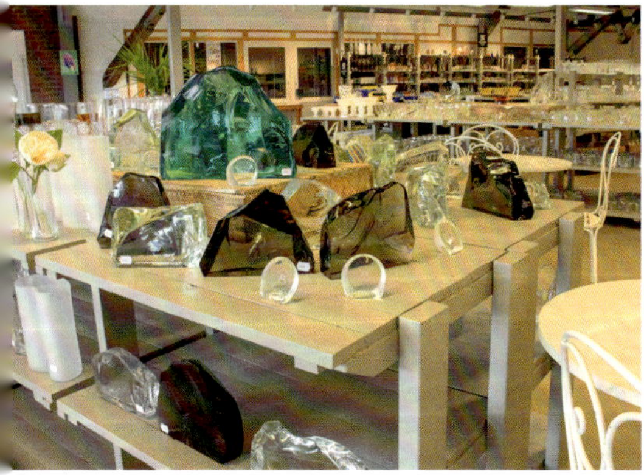

... und zählt zu den ältesten noch aktiven Glashütten Schwedens.

ADRESSEN UND INFOS

Beste Zeit

Am unkompliziertesten von Frühjahr bis Frühsommer. Im Hochsommer sind die engen Durchfahrten stark zugewuchert, und in den nur schmalen Verbindungen zwischen den einzelnen Seen wird es sehr flach.

Hindernisse

Insgesamt vier unkomplizierte Landtransporte. Am längsten ist mit rund 800 m die Portage am Gäddån vor Erreichen des Regnaren.

Unterkunft

Entlang der Strecke laden insgesamt vier Unterstände zur Übernachtung ein. Die oft einsamen Ufer bieten zudem gute Möglichkeiten zum Wildzelten. Aus Naturschutzgründen ist das Zelten auf den Inseln im See Vagnaren untersagt.

Transfer zurück zum Einstieg

Ca. 3,5 km Fußweg durch den Ort Rejmyre.

Bootsverleih

- Rejmyre Kanotbas, Tel. +46 708 786596 *www.rejmyrekanotbas.se*
- Finspångs Kanotcenter, Tel. +46 708 284550 *www.finspangskanotcenter.net*

Einkaufsmöglichkeiten/Proviant

Kleiner Supermarkt in Rejmyre

Sehenswertes

Rejmyre Glasbruk, eine Glasfabrik aus dem Jahre 1810, in der man den Handwerken über die Schultern gucken kann, wie kunstfertig kleine Tierchen, Gläser, Vasen und Kerzenständer hergestellt werden. Övre Hävla bruk, ein industriehistorisches Baudenkmal einer Hammerschmiede aus dem Jahre 1682.

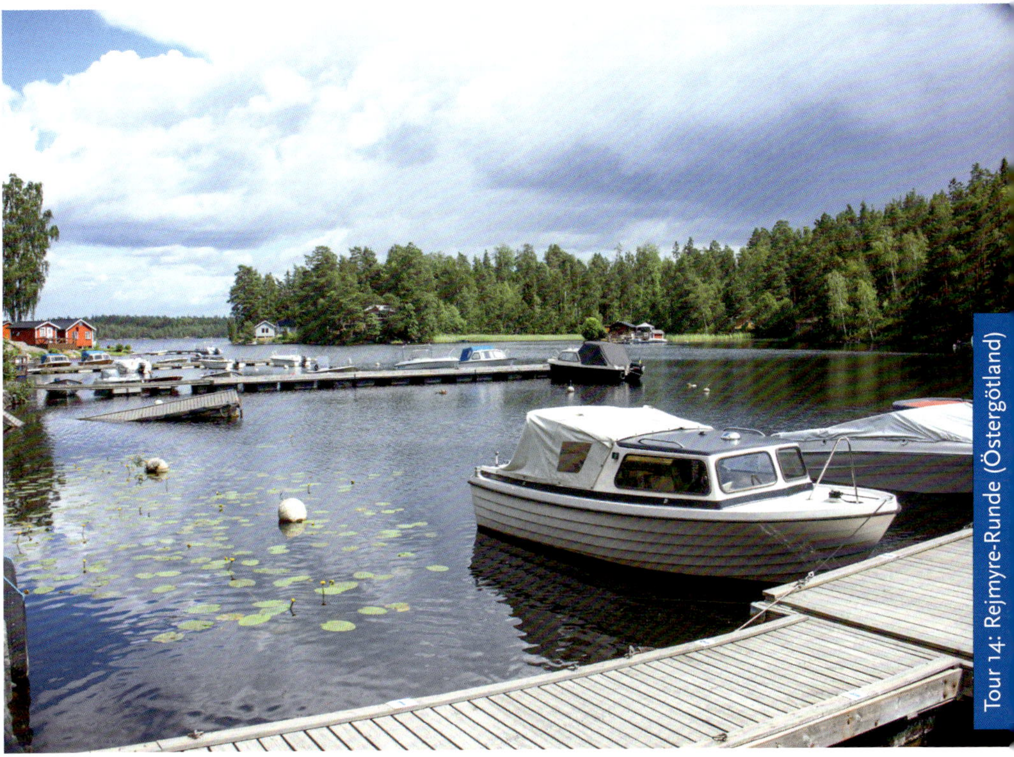

Ausstieg am Sportboothafen Hunnsbackeviken.

Alternativen

Sport- und Freizeitbad Arena Grosvad in Finspång (*www.medley.de*). Kirche Sankta Maria mit schönen Kalkmalereien und Heimatmuseum in Risinge etwa 5 km östlich von Finspång. Wanderungen auf dem etwa 10 km langen Gruvleden bei Grytgöl oder auf dem 4 km langen Kulturwanderweg Gruvstugan bei Hällestad über ein historisches Bergbaugelände. Fernwandern auf dem Sörmlandsleden (große Rundtour mit 62 Hauptetappen zwischen Stockholm und Katrineholm).

Auskunft

Finspångs Turistinformation, Bergslagsvägen 29 61230 Finspång, Tel. +46 122 85100 *www.visitostergotland.se*

Buchtipps/Karten

Wetterfeste Outdoorkarte Sverigeserien Topo50 Blatt 048: Finspång, 1:50.000.

Tour 15: Rund Tjörn (Bohuslän)

Etwa eine Autostunde nördlich von Göteborg liegt die Insel Tjörn. Eine Rundfahrt um das sechsgrößte Eiland des Landes eröffnet vielfältige Möglichkeiten und ständig wechselnde Eindrücke. Die zerklüfte Küste von Bohuslän auf Schwedens Westseite zeigt sich schroff und felsig und ist ein Traum für (See-)Kajakfahrer. Dabei lassen sich selbst auf der zum offenen Meer hin exponierten Westseite dank zahlreicher vorgelagerter Inseln und Inselchen geschützte Passagen finden. Landschaftlich besonders reizvoll ist das Binnenmeer des Stigfjords zwischen dem Nordufer von Tjörn und der gegenüberliegenden Insel Orust. Wer auf den Geschmack gekommen ist, kann im Anschluss an die Rückfahrt über den Hakefjord auf der Ostseite der Insel noch einen Abstecher nach Marstrand machen, oder gleich bis Göteborg weiterpaddeln.

Etappen

Da auf der Karte sehr schwer zu finden, einige Startpunkte und Ziele der Etappen mit genauen Koordinaten.

1. Tag: Bleket – Skaboholmen, (N58° 02,466‘ E11° 29,661‘) ca. 14 km

2. Tag: Skaboholmen – Norra Björnholmen, (N58° 05,453‘ E11° 39,328‘) ca. 14 km

3. Tag: Norra Björnholmen – Bleket, ca. 34 km

Gesamtstrecke: ca. 62 km

Schon die Fahrt über die Stenungsbron hinüber nach Tjörn ist ein Erlebnis. Die imposante Schrägseilbrücke wurde im November 1981 eröffnet und stellt die wichtigste Verbindung zum Festland dar. Ganz am südwestlichen Ende bietet sich in Bleket, noch vor der Brücke hinüber zur vorgelagerten Insel Klädesholm, nach Rücksprache mit dem freundlichen Team des Kanuverleih und -shops Kajaktiv eine gute Möglichkeit, um die Boote ins Wasser lassen.
Hier kann man sich auch gleich nach der Wettervorhersage erkundigen und danach entscheiden, ob man die Inselumrundung mit oder entgegen dem Uhrzeigersinn unternimmt.
Bei einer Fahrt im Uhrzeigersinn biegt man

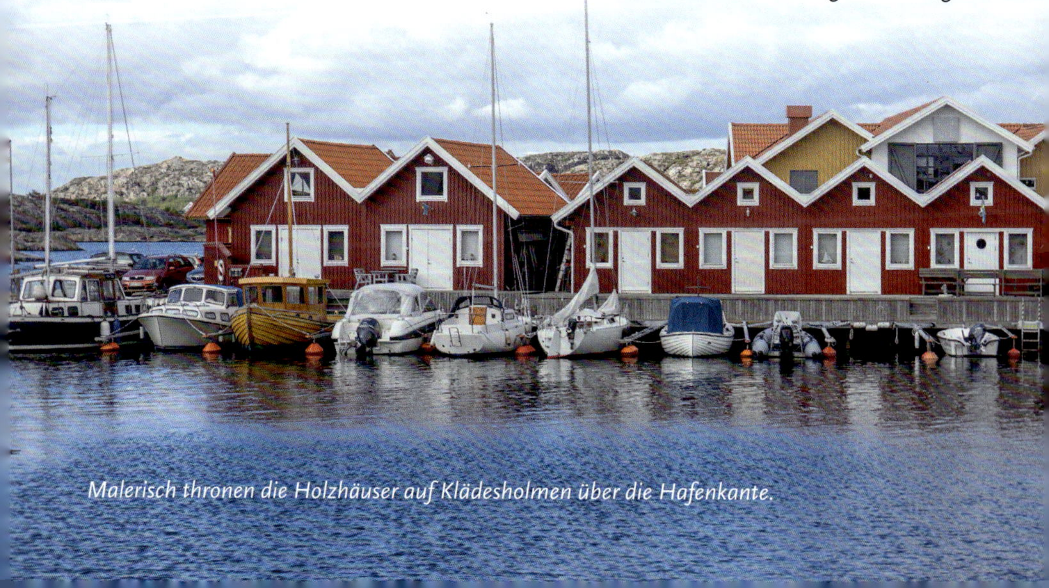

Malerisch thronen die Holzhäuser auf Klädesholmen über die Hafenkante.

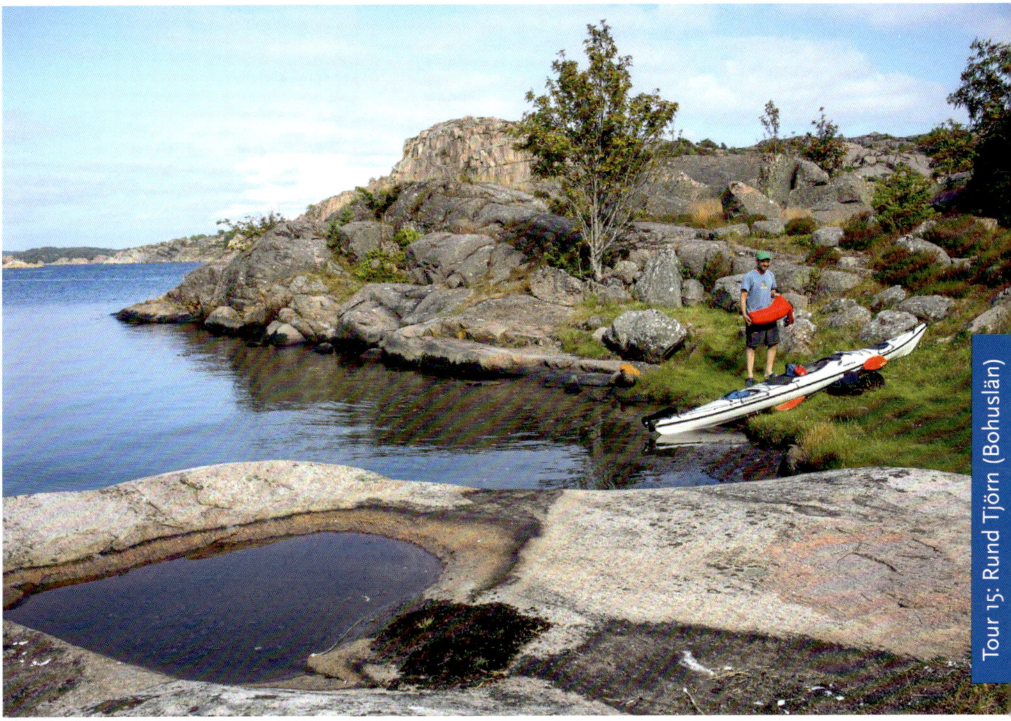

Trotz der Beliebtheit lassen sich auch einsame Plätzchen zum Zelten finden.

nach den ersten Paddelschlägen in südwestliche Richtung nach rechts in nordwestliche Richtung ab und paddelt unter der Brücke hindurch, die Tjörn mit den beiden ineinander übergehenden „Heringsinseln" Koholmen und Klädesholmen verbindet.

Von den einst dreißig fischverarbeitenden Betrieben sind weniger als eine Handvoll übrig geblieben. Heute lockt die Bilderbuchinsel mit ihren malerischen roten und weißen Holzhäusern vor allem die Touristen an. Top-Adresse ist das Boutiquehotel Salt & Sill mit schwimmenden Zimmern und Saunaboot.

Je nach Saison und Wochentag ist auf dem Wasser mehr oder weniger los und an einem sonnigen Sonntag Mitte Juli ist scheinbar alles auf dem Wasser unterwegs, was schwimmen kann, von Jetskis über Segelboote bis hin zu großen

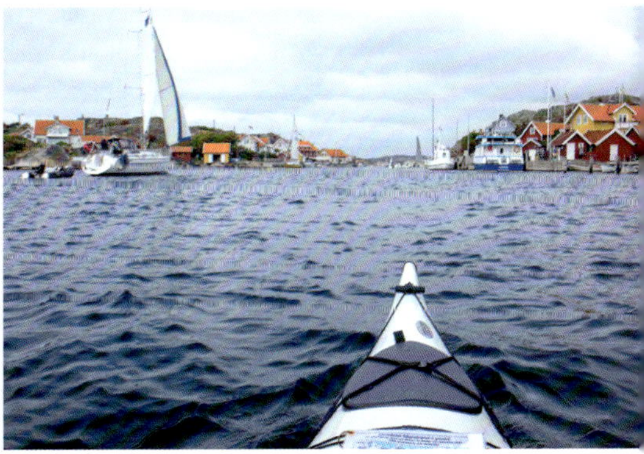

Skärhamn, der Hauptort von Tjörn liegt ganz im Westen der Insel.

Motoryachten. Gerade letztere sind oft recht flott unterwegs und erzeugen größere Wellen, als die durch den Wind verursachte.

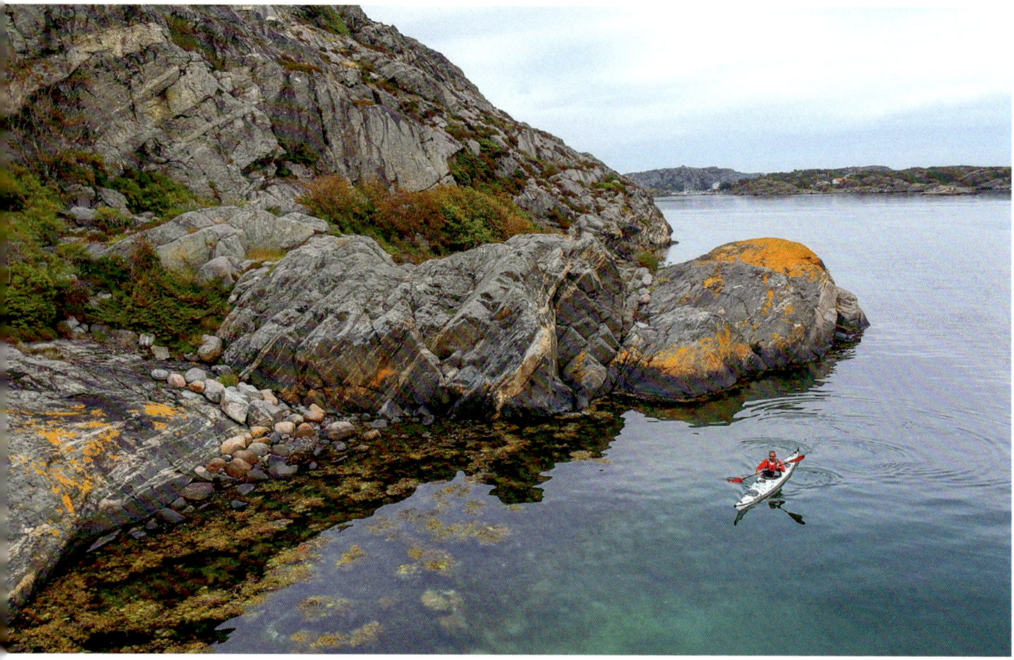

Die Insel Kärrsön beeindruckt mit seichten Buchten und schroffen Felsen.

Glücklicherweise finden sich bei der Fortsetzung der Tour Richtung Norden auch immer wieder geschützte Passagen, und in den kleineren Durchfahrten durch das Insellabyrinth abseits des Hauptfahrwassers bleiben Paddler unter sich. Nachdem man die Inseln Flatholmen und Hjärterö, je nach Windrichtung entweder auf der offeneren Westseite oder der geschützteren Ostseite, passiert hat, öffnet sich rechter Hand der Hamnefjorden, an dessen Ufer die Häuser von Skärhamn bis ans Wasser reichen. Skärhamn ist der Hauptort der Insel und ein beliebter Hafen für Freizeitskipper. Über den am Pier vertäuten Kuttern ziehen sich die verwinkelten Gassen malerisch die grauen Felskuppen hoch. Mehr über die maritime Tradition erfährt man im kleinen Seefahrtsmuseum im Hafen. Hauptattraktion ist aber ohne jeden Zweifel das Nordiska Akvarellmuseet. Das in klassischem falunrot gestrichene, lichtdurchflutete Museumsgebäude wurde von den dänischen Architekten Niels Bruun und Henrik Corfitsen konzipiert und zeigt neben der Dauerausstellung auch wechselnde Ausstellungen. Zu den renommierten Künstlern, deren Werke hier schon zu sehen waren, zählen z. B. Salvador Dalí, Bill Viola oder Louise Bourgeois. Die Besucher des mehrfach preisgekrönten Nordischen Aquarellmuseums können im Atelier auch selbst zum Pinsel greifen und mit Wasserfarben experimentieren.

Von Skärhamn geht es an der Insel Tolftö vorbei, und nach Überquerung des Krossefjorden drängeln sich die Boote – zum Glück mit gedrosselter Geschwindigkeit – durch den engen Kanal zwischen der altehrwürdigen Fischersiedlung Kyrkesund mit prächtigen Holzhäusern zur Rechten, und der Insel Härön zur Linken.

Am Ende öffnet sich der Kyrkesund zum Kråkefjord, und noch bevor es auf die freie Wasserfläche hinausgeht, findet sich auf der Nordspitze

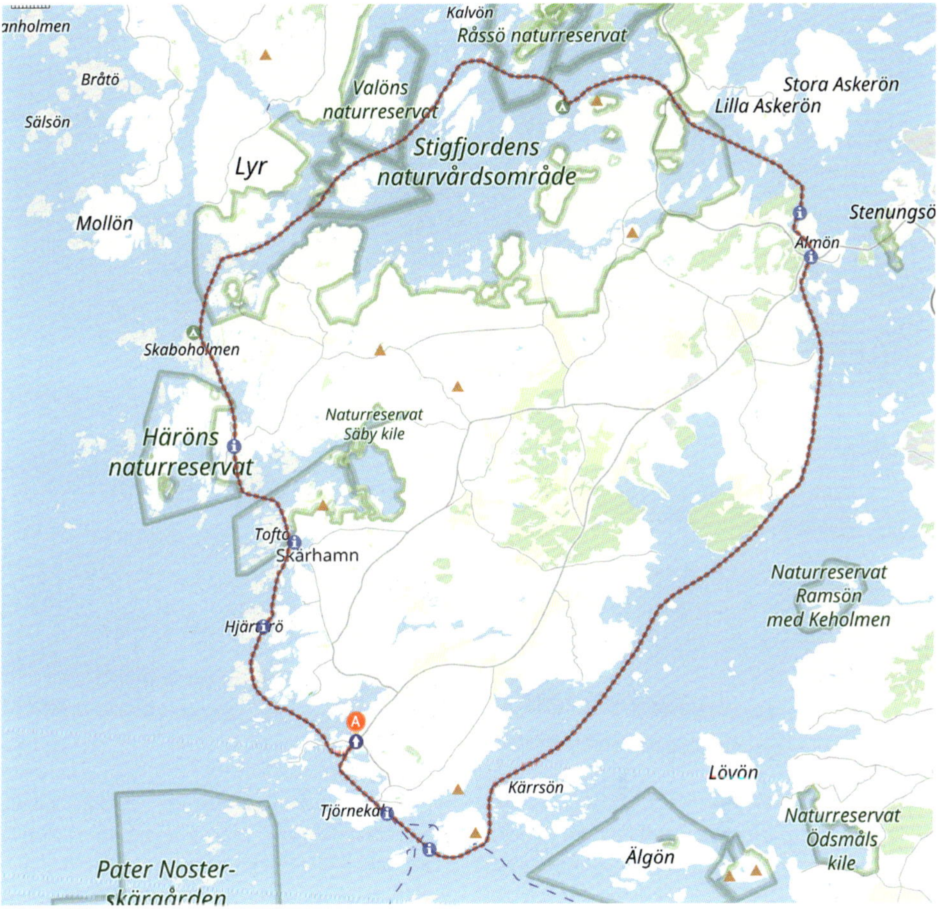

von Skaobolmen ein perfekter Ort zum Anlanden, Baden und Zeltaufbauen. Man sollte nur nicht vergessen, die Boote ein Stück den Strand hinaufzutragen, um diese dem Einzugsbereich der Wellen von schnell vorbeifahrenden Motoryachten zu entziehen.

Mit dem Kyrkesund bleibt auch der Trubel zurück, und mit jedem Paddelschlag nach Norden wird es etwas ruhiger. Zwischen der Halbinsel Björholmen und dem Smoögholmarna-Archipel geht es dann Richtung Osten über den Strömsund in den Stigfjord, jener langgestreckten Bucht, welche die beiden Inseln Tjörn und Orust voneinander trennt.

Das Gebiet ist in weiten Teilen als Naturreservat geschützt und Heimat für eine Vielzahl an Watvögeln, und mit etwas Glück lässt sich ein am Himmel kreisender Seeadler erspähen. Die Landschaft ist ein Traum und das Auge kann gar nicht genug bekommen von dem ständigen Wechsel zwischen schroff und steil aufragenden Felsklippen und ruhigen Buchten. Die engen Durchfahrten zwischen den unzähligen Inseln sind oft so seicht, dass die Motorboote außen vor bleiben müssen.

Von den drei benachbarten Inseln Stävö, Hjälm

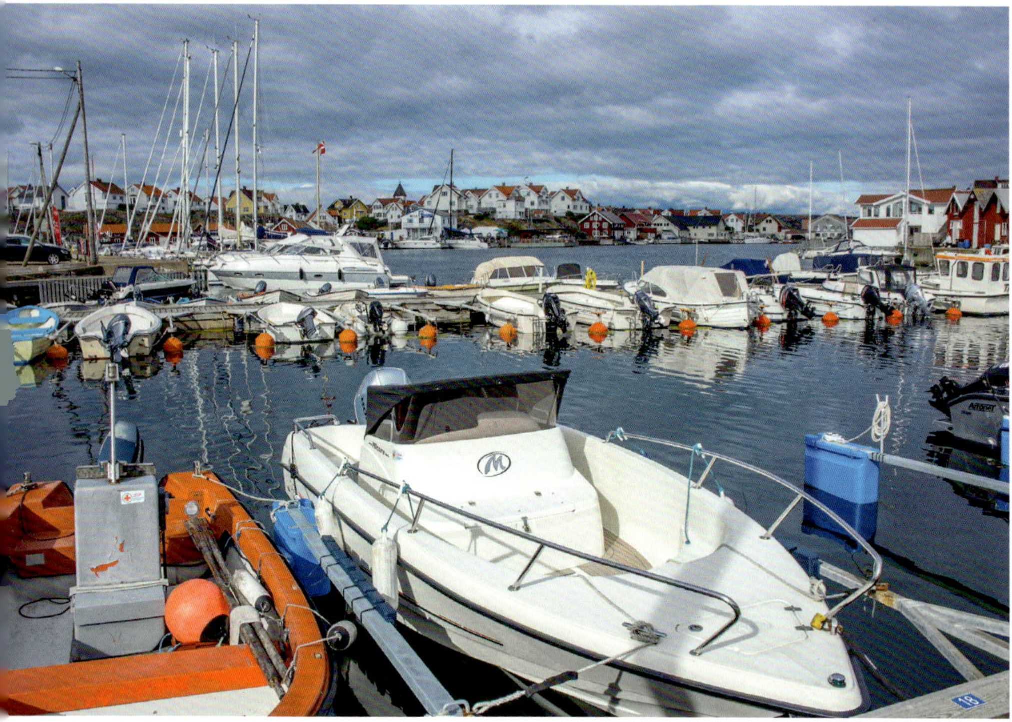

Klädesholmen: Einst abgelegenes Fischerdorf, heute hippes Feriendomizil.

und Hälsön im Zentrum des Stigfjords geht es an der Nordspitze der Insel Ärholem vorbei zu den beiden Björnholm-Inseln. Auf der Ostseite der nördlichsten dieser Inseln bietet ein Steinstrand eine gute Gelegenheit, die Etappe zu beenden. Zwischen den Bäumen findet sich ein Platz, auf dem das Zelt, gut gegen Wind geschützt, aufgeschlagen werden kann – zumindest solange der Wind nicht gerade kräftig aus Nordost bläst. Die Zeltmöglichkeit auf Nora Björnholmen ist praktisch auch die letzte Gelegenheit zur Übernachtung vor der langen Etappe zurück zum Startpunkt, denn auf der Ostseite von Tjörn finden sich kaum geeignete Plätze zum Zelten.

Für den Rückweg paddelt man von Nora Björnholmen an der gekrümmten Landspitze Näs vorbei und hält sich dann vor der Insel Håkholmen am rechten Ufer, um die Einfahrt in den engen Skåpesund nicht zu verpassen.

Nach der Durchfahrt geht es in südöstliche Richtung weiter und das ferne Festlandufer zur Linken wird von der Silhouette der Industrieanlagen dominiert, denn Stenungsund ist eines der bedeutendsten Zentren für die Kunststoffproduktion in Schweden. Voraus spannt sich in luftiger Höhe die bereits von der Anreise bekannte, imposante Tjörnbron über das Wasser. Um sich nicht mit den Motor- und Segelbooten darunter hindurch zu drängeln, biegt man vorher rechts in den Almösund ab und paddelt an der Marina von Müggenäs entlang. Am Ende geht es durch einen engen Tunnel unter der Straße hindurch auf den Håkefjord, der sich in südliche Richtung öffnet. Auf der Ostseite finden sich deutlich weniger Inseln, allerdings fällt auch der Bootsverkehr spärlicher aus.

Deutlich höher wird die Inseldichte erst weiter im Süden, nachdem man die Bucht mit dem Hafen Wallhamn passiert hat. Vorbei an den Inseln Lilla Dyrön und Kärrsön geht es auf Stora Dyrön zu, die steil aus dem Wasser ragt. Gute Bedingungen für den Landgang bietet z. B. der Sandstrand in der kleinen Bucht am äußersten Nordostzipfel der Insel. Hier geht es so ruhig zu, dass man sogar das Zelt aufschlagen kann. Ein markierter Wanderweg führt ins Inselinnere mit dem kleinen Supermarkt Dyröboden und einem Café. Der gesamte Spaziergang rund um die Insel ist etwa fünf Kilometer lang und bietet auf kleinem Raum viel Abwechslung, und bei gutem Wetter auch kilometerweite Ausblicke über den Marstrandfjord.

Gegenüber von Stora Dyrön liegt mit Åstol eine weitere Schäreninsel wie aus dem Bilderbuch, und die Häuser scheinen sich förmlich an den steil aufragenden Felsen zu klammern.

Sowohl Dyrön wie auch Åstol sind autofrei und zusammen mit der Fährlinie 361, die mehrmals täglich verkehrt, steuert man die Kajaks nun Richtung Nordwest und paddelt durch den schmalen Kanal zwischen der Insel Storekalv und Rönnäng, dem südlichsten Küstenort von Tjörn, zurück zum Steg von Kajaktiv.

ADRESSEN UND INFOS

Beste Zeit

Tjörn ist eine beliebte Ferieninsel. In der Hochsaison (Juli) sollte man nach Möglichkeit das Wochenende meiden, um dem dann sehr hohen Motorbootaufkommen aus dem Weg zu gehen. Perfekt geeignet ist der Zeitraum von Ende August bis September, vorausgesetzt, das Wetter spielt mit. Ausnahme: Alljährlich finden sich in der dritten Augustwoche zur beliebten, 28 Seemeilen langen Segelregatta „Tjörn runt" über 1.000 teilnehmende Boote ein.

Hindernisse

Keine Portagen und wie bei jeder Seekajaktour ist der Schwierigkeitsgrad in erster Linie von Windstärke und -richtung abhängig. Für zusätzlichen Wellenschlag sorgen auch die mitunter recht schnell und dicht vorbeirauschenden Sportboote.

Unterkunft

An idyllischen Zeltplätzen mangelt es in der Schärenlandschaft nicht und außerhalb der Naturschutzgebiete ist das Wildzelten nach dem schwedischen Jedermannsrecht erlaubt. Zwei reguläre Zeltplätze finden sich im Nordosten von Tjörn, direkt nach bzw. unterhalb der Straßenbrücke über den Stenungsund: Almöns Bad & Camping, *www.almonscamping.se* und Tjörnbro Park, *www.tjornbropark.com*. Hütten, Jugendherberge und Camping bei Hav & Logi in Skärhamn (nicht direkt am Wasser), *www.havologi.se*.

Transfer zurück zum Einstieg

Entfällt, da Rundtour

Bootsverleih

Kajaktiv Tjörn, Bleketvägen 42SE-47150 Bleket Tel. +46 722 060767, *www.kajaktivtjorn.se*

Einkaufsmöglichkeiten/Proviant

Supermärkte in Wassernähe befinden sich in Myggenäs sowie auf den Inseln Klädesholmen und Dyrön. Durch die zahlreichen Häfen und Marinas gibt es vor allem im Westteil der Insel gute Einkehrmöglichkeiten. Die Gästehäfen bieten zudem eine gute Möglichkeit für die Versorgung mit Trinkwasser.

Sehenswertes

Nordisches Aquarellmuseum (Nordiska Akvarellmuseet) in Skärhamn (*www.akvarellmuseet.se*) und Skulpturenausstellung in Pilane (Mai bis September, *www.pilane.org*).

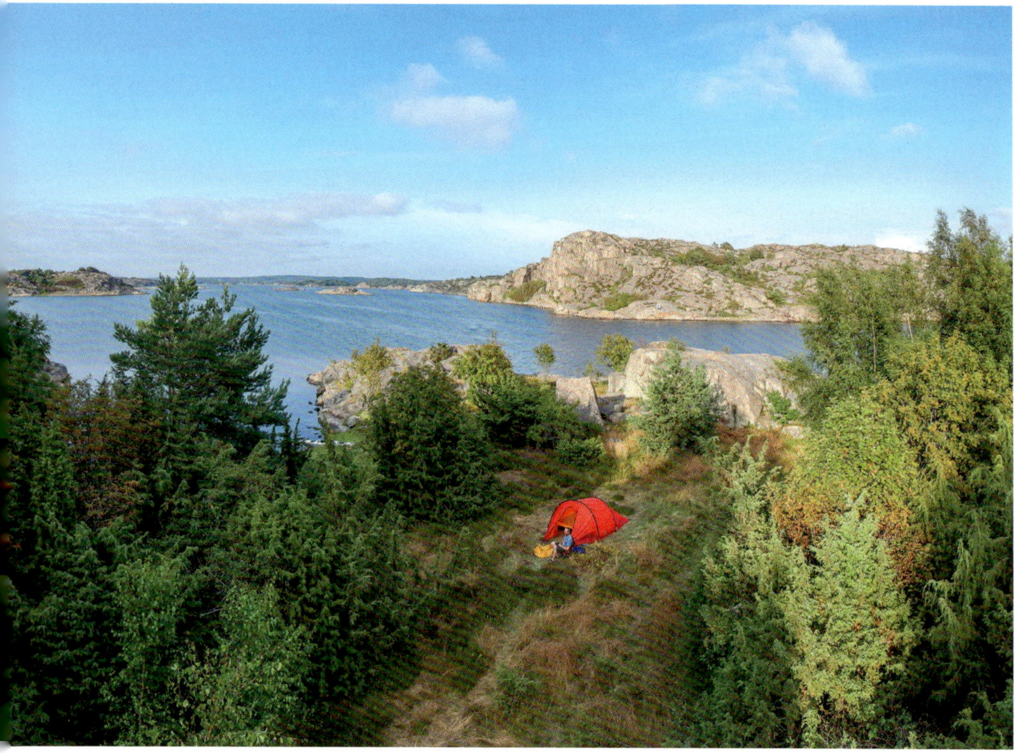

Traumhafter Stigfjord

Alternativen

Bootsausflüge in das gesamte Schärengebiet, Radwanderung von Skärhamn zum Gräberfeld und Skulpturenpark Pilane an der Westküste von Tjörn („Schweißtreibendste Kunstrunde der Welt", einfacher Weg ca. 12 km). Diverse markierte Wanderwege auf Tjörn und den Nachbarinseln, z. B. Härön (3 - 7 km) oder Dyrön (5 km). Sauna auf der Insel Stora Dyrön (*www.dyron.se*).

Auskunft

Tjörns turistbyrå, Kroksdalsvägen 1
SE-47180 Skärhamn, Tel. +46 304 601016
www.vastsverige.com

Buchtipps/Karten

- Wetterfeste Outdoorkarte Södra Bohuslän von Calazo, 1:50.000
- Umfangreiche Informationen zu Seekjaktouren in Bohuslän und PDF-Karten mit Empfehlungen für gute Zeltmöglichkeiten (auch in englischer Sprache) auf der Website des lokalen Kanuvereins *tjornkajak.se* Menüpunkt "Bra kunskap" = „Gut zu wissen".

Tour 16: Schären vor Grebbestad (Bohuslän)

Grebbestad, etwa auf halber Strecke zwischen Göteborg und Oslo, ist einer der beliebtesten Küstenorte an Schwedens Westküste. Während die Hafenpromenade im Sommer überlaufen sein kann, und sich zu Stoßzeiten eine Autokarawane durch die enge Hauptstraße der Stadt drängelt, bietet das Inselarchipel vor der Küste selbst in der Hauptsaison ausreichend Platz und es lassen sich einsame und ungestörte Buchten für die Rast während der Kajaktour und für ein Bad im Meer finden. Abgerundet wird der Ausflug in den nördlichen Teil von Bohuslän durch einen Stopp an den bronzezeitlichen Felsritzungen bei Tanumshede, die als Weltkulturerbe geschützt sind.

Etappen

Gesamtstrecke: ca. 18 km

Handel, Schifffahrt und Fischerei. Groß geworden ist das Städtchen durch die klassischen Gewerbe, wie man es von einem Küstenort nicht anders erwartet. Im 19. Jahrhundert kam als weiteres wirtschaftliches Standbein der Tourismus hinzu. Spezialität waren Fangopackungen, da dem Schlamm aus der Bucht heilende Wirkung nachgesagt wurde. Das letzte Badhaus wurde Mitte der 1970er Jahre abgerissen und auch wenn sich noch immer ein paar Fischkutter finden lassen, dominieren heute vor allem Freizeitkipper in legerem Segleroutfit die Hafenpromenade.

Ein gut geeigneter Startpunkt für die Entdeckung des Schärenarchipels bei Grebbestad ist Grönemad nördlich des Stadtzentrums. Hier gibt es einen Parkplatz direkt hinter einem kleinen Strand, an dem man die Kajaks ohne Probleme ins Wasser gleiten lassen kann. Wer kein eigenes Boot dabei hat, kann sich beim Kanuverleih Skärgårdsidyll mit dem passenden Material ausstatten lassen.

Mit der kleinen Seebrücke im Rücken führen die ersten Paddelschläge in westliche Richtung über den Gåsöfjorden. Vor den bis zu fünfzehn

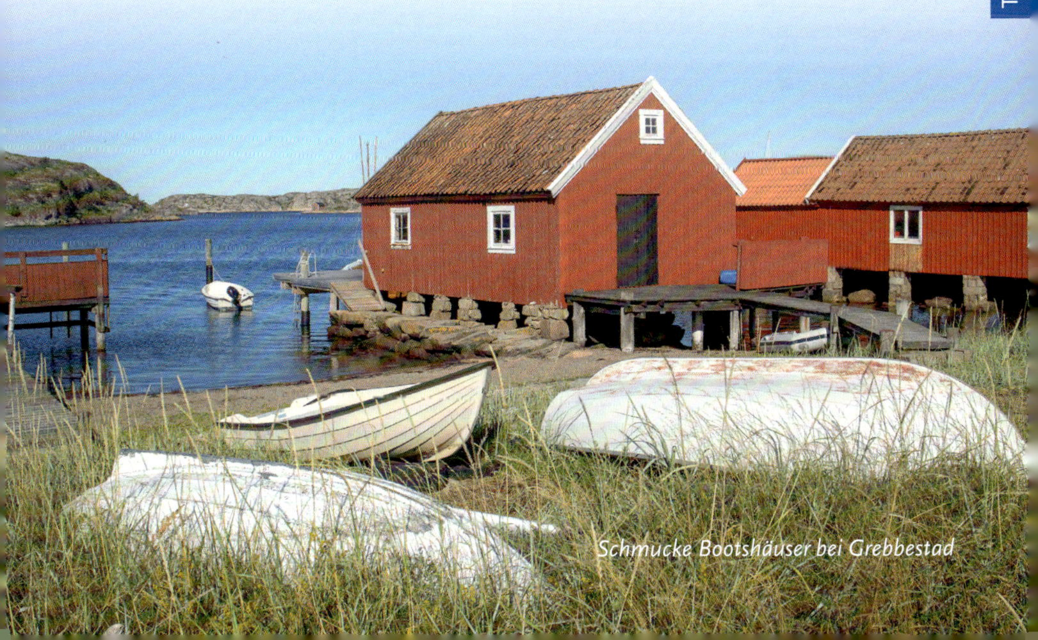

Schmucke Bootshäuser bei Grebbestad

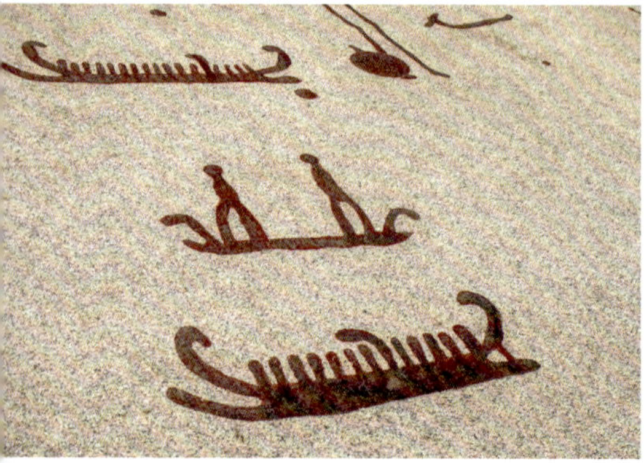

Die Felsritzungen bei Tanum sind rund 3.000 Jahre alt.

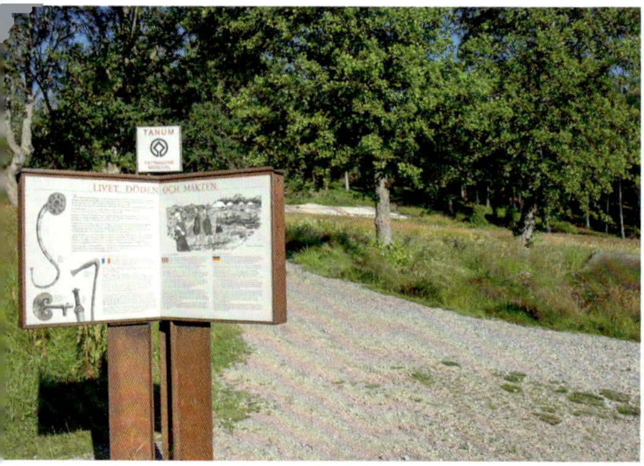

Spazierwege und Schautafeln erleichtern den Zugang zum UNESCO-Weltkulturerbe.

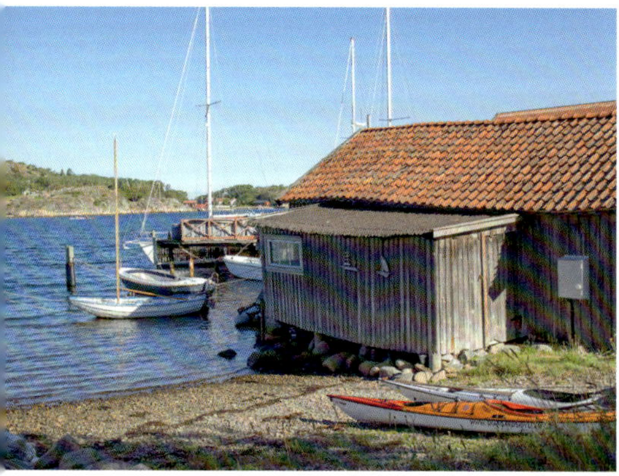

Kanuverleih Skärgårdsidyll

Meter steil aus dem Wasser ragenden Klippen der Insel Nora Gåsö wird die Bootsspitze dann Richtung Süden ausgerichtet.

Die Passage von der Insel Södra Gåsö hinüber nach Solustholmen ist relativ offen und kann daher bei stärkerem Wind etwas rauer werden. Eine große Rolle spielen Windstärke und vor allem -richtung auch bei der Wahl des folgenden Streckenabschnitts.

Während man bei ruhigem Wetter die fantastische Weite der offenen See auf der Westseite der Insel Pinnö genießen kann, entscheidet man sich bei stärkerem Wind aus westlicher Richtung besser für die geschützte Innlandpassage auf der Ostseite der Insel.

Mit etwas Glück bekommt man bei der Fahrt durch den Sund zwischen Pinnö im Westen und Otterön im Osten auf einer der zahlreichen, sich wie an einer Kette aufreihenden Inseln mit etwas Glück eine Robbe zu Gesicht. Keine Seltenheit dagegen ist der Anblick von Möwen und Ausflüglern, die sich auf einem der Felsbuckel sonnen.

Vorbei am Leuchtturm geht es durch den Klövudden-Sund, wo man im Schutz der beiden Klövskär-Inseln gut in einer flachen Bucht auf der Insel Otterön anlanden kann.

Otterön ist die größte Insel des Archipels und in weiten Teilen als Naturreservat geschützt, dank des kalkhaltigen Untergrunds wachsen hier gleich mehrere Orchideenarten. Auf jeden Fall lohnt es sich, die Felsen hinauf zu kraxeln, um vom höchsten Punkt einen fantastischen Ausblick über das endlose Insel- und Wassermosaik zu genießen. Auch zwei Relikte aus der Antike hat die Insel zu bieten. Etwa 400 Meter nordöstlich des höchsten Punktes der Insel ist ein Steinhaufen aus der Bronzezeit zu finden, und in der Nähe des nordöstlichen Zipfels ist die Kopie eines alten Runensteins zu bestaunen.

Auf der Südostseite von Otterön ist bei perfekten Bedingungen ein Abstecher auf das, in südwestliche Richtung etwa einen Kilometer

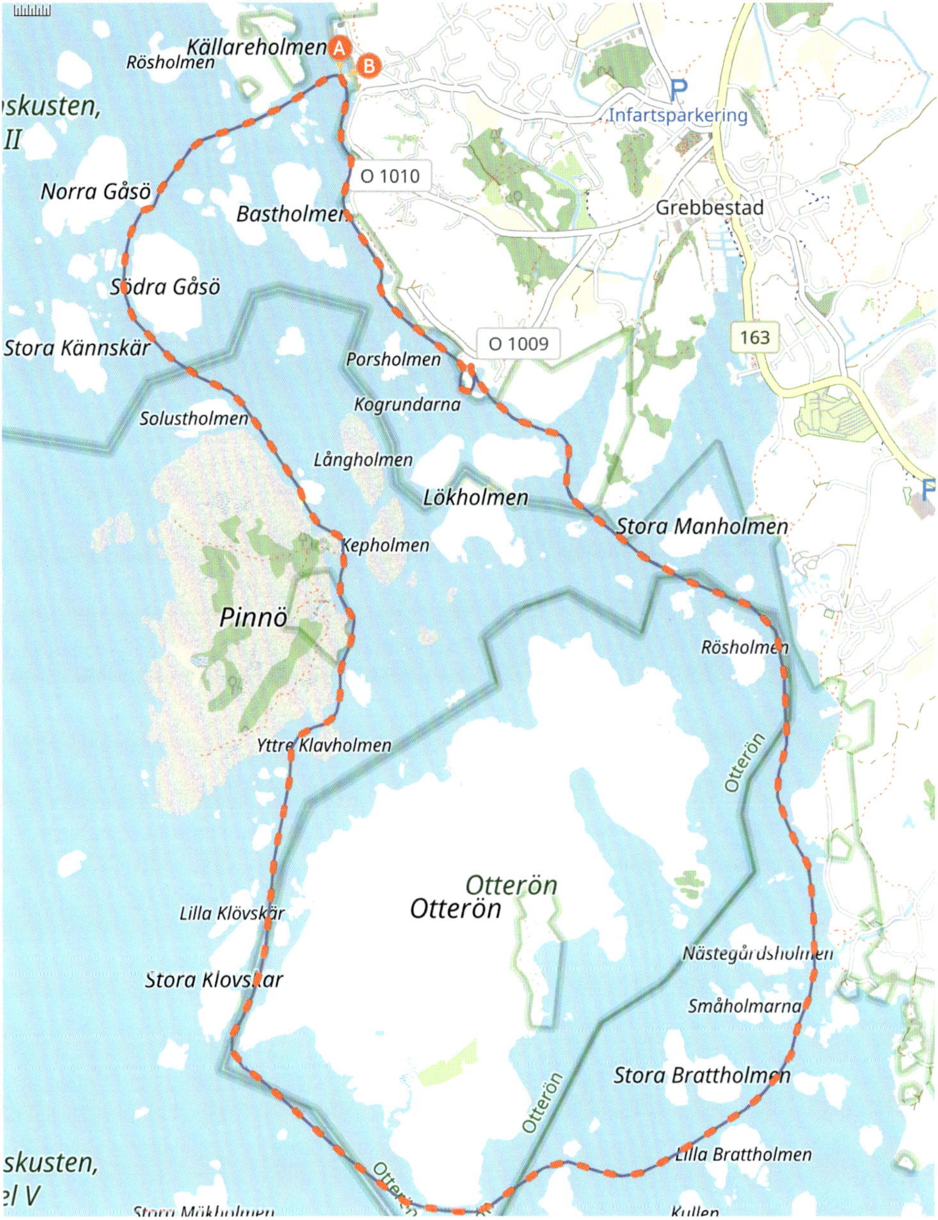

entfernte, Robinson-Eiland Måkholmen sehr lohnenswert. Der Strand auf der Ostseite der Insel ist einfach ein Traum!

Für den Weg zurück paddelt man um die Südseite von Otterön herum, und dann zwischen einer kleinen Insel und der Nordspitze von Björnåsen

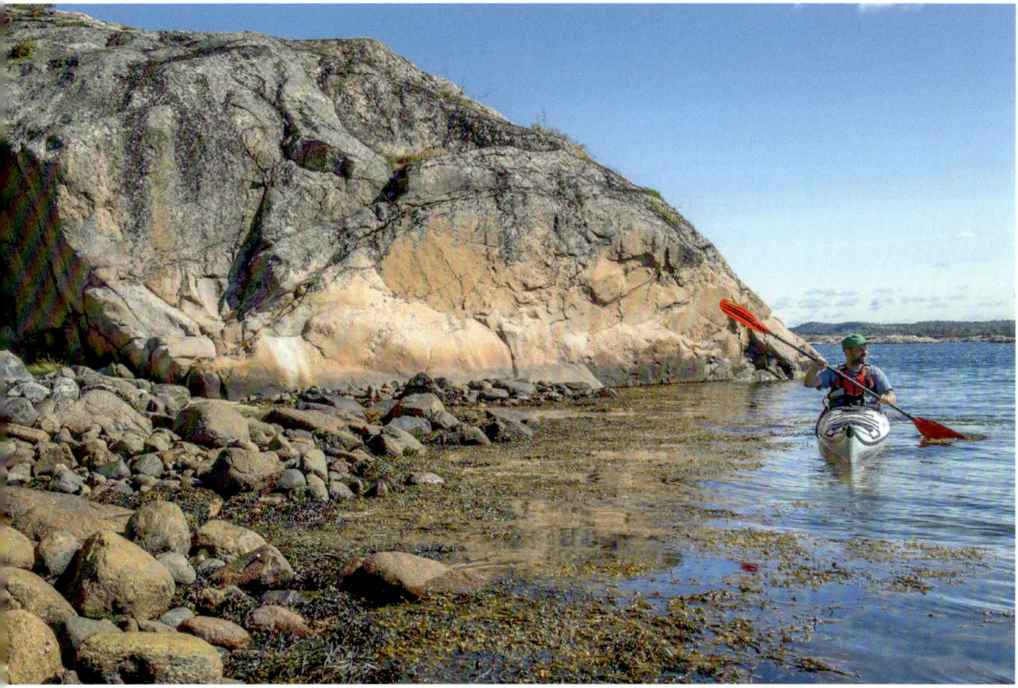

Die schroffen Schäreninseln bilden eine traumhafte Kulisse.

hindurch nach Nordosten auf das Festland zu. Je näher Grebbestad rückt, desto mehr ist auf dem Wasser los und es gilt die Augen offen zu halten, um den zwischen den Inseln hin und herflitzenden Segel- und Motorbooten nicht in die Quere zu kommen.

Das gilt insbesondere bei der Passage über die Bucht, an dessen Ende der Hafen von Grebbestad liegt. Hat man aber erst einmal den Leuchtturm auf der kleinen Insel Svinnäs erreicht, wird es wieder ruhiger. Nun geht es durch geschütztere und ruhigere Gewässer entlang der Inseln Lökholmen, Porsholmen und Bastholmen nach Norden. Vorbei am kleinen Campingplatz Sjövall, der direkt auf den Klippen thront, sowie malerischen Fischerhütten und -booten, kommt man dann zurück zum Ausgangspunkt am Strand von Grönemad.

Wer nicht schon bei der Anreise einen Stopp an den Felszeichnungen („Hällristningar") südlich von Tanumshede eingelegt hat, sollte dies spätestens auf dem Rückweg nicht verpassen.

Die als Weltkulturerbe geschützten, über 3.000 Jahre alten Spuren der frühen Siedler in der Region finden sich an mehreren Stellen und sie sind von der Hauptstraße aus gut ausgeschildert (Aspeberget, Fossum, Litsleby, Gerum und Kalleby). Besonders eindrucksvoll sind die Ritzungen bei Vitlycke, die auf einer großen Felsplatte Schiffe, Tiere und Menschen zeigen. Die rote Farbe wurde im Übrigen erst im Nachhinein aufgetragen, um die Ritzungen für die Besucher besser erkennbar zu machen. Hier gibt es auch ein Museum, das über den Ursprung und die Bedeutung der Kunstwerke informiert (Eintritt frei).

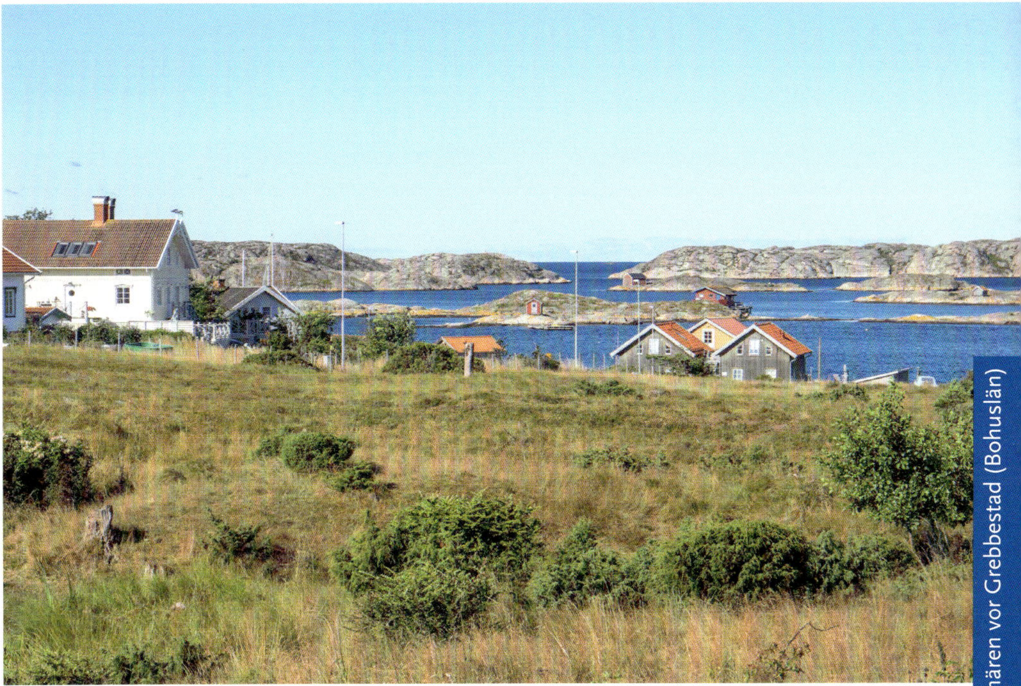

Grönemad eignet sich als Ausgangspunkt für eine kurzweilige Tagestour.

ADRESSEN UND INFOS

Beste Zeit

Mai bis Ende September. Mit entsprechender Erfahrung und der richtigen Ausrüstung sind auch Touren im Winterhalbjahr möglich.

Hindernisse

Keine Landtransporte. Schwierigkeitsgrad und Wellenhöhe variieren naturgemäß entsprechend der Wind- und Wetterlage.

Unterkunft

Großer Campingplatz mit 500 Stellplätzen südlich des Stadtzentrums von Grebbestad.
www.grebbestadfjorden.com

Transfer zurück zum Einstieg

Entfällt, da Rundtour

Bootsverleih

- Skärgårdsidyllen, Grönemadsvägen 73 SE-45795 Grebbestad, Tel. +46 702 667080 *www.skargardsidyllen.se*
- Nautopp Kajakcenter, Småbåtshamnen Svinnässidan, SE-45702 Grebbestad Tel. +46 525 10930, *www.nautopp.com*

Einkaufsmöglichkeiten/Proviant

Umfangreiches gastronomisches Angebot und Supermarkt am Hafen von Grebbestad. Ansonsten bestehen unterwegs keine Einkaufs- oder Einkehrmöglichkeiten.

Sehenswertes

Felsritzungen aus der Bronzezeit südlich von Tanumshede (UNESCO Weltkulturerbe, *www.vitlyckemuseum.de*). Gräberfeld von Greby mit rund 200 Hügelgräbern aus der frühen

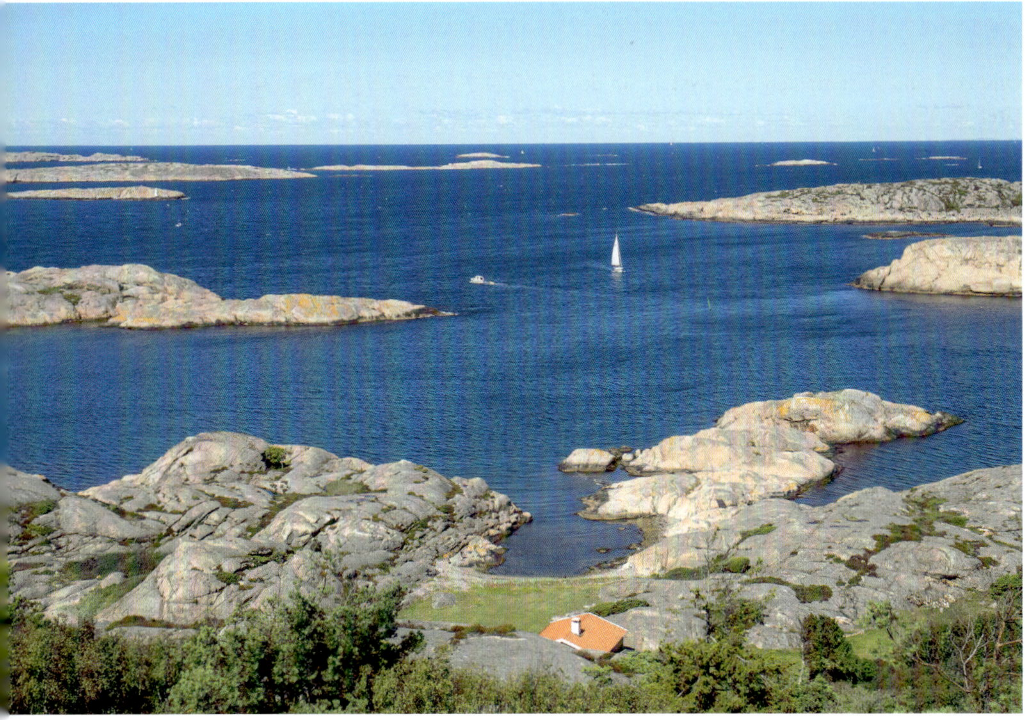

Ausblick von der vorgelagtern Insel Otterön nach Westen.

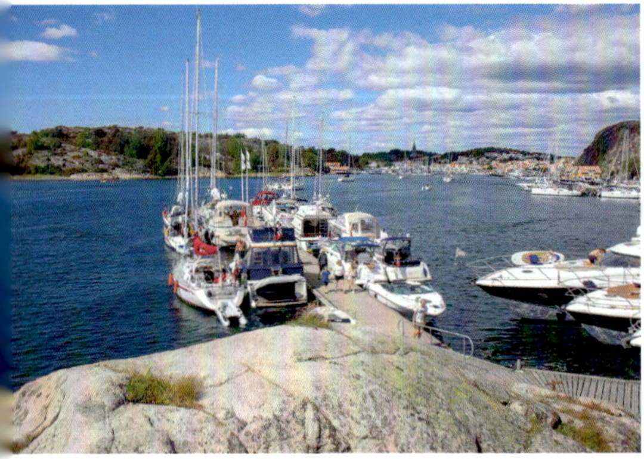

Gästehafen am Hotel TanumStrand

Eisenzeit und labyrinthische Steinsetzung Ulmekärr (ebenfalls aus der Eisenzeit) nördlich des Stadtzentrums von Grebbestad.

Alternativen

Spaziergänge auf dem Falkeröd Vandringsled (3 km) oder Tanumsleden (5 km). Shoppingtour im SportShopen (größtes Sportgeschäft in Skandinavien), *www.sportshopen.com*.

Auskunft

Grebbestad Infocenter, Nedre Långgatan 48
SE-45772 Grebbestad, Tel. +46 525 61188
www.vastsverige.com

Buchtipps/Karten

- Wetterfeste Outdoorkarte Norra Bohuslän von Calazo, 1:50.000
- Die Krimis der schwedischen Erfolgsautorin Camilla Läckberg spielen in und um das pittoreske Küstenstädtchen Fjällbacka südlich von Grebbestad.

Tour 17: Dalsland-Runde (Västra Götaland)

Das Dalsland-Nordmarken Seensystem an der Grenze zu Norwegen gilt als Schwedens Wassersport-Eldorado schlechthin. Neben idyllischen Seen mit glasklarem Wasser locken urige Lagerplätze inmitten dichter Nadelwälder und es ist alles angerichtet für einen unbeschwerten Kanuurlaub der Extraklasse. Im Sommer sind dementsprechend viele Boote unterwegs, die sich aber recht gut über das weitläufige Gewässernetz verteilen. Den „Hauptreisemonat“ Juli sollte man aber dennoch meiden, wenn man es irgendwie einrichten kann.

Traum-Revier für Kanuten oder Outdoor-Rummelplatz? Am Dalsland scheiden sich die Geister und im Internet-Forum lässt sich so manche Schimpftirade über deutsche Reiseanbieter finden, die mit günstigen Kanu-Pauschalen Massen an Menschen in das Gebiet um Årjäng und Lennartsfors mit den Seen Foxen, Lelång und Stora Le – knapp 200 Kilometer nördlich von Göteborg an der schwedischen Grenze zu Norwegen – locken. Auf der anderen Seite eröffnet die wasserreichste Region Schwedens mit ihren unzähligen größeren und kleineren Seen schier unendliche Routenmöglichkeiten und die gute Ausstattung mit angelegten Lagerplätzen bieten ideale Bedingungen für einen unbeschwerten Kanuurlaub.

Eben noch auf der Fähre, schon in der Wildnis:

Etappen

1. Tag: Vammerviken/Västra Silen – Lagerplatz hinter Skifors/Svärdlång (Nr. 53/54 *), ca. 15 km
2. Tag: Lagerplatz hinter Skifors – Lagerplatz Ösan/Laxsjön (Nr. 48 *), ca. 18 km
3. Tag: Lagerplatz Ösan – Lagerplatz Greaön/Lelången (Nr. 56 *), ca. 14 km
4. Tag: Lagerplatz Greaön – Lagerplatz Hallön/Lelången (Nr. 63/64 *), ca. 18 km
4. Tag: Lagerplatz Hallön – Vammerviken, ca. 5 km

Gesamtstrecke: ca. 70 km

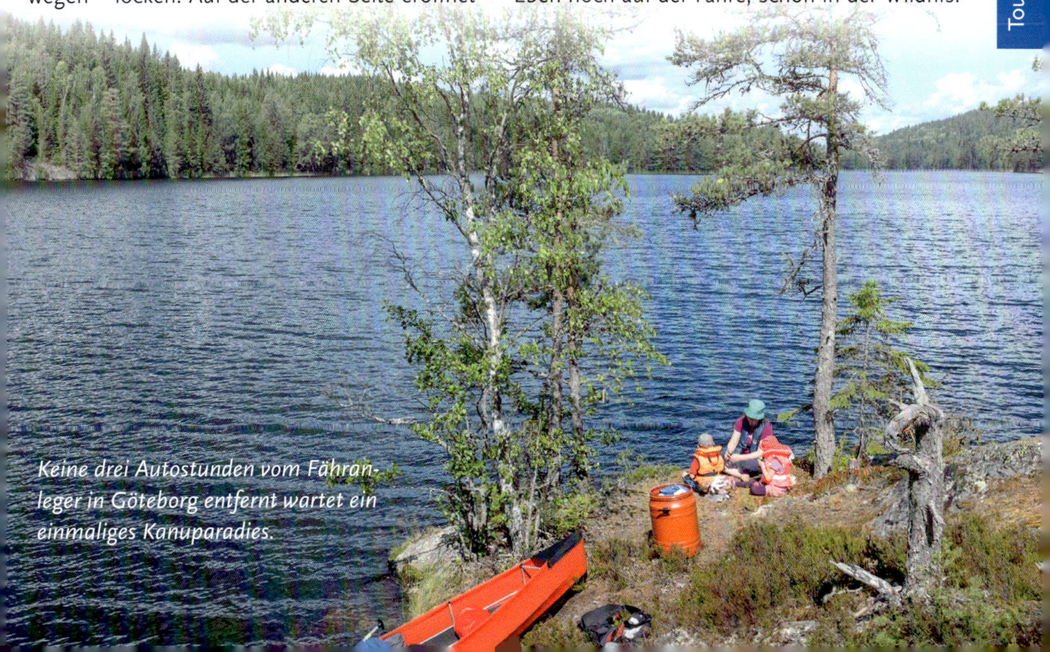

Keine drei Autostunden vom Fähranleger in Göteborg entfernt wartet ein einmaliges Kanuparadies.

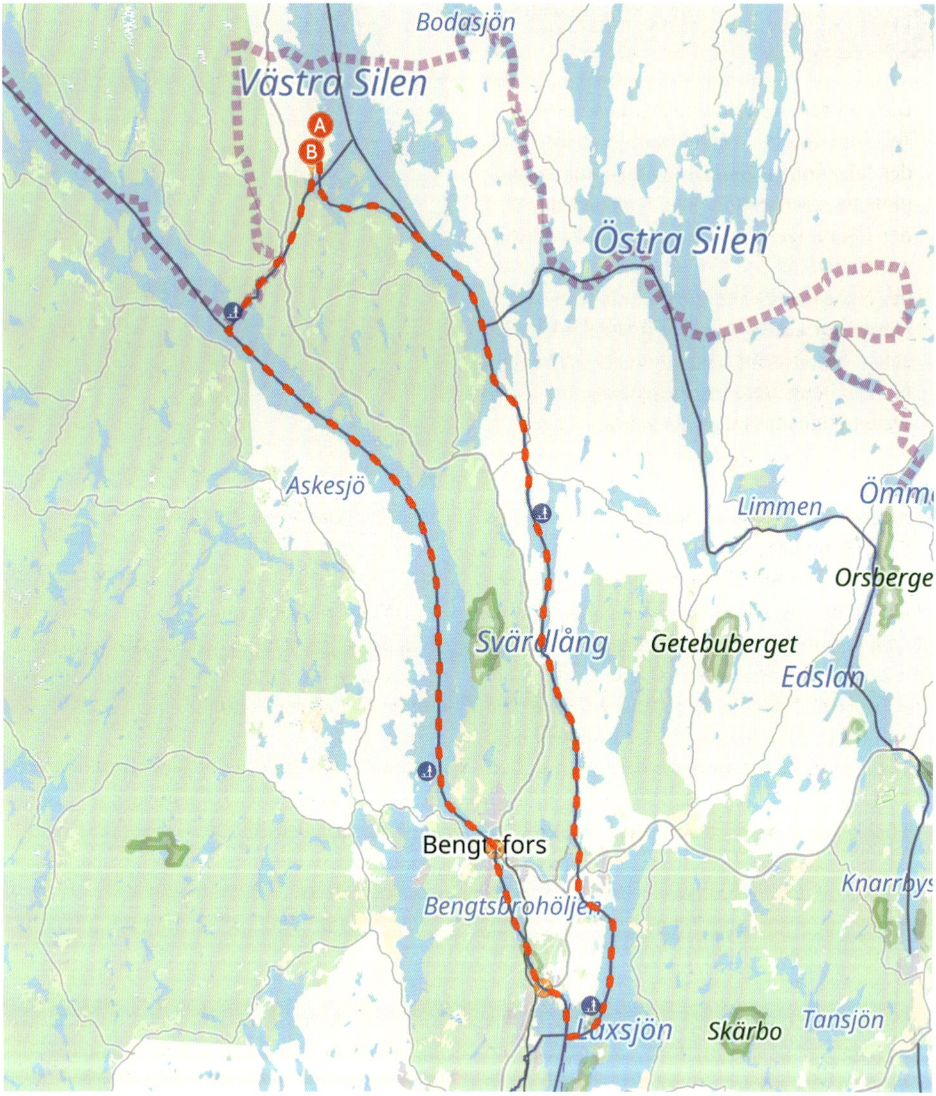

Vom Hafen in Göteborg sind es nicht einmal drei Stunden Autofahrt auf der E6 Richtung Norden. Ein tolles Basiscamp ist der Vammervikens Camping bei Gustavfors. Der kleine, familiäre Campingplatz liegt etwas abseits der Hauptstraße am Västra Silen. Die Betreiber sind super nett und vom Stellplatz schweift der Blick frei über das Wasser. Ein Badestrand mit feinem Sand fehlt ebenso wenig wie eine großzügige Gemeinschaftsküche im urigen Blockhaus, wo man schnell mit Gleichgesinnten ins Gespräch kommt. So sehen Schwedenträume aus!

Am Morgen rollt pünktlich um acht Uhr der Wagen der Tysk Bageri, der deutschen Bäckerei,

Dalsland Kanu-Marathon

Die vorgestellte Strecke folgt zum großen Teil dem Dalsland Kanu-Marathon, der jedes Jahr Anfang August veranstaltet wird, und als „Schwedens härtestes Kanurennen“ gilt. Die 55 km lange Strecke im nördlichen Teil des Seesystems startet in der Nähe des Baldersnäs Herrgård, einem Herrenhof auf der gleichnamigen Halbinsel im See Laxsjön, und endet im Gästehafen von Bengtsfors im Lelång-See.
Weitere Infos unter: *www.campdalsland.se*

aus dem fünf Kilometer entfernten Gustavfors vor die Rezeption, und verkauft aus dem Kofferraum frische Brötchen und leckeres Gebäck. Nach einem ausgiebigen Frühstück kann es losgehen, und nachdem Ausrüstung und Proviant verstaut sind, sticht man Richtung Süden in See. Sogleich findet man sich in einem herrlichen Mosaik aus mehreren Inseln wieder. Bald grüßt vom rechten Ufer der Kirchturm des Gotteshauses in Vårvik, und kurz darauf zieht links die Schleuse Krokfors vorüber, die eine Verbindung zum Östra Silen eröffnet.

In Skifors müssen die Boote kurz über eine Straße in den nächsten See getragen werden. Der langestreckte Svärdlång mit seinen steilen felsigen Ufern ist ein typischer Zungenbeckensee und erinnert daran, wie die letzte Eiszeit die Landschaft geformt hat. Als die gigantischen Gletscher wie eine mächtige Raspel über den Untergrund schliffen, wurden von den Ausläufern tiefe Spalten in die Landschaft gefräst. Später füllten sich diese Kerben dann mit Wasser.

Selma Lagerlöffs „Nils Holgersson“, der Ur-Ahn aller Schweden-Reiseführer, kennt eine ganz andere Erklärung für die Entstehung der dalsländischen Seen: Zu einer Zeit, in der das Land nördlich des Vänern unfruchtbar war und

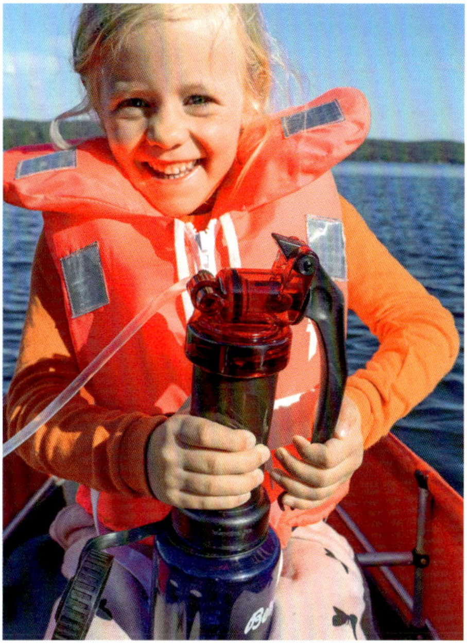

Auch wenn sich das Seewasser ohne Aufbereitung trinken lässt, geht man mit einem Wasserfilter auf Nummer sicher.

dort nichts als kahle Berge und Geröll vorzufinden waren, lebte südlich dieses Landstrichs ein Riese, dessen beiden Söhne sich ständig darüber zankten, wer von ihnen der Bessere sei. Um diesen Streit zu schlichten, schickte der Vater die Söhne los, um das Land urbar zu machen. So sollten sie zeigen, wer von ihnen am meisten taugt. Die Söhne verließen den Vater und zogen mit ihren Riesen-Pflügen die Furchen als Grundlage für prächtige Täler mit vielen Seen.

Weder Legende noch eine Fata Morgana ist der Skåpakiosken, ein Imbiss an der Straße 164 zwischen Åmål und Ed direkt am Ufer des Svärdlång. Er ist bei Auto- wie auch Kanufahrern gleichermaßen beliebt und ein Pommes- und Eis-Stopp gehört hier zum Pflichtprogramm.

Anschließend geht es noch einmal kurz ins Boot und unter der Straßenbrücke hindurch zum Ausstieg am rechten Ufer. Die folgende

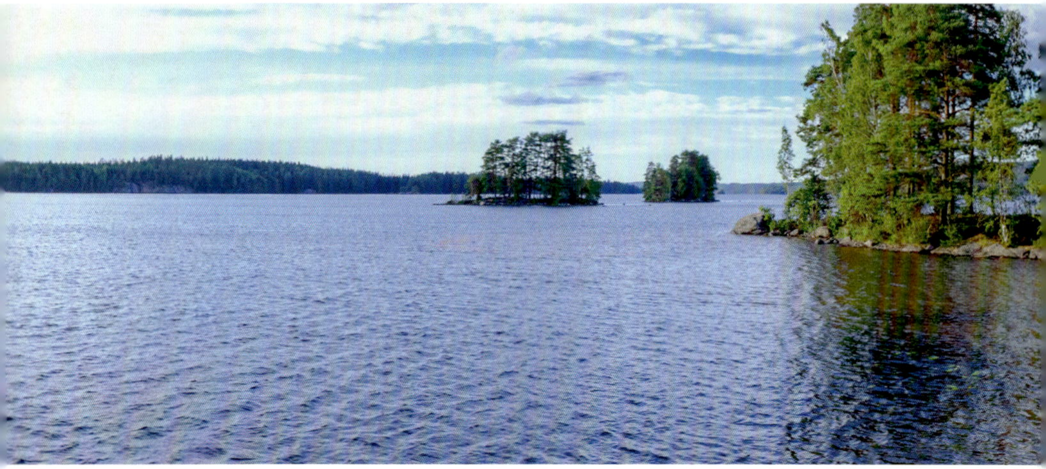

An idyllschen Lagerplätzen besteht kein Mangel.

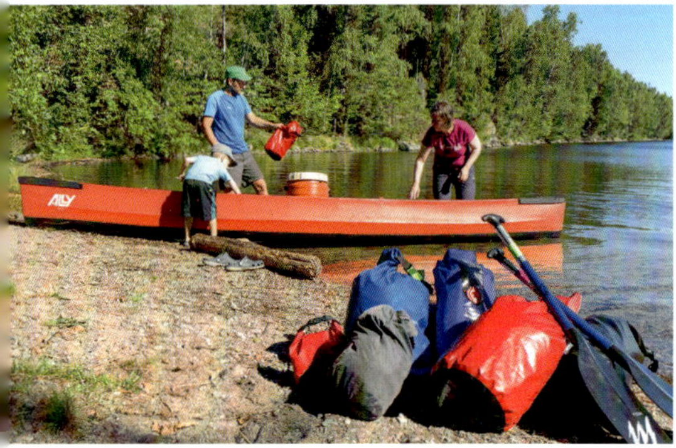

Das morgendliche Boote beladen wird schnell zur Routine.

Portage ist gut 500 Meter lang, aber aufgrund des kräftigen Gefälles rollt der Bootswagen fast von alleine bis zur Einsatzstelle in den Laxsjön. Die restlichen Kilometer bis zum Unterstand unter alten Eichen auf der Ösan-Halbinsel, die sich östlich von Billingsfors weit in den Laxsjön hinein ersteckt, sind schnell gepaddelt. Wenn das Wetter mitspielt und kein Windhauch geht, liegt die Wasseroberfläche am Abend still und glatt wie ein Spiegel da. Am Ufer reicht der Wald bis ans Wasser und praktisch lautlos gleitet das Kanu über den See. Zu hören ist dann nur das leise Platschen beim Eintauchen der Paddel und ein sachtes Gurgeln, wenn die daraus entstandenen Wellen auf den Bootsrumpf treffen.

Bei gutem Wetter ist das Herrenhaus in Baldernäs am gegenüberliegenden Ufer einen kurzen Abstecher Richtung Süden wert. Der Park aus dem 19. Jahrhundert mit seinen über 240 Baum- und Straucharten ist ein beliebtes Ausflugsziel.

Für den Weg zurück geht es nach rechts um die Landspitze herum und dann in nordwestliche Richtung auf die Einfahrt in den Dalsland-Kanals zu.

Nachdem der Schleusenwärter ein Halteseil hinabgeworfen und auf ein paar Knöpfe gedrückt hat, um die Schleusentore zu schließen, schießt weißschäumendes Wasser aus einem Schott. Zunächst stellt sich zwar ein ungutes Gefühl ein, wenn man aus dem kleinen Kanu heraus an den hohen Seitenwänden emporschaut und von oben schäumend das Wasser einströmt, aber man gewöhnt sich schnell daran, und es sieht auf den ersten Blick bedrohlicher aus, als es eigentlich ist. Wenn man den Anweisungen des Schleusenpersonals folgt, sich am zugeworfenen Seil festhält und den vorderen Ab-

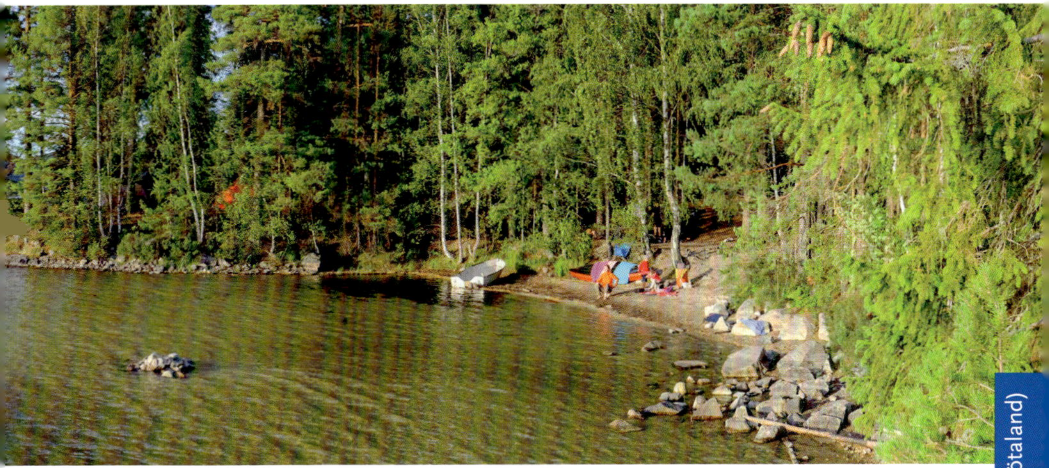

schnitt der Schleusenkammer meidet, dort wo das Wasser besonders turbulent wird, bereitet der Schleusenvorgang keinerlei Probleme.

Hat sich der Wasserstand langsam auf das Niveau des folgenden Flussabschnitts angehoben, geht es mit ein paar Paddelschlägen vor zur zweiten Kammer, während sich der Schleusenwärter sein Fahrrad schnappt und sich ein paar hundert Meter weiter das Spiel wiederholt. Nach insgesamt rund dreißig Minuten haben die 16. und 17. Schleuse des Dalsland-Kanals den Paddler vom Laxsjön um gut sechs Meter angehoben und die Tour kann auf dem nächsten See, dem Bengtsbrohöljen, fortgesetzt werden.

Zuvor muss aber noch das Schleusenticket gekauft werden. Am besten zahlt man gleich für die gesamte Strecke bis Bengtsfors (auf den folgenden Kilometern bis zum Erreichen des Lelång folgen nun noch drei weitere Schleusen mit insgesamt fünf Kammern). Dann bekommt man ein Ticket ausgehändigt, welches an jeder Station einfach nur abgeknipst wird. Kleiner Praxistipp: Während in Schweden sonst überall die Kreditkarte auf dem Vormarsch ist, ja oftmals sogar als alleiniges Zahlungsmittel akzeptiert wird, gilt hier am Dalsland-Kanal noch immer die Devise: „Nur Bares ist Wahres“. Sonst ergeht es einem wie der Besatzung eines Leihcanadiers, die am Ende unsere Tour nach der Schleusung in Gustavfors erst einmal im Supermarkt einkaufen gehen musste, um

Dalsland-Kanal

Der Dalsland-Kanal wurde ursprünglich im 19. Jahrhundert für die Eisenhütten in Dalsland und Südwestvärmland angelegt. Allerdings ist die Bezeichnung Kanal irreführend, denn von der über 250 Kilometer langen Wasserstraße von der norwegischen Grenze bis zum großen Vänern-See wurden nur gut zehn Kilometer künstlich geschaffen, der Rest führt über Seen und Flüsse. Als Transportweg für Waren hat der Dalsland-Kanal schon seit langem ausgedient. Durch den stetig zunehmenden Tourismus wurde er aber zu dem, was er heute ist: Schwedens Mekka für Wassersportler jeglicher Art.

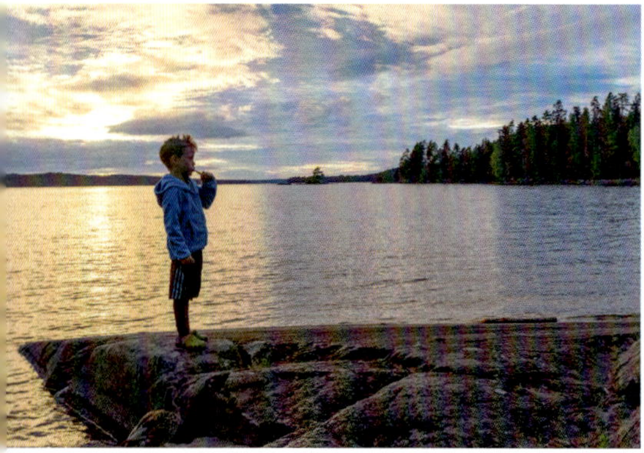

Bei solchen Aussichten wird sogar Zähneputzen zu etwas ganz Besonderem.

an ausreichend Bargeld zu kommen, damit der Schleusenwärter bezahlt werden konnte.

Bengtsfors mit seinen rund 3.000 Einwohnern, zwei großen Supermärkten, Geschäften, Restaurants und Cafés, ist schon fast eine Stadt. Einen Besuch wert sind auch das Freilichtmuseum Gammelgården mit alten Häusern und Möbeln – fast noch beeindruckender aber ist die fantastische Aussicht über die Umgebung – und „Halmens Hus", welches sich dem traditionellen Handwerk des Strohflechtens widmet.

Nach dem Kulturprogramm an Land sind es nur noch wenige Paddelschläge bis zur Insel Greaön im südlichen Seeteil mit einem beliebten und belebten Lagerplatz. Glücklicherweise ist das idyllische Eiland groß genug, sodass man selbst in Anwesenheit größerer Gruppen noch einen ruhigen Zeltplatz finden kann.

Zum Tourenfinale geht es auf dem Lelången nach Norden. Der schmale, langgestreckte See zwischen Billingsfors im Süden und Lennartsfors im Norden ist insgesamt rund vierzig Kilometer lang. Dort könnte man über eine Schleuse in den Foxen übersetzen. Für den Weg zurück nach Vammerviken biegt man aber etwa auf der Hälfte nach Osten auf die kanalartige Verbindung ab, die den Lelång mit dem Västra Silen verbindet. Vor der letzten Schleuse der Tour in Gustavsfors bietet der Schwimmsteg eine gute Gelegenheit, um im nahegelegenen Supermarkt den Proviant aufzufüllen.

„Das Seensystem Dalsland Nordmark gehört mit seiner sauberen Luft, seinem klaren Wasser und seiner üppigen Natur zu den schönsten Kanugebieten Europas", dem einleitenden Satz in der Kanuführer-Broschüre „Kanuland Dalsland-Nordmarken" ist kaum etwas hinzuzufügen. Klar, wer eine einsame Wildnis-Expedition durch unberührte Natur sucht, ist hier falsch und es kann durchaus einmal vorkommen, dass ein Lagerplatz von den uniformen Zelten der Leihcanadier-Paddler bevölkert wird und kaum noch ein Platz für das eigene Zelt zu finden ist. Außerhalb der Hauptsaison (oder abseits der beliebten Hauptrouten) findet man aber schnell wieder seine Ruhe. Die komfortablen Lagerplätze mit Feuerstellen, Unterständen und Trockentoiletten machen die Dalsland-Seen zum idealen Revier für alle Paddelnovizen und Familien auf der Suche nach Freiheit und Natur, ohne dass man sich jemals weit von der Zivilisation mit Restaurants, Supermärkten und Zeltplätzen entfernt und im Notfall auf sich alleine gestellt wäre.

ADRESSEN UND INFOS

Beste Zeit

Wer Ruhe sucht, meidet den Juli. Besonders einsam wird es vor bzw. nach der Schleusensaison (siehe unten).

Hindernisse

Zwei Portagen. Für den Landtransport bei Skåpafors ist ein Bootswagen sehr zu empfehlen. Entlang der vorgestellten Route werden zudem acht kostenpflichtige Schleusen passiert (ca. 4 € pro Boot und Schleusung). Die Schleusen sind von etwa Mitte Juni bis Ende August geöffnet. In den ersten und letzten Wochen des

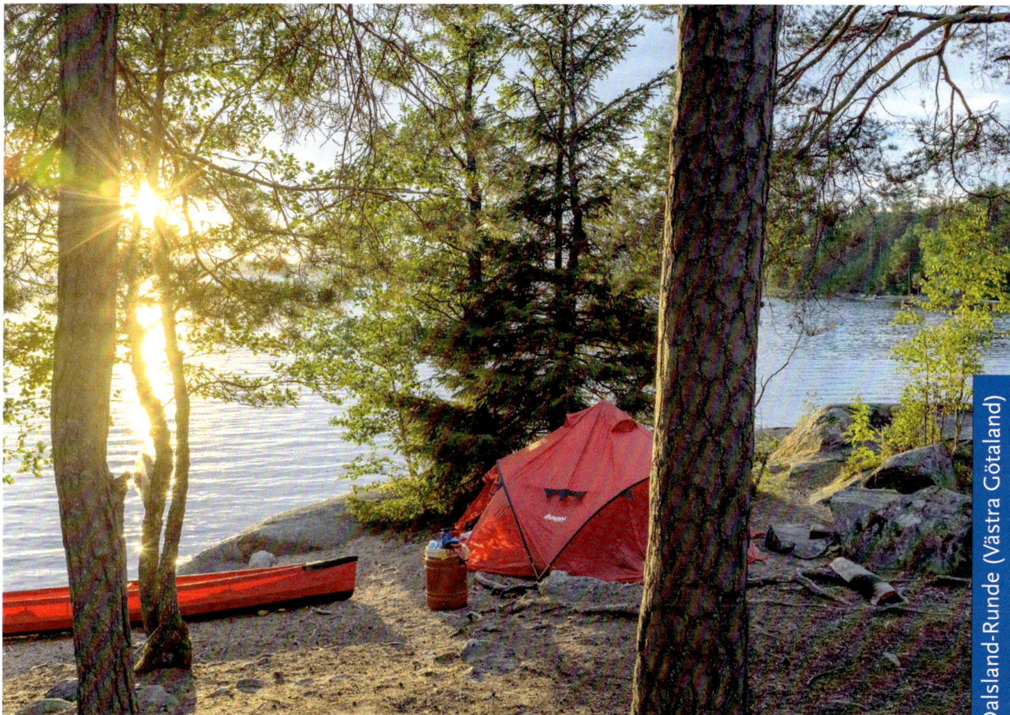

Von den rund 100 einfachen Lagerplätzen ist einer schöner, als der andere.

Sommers bleiben die Schleusen am Sonntag geschlossen. Genaue Betriebszeiten unter: *www.dalslandkanal.se/en/opening-hours*

Unterkunft

- Campingplätze in Vammerviken *www.vammervikenscamping.se*
- Bengtsfors, *www.dalslandscamping.se*
- Gustavsfors, *www.alcatraz.se*

Aufgrund der Beliebtheit des Seensystems und den damit verbundenen hohen Paddlerzahlen ist Wildzelten praktisch nicht möglich und stellenweise verboten. Entlang der gesamten Strecke sollten daher die angelegten Lagerplätze mit Windschutz, Feuerstellen, Trockentoiletten und Müllbehältern genutzt werden. Die erforderliche „Naturvårdskortet" kostet ca. 6 € pro Nacht und Person und kann auf den Campingplätzen, bei den Kanuvermietungen, in den Touristenbüros der Region oder online auf der Dano-Website (siehe unten) erworben werden.

Transfer zurück zum Einstieg

Entfällt, da Rundtour

Bootsverleih

- Gustavsfors Kanotuthyrning Tel. +46 70 2577092, *www.kanotuthyrning.com*
- Gustavsfors Alcatraz, Tel. +46 53 12 03 00 *www.alcatraz.se*
- Silver Lake, Tel. +46 70 6655222 *www.silverlake.se*
- Dalsland Camping & Kanotcentral Tel. +46 531 10060, *www.dalslandcamping.se*
- Bengstfors Bootshaus, Tel. +46 531 12540 *https://de.bootshaus.se/*

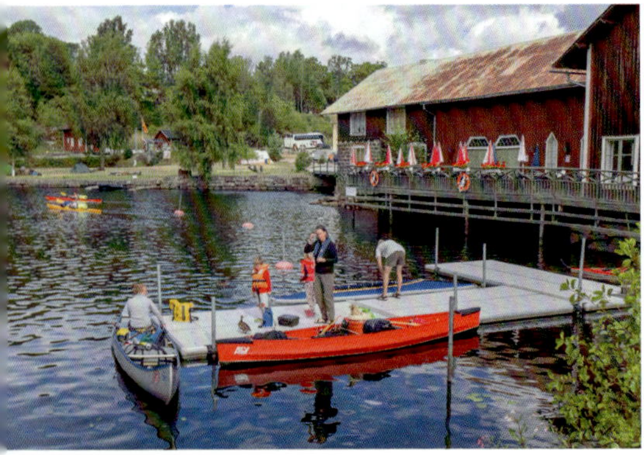

Anleger in Gustavsfors

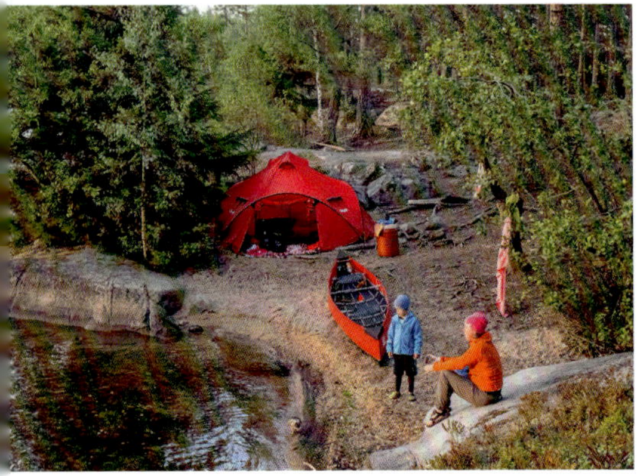

Die Naturschutzkarte für die Nutzung der Lagerplätze kann online oder vor Ort bei den Kanuverleihern erworben werden.

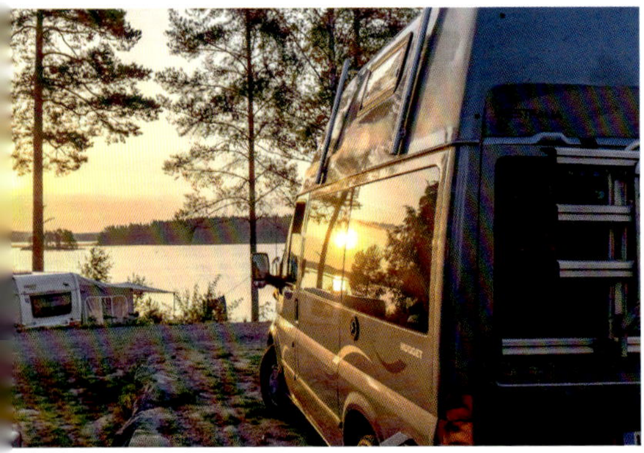

Vammervikens Camping

Einkaufsmöglichkeiten/Proviant

Supermärkte in Bengtsfors und Gustavfors, Kiosk in Skåpafors.

Sehenswertes

Gutshof Baldernäs am Laxsjön, Freilichtmuseum Gammelgården in Bengtsfors, Aquädukt des Dalsland-Kanals in Håverud, Elchpark Dalslands Moose Ranch in Ed (*www.dalslandsmooseranch.se*).

Alternativen

Neben schönen Wander- und Radwegen bietet die Region eine nicht ganz alltägliche Attraktion: Die stillgelegte Bahnstrecke zwischen Årjäng und Bengtsfors kann auf einer Draisine – einer Art Dreirad auf Schienen – erkundet werden, *www.dvvj.se*.

Auskunft

www.dalslandnordmarken.se/de/

Buchtipps/Karten

- Lars Schneider & Manuel Arnu: Schweden: Dalsland-Kanal, Conrad Stein Verlag
- Das Heft „Kanuland Dalsland-Nordmarken“ liefert neben einem Kartenteil im Maßstab 1:100.00, in dem alle Lagerplätze und Schleusen verzeichnet sind, auch Hintergrundinformationen zur Planung von Kanutouren und zum Verhalten in der Natur. Es ist auch in einer deutschsprachigen Ausgabe erhältlich, und kann bei den Kanuverleihern, Campingplätzen sowie den Touristinformationen vor Ort erworben oder vor dem Urlaub über die Dano-Website (siehe Auskunft) bestellt werden.

Tour 18: Glaskogen (Värmland)

Das 28.000 Hektar große, nur spärlich besiedelte Glaskogen-Naturreservat in Värmland lässt das Herz aller Naturliebhaber höher schlagen. Die beschriebenen Routen auf den Seen Övre Gla und Stora Gla führen den Paddler durch eine wildnishafte Landschaft, vorbei an felsigen Ufern mit dichten Kiefernwäldern, und im südöstlichen Teil des Stora Gla durch ein herrliches Insellabyrinth. Die vorgestellte Tour lässt sich bequem in drei Tagen bewältigen. Zur Einstimmung zunächst eine Tagestour auf dem Övre Gla, und nach der Übernachtung auf dem naturnahen Campingplatz mitten im Wald in Lenungshammar startet man dann zur zweitägigen Rundfahrt mit einer urigen Windschutz-Übernachtung auf dem Stora Gla.

Etappen

1. Tag: Umrundung des Övre Gla, ca. 20 km
2. Tag: Einstieg Trångstadviken/ Stora Gla – Dammarna, ca. 15 km
3. Tag: Dammarna – Trångstadviken, ca. 15 km

Gesamtstrecke: ca. 50 km

Schon die Anfahrt nach Lenungshammar ist ein Abenteuer. Zumindest, wenn man aus südlicher Richtung kommt. Die letzten dreißig Kilometer hügelige Schotterpiste haben es in sich, und stellen Auto und Fahrer mit üblen Schlaglöchern, zum Teil mit steilen Hügeln und losem Belag, auf eine harte Probe. Für die deutlich angenehmere Anreisevariante nimmt man besser die Straße 172 zwischen Arjäng und Arvika, und biegt dann in südliche Richtung nach Lenungshammar ab.

Das Örtchen mitten im Nirgendwo hat nicht einmal zehn feste Einwohner, aber ein tollen Natur-Campingplatz, der genau zwischen den Seen Övre Gla und Stora Gla liegt und somit ein wunderbares Basislager abgibt.

Wer ein Faible fürs Rustikale hat (in den weiter abgelegenen Ecken nur Trockentoiletten und Wasser aus der Pumpe!) und Parzellen und Gartenzwerge verabscheut, ist hier genau richtig. Die Stellflächen für Wohnmobile und

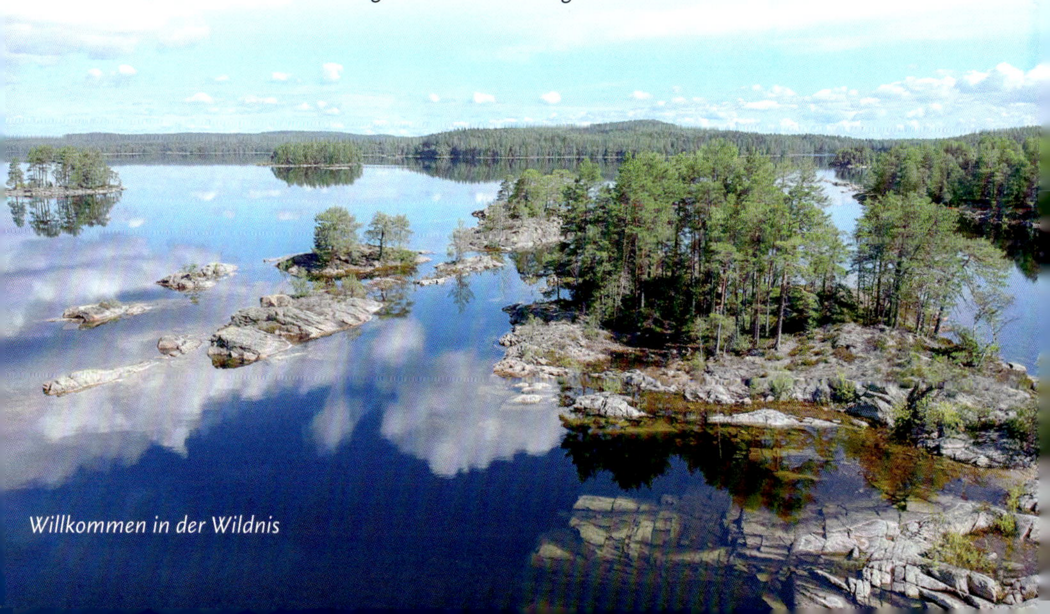

Willkommen in der Wildnis

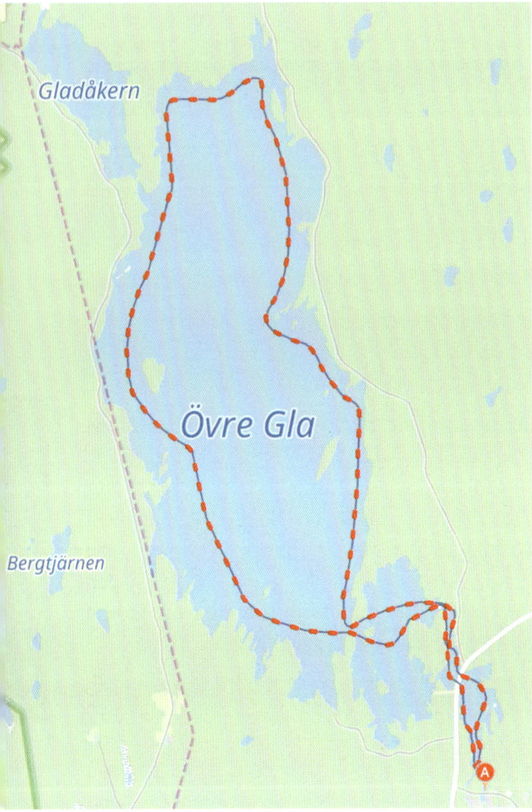

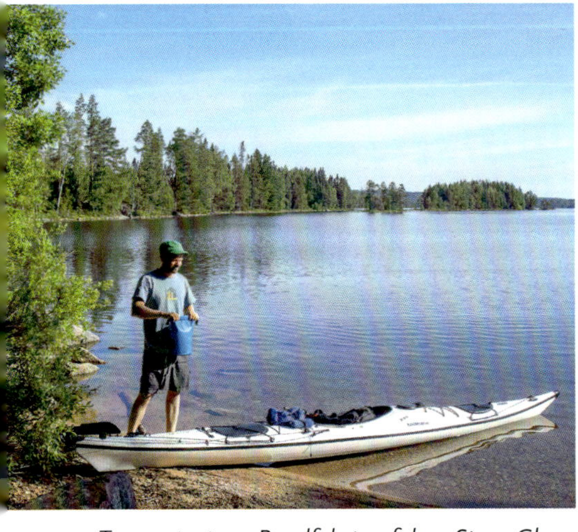

Tourenstart zur Rundfahrt auf dem Stora Gla.

Wohnwagen liegen weit im Wald verstreut und es gibt eine ganze Reihe von Plätzen direkt am See. Zelte dagegen stehen zentral am Teich neben dem Rezeptionsgebäude direkt gegenüber vom Kanuverleih und dem Servicegebäude mit Duschen, fließendem Wasser und Kochplatten.

Umrundung des Övre Gla (ca. 20 Kilometer)

Für die Umrundung des Övre Gla wird das Boot hinter dem bereits erwähnten Wasch- und Toilettenhäuschen eingesetzt. Zunächst paddelt man in nordwestliche Richtung, passiert nach gut einem Kilometer eine Straßenbrücke und behält auch anschließend den Kurs bei. Am Nordufer der folgenden Insel Finndammsudden muss die Spitze des Kanus dann in Richtung Südwesten ausgerichtet werden, um die zwar schmale aber gut erkennbare Durchfahrt zwischen den beiden Landzungen zu finden. Nachdem die Hütte (Platz für vier Personen) auf der Landnase Södra Sundsudden links liegen gelassen wurde, öffnet sich die Wasserfläche des Övre Gla.

Beschrieben wird im Folgenden eine Umrundung entgegen dem Uhrzeigersinn, das Ufer liegt also immer zur rechten Seite. Zunächst wird nach Norden gepaddelt, wo am Ufer hinter der Insel mit der braunen Hütte in der Ferne ein gelber Fleck ins Auge springt. Hier lädt die Badestelle Myrhöjden mit einem kleinen Sandstrand zu einer Pause ein. Anschließend kann entweder noch die nähere Erkundung des äußersten nördlichen Seeteils in Angriff genommen werden, oder aber man wechselt von der Badestelle direkt nach Westen an das gegenüberliegende Seeufer. Am Ende der ersten größeren Bucht versteckt sich die Übernachtungshütte Gladåker mit Platz für vier Personen. Anschließend paddelt man weiter am Ufer entlang nach Süden bis zur bereits bekannten Durchfahrt zwischen den beiden Landzungen. Dann geht es über bereits bekanntes Terrain zurück zur Einsatzstelle.

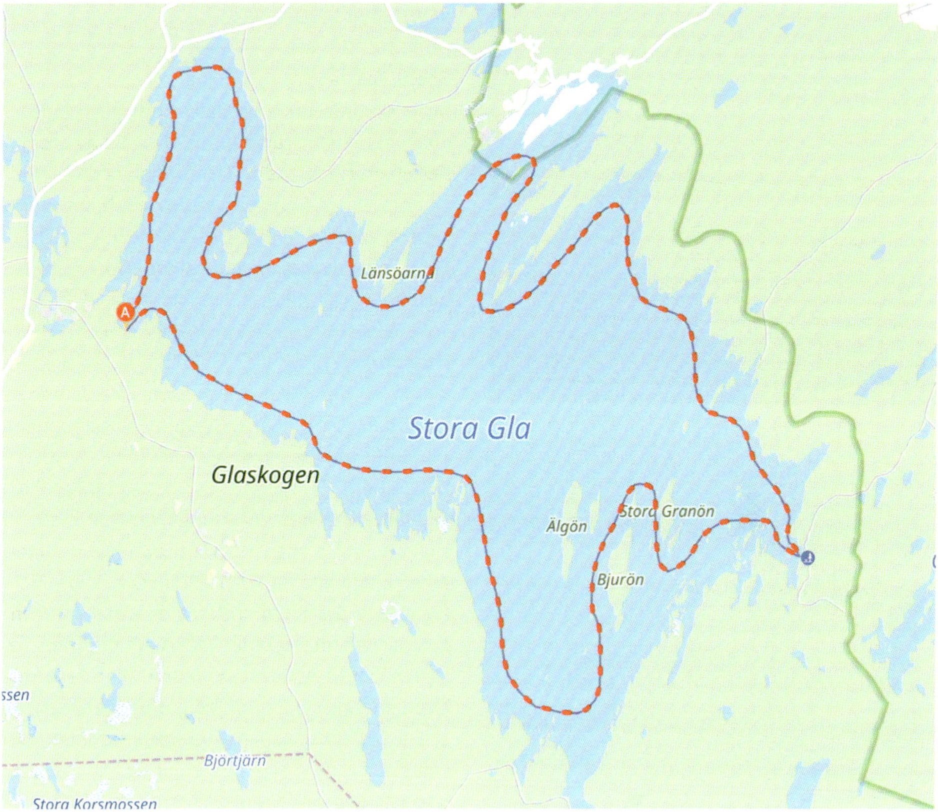

Umrundung des Stora Gla (30 Kilometer)

Die Einstiegsstelle am Stora Gla liegt gut einen Kilometer vom Rezeptionsgebäude des Campingplatzes entfernt. Mit einem guten Bootswagen ist das aber kein großes Problem: Es geht auf der Teerstraße vom Campingplatz nach Südosten in Richtung Sillerud. An der Kreuzung nach etwa 500 Meter (rechts geht es zum Café Carl) führt ein schmaler Waldweg nach links zu einem Waldparkplatz sowie zu einem Zeltplatz, von dem es noch einmal knapp 150 Meter über einen holprigen Waldpfad bis zur Einsatzstelle am Seeufer sind.

Auch diese Tour erfolgt entgegen dem Uhrzeigersinn. Gestartet wird nach dem Einbooten in südöstliche Richtung, und nach etwa drei Kilometern ist ein erster Unterstand erreicht. Danach geht es zwischen Festlandsufer und einigen kleinen Inseln hindurch in Richtung Osten. Nach weiteren drei Kilometern öffnet sich vor der Bootsspitze der südliche Zipfel des Stora Gla mit einem verwinkelten Labyrinth aus schroffen Felsinseln. Es ist der schönste Abschnitt der Tour, was sich auch in der hohen Dichte der Übernachtungsmöglichkeiten widerspiegelt. Zur Auswahl stehen gleich mehrere Unterstände sowie die große Hütte Dammarna mit zehn Schlafplätzen in insgesamt drei Räumen. Einen Ofen gibt es leider nicht, dafür aber Strom. Am nächsten Tag sind es dann noch etwa fünfzehn Kilometer entlang des Nordufers zurück zum Startpunkt.

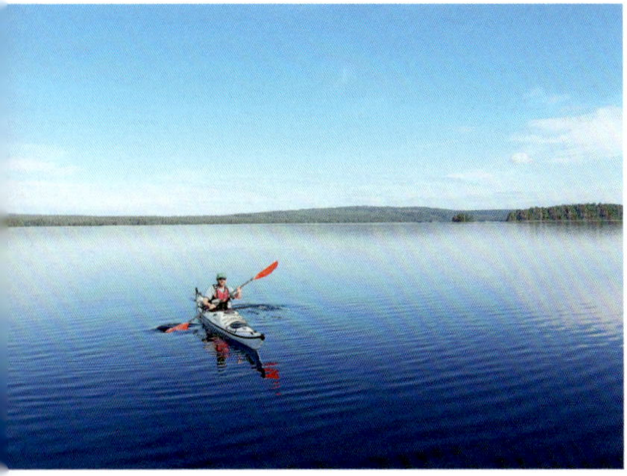

Traumbedingungen im Traumrevier

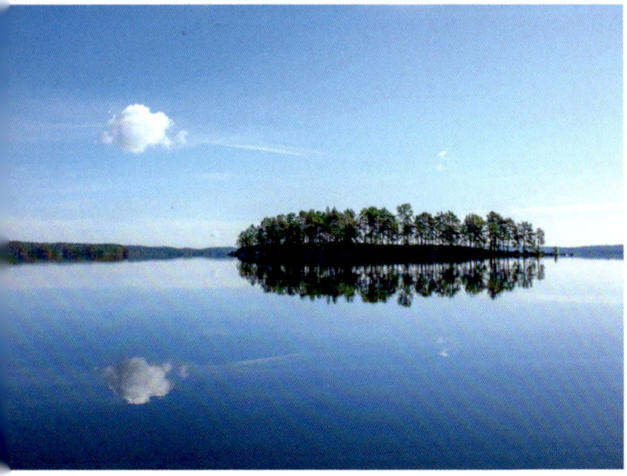

Klare Seen und Natur pur - Paddlerherz, was willst Du mehr?

ERWEITERUNGSMÖGLICHKEIT

Die Seen Övre Gla und Stora Gla können in eine 70 Kilometer lange Rundtour integriert werden (Arvika – Glasfjorden – Glaåkern – Stora Gla – Övre Gla – Grännsjön – Örsjön – Arvika).

Der Wermutstropfen dieser Tour: Die Arme werden nicht nur vom Paddeln schlapp, auch die Beine werden trainiert, denn insgesamt sind neun Portagen von bis zu vier Kilometern Länge zu bewältigen.

ADRESSEN UND INFOS

Beste Zeit

Im (Hoch-)Sommer ist das Glaskogen-Naturreservat beinahe überlaufen, deshalb ist eine Reservierung auf dem Campingplatz dringend zu empfehlen. Ruhiger ist es im Frühjahr und Herbst, und wenn sich die Bäume in ein prächtiges Farbgewand kleiden, ist eine Tour ganz besonders reizvoll.

Hindernisse

Keine. Für den Einstieg am Stora Gla ca. 500 m Landtransport auf einem guten Feldweg.

Unterkunft

Der Campingplatz in Lenungshammar bietet sich als „Basislager" für die beschriebene Tour an (Tel. +46 570 44070). Wildzelten ist im Naturreservat verboten. Entlang der Strecke sind zahlreiche Unterstände, Zeltplätze und drei Übernachtungshütten zu finden. Um diese Serviceeinrichtungen zu nutzen, müssen Sie die „Glaskogskortet" erwerben. Die Besucherkarte kostet ca. 6,50 € pro Person für 24 Stunden und ist auf dem Campingplatz in Lenungshammar sowie in der Touristinformation in Arvika erhältlich.

Transfer zurück zum Einstieg

Entfällt, da Rundtour

Bootsverleih

Großer Kanuverleih am Campingplatz in Lenungshammar

Einkaufsmöglichkeiten/Proviant

Café Carl in Lenungshammar und kleiner Kiosk am Campingplatz. Nächster Supermarkt in Glava (ca. 15 km östlich von Lenungshammar).

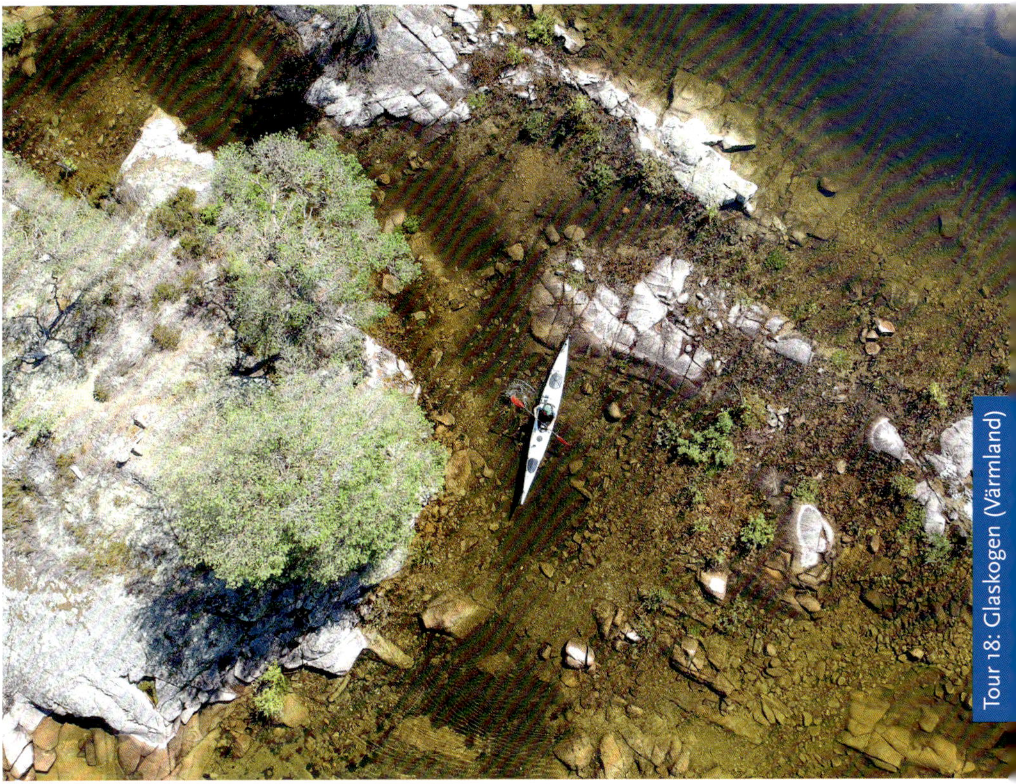

Faszinierende Inselwelt im südöstlichen Teil des Stora Gla.

Sehenswertes

Fordonsmuseum (Fahrzeugmuseum für Autos und Motorräder), *www.arvikafordon.de* und Freilichtmuseum Sågudden, *www.sagudden.se* in Arvika, Klässbols Linneväveri (Leinenweberei) in Arvika, *www.klassbols.se*.

Alternativen

Das idyllische Glaskogen-Naturreservat ist natürlich nicht nur für Wassersportler interessant, sondern bietet auch ideale Bedingungen für Wanderfreunde. Zentraler Punkt des insgesamt 300 km langen Wanderwegenetzes und damit ein guter Ausgangspunkt für Wanderungen ist der Campingplatz in Lenungshammar. Hier können auch Mountainbikes ausgeliehen werden, um die Forstwege und Schotterstraßen auf dem Sattel zu erkunden.

Auskunft

- *www.glaskogen.se*
- Arvika Turistbyrå, Storgatan 22
  Tel. +46 570 81790, *www.visitarvika.se*

Buchtipps/Karten

In der dreisprachigen Karte „Glaskogens Naturreservat“ im Maßstab 1:50.000 sind Wanderwege, Kanuroute und Übernachtungsplätze eingezeichnet. Sie ist u. a. am Campingplatz erhältlich.

Tour 19: Svartälven (Värmland)

Der Svartälven, der „Schwarze Fluss“, macht seinem Namen alle Ehre: Er fließt mit dunklem, aber absolut sauberem Wasser durch endloses, dichtes Waldgebiet. Verantwortlich für die Färbung ist das erzhaltige Gestein des Untergrunds. Bis Älvshyttan paddelt man über eine Reihe von schmalen Stauseen, anschließend sucht sich der Svartälven, nun ganz Fluss, seinen Weg nach Hällefors. Die ruhige Kanuwanderung durch eine Bilderbuchlandschaft in Verbindung mit dem reichhaltigen Angebot an urigen Lagerplätzen, an denen das Zelt meist direkt am Wasser aufgeschlagen werden kann, machen diese Strecke auch für absolute Anfänger oder Familien mit Kindern zu einer guten Wahl.

Etappen

1. Tag: Tyfors – Unterstand Vraket, ca. 27 km
2. Tag: Unterstand Vraket – Hällefors, ca. 25 km

Gesamtstrecke: ca. 52 km

Bergslagen ist die Bezeichnung für das ehemalige mittelschwedische Bergbaugebiet zwischen Falun und Örebro. Hier wurde schon im 12. Jahrhundert mit dem Erzabbau begonnen, und über Jahrhunderte war Schweden der weltweit bedeutendste Eisen- und Kupferproduzent. Heute lockt diese Region mit ruhiger Natur und vielfältiger Tierwelt zunehmend Aktivtouristen an. In Tyfors, an der Grenze zwischen Dalarna und Värmland, beginnt eine Kanutour der Extraklasse.

Die Schotterpiste zur Einsatzstelle zweigt etwa einen Kilometer nördlich der Straßenbrücke über den Svartälven ab, und ist nur durch ein unscheinbares Portage-Schild gekennzeichnet. Nach etwa 500 Meter erreicht man dann einen großen Platz mit Feuerstelle direkt am Flussufer, auf dem man in aller Ruhe packen, die Boote startklar machen und bei Bedarf vor dem Ablegen auch noch ohne Probleme eine Nacht im Zelt verbringen kann.

Die ersten Paddelschläge führen unter der von

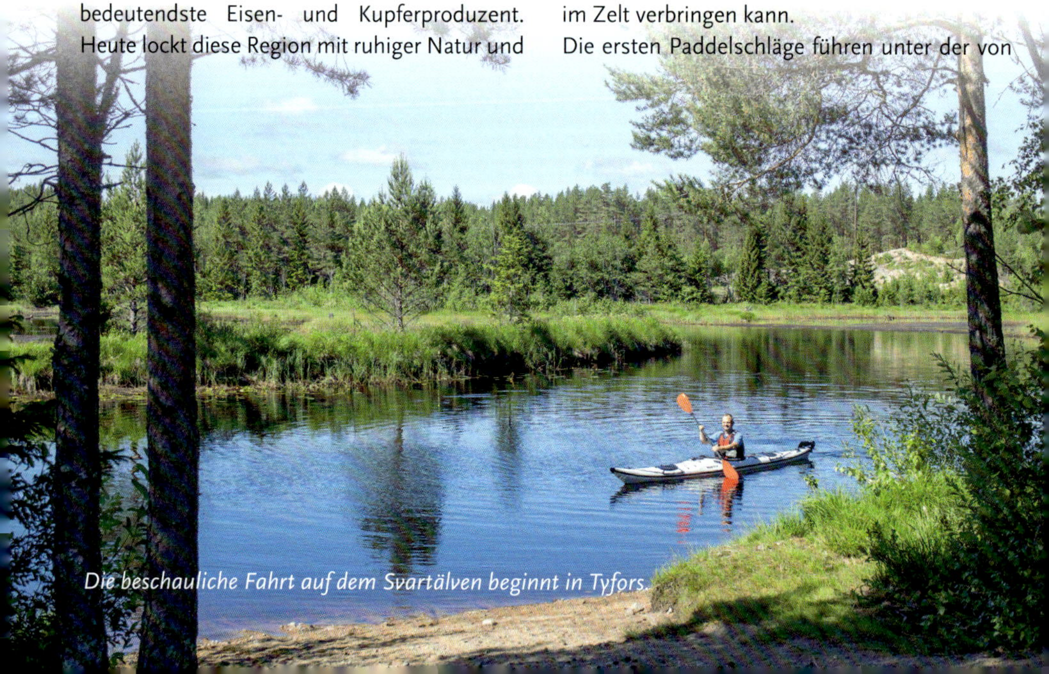

Die beschauliche Fahrt auf dem Svartälven beginnt in Tyfors.

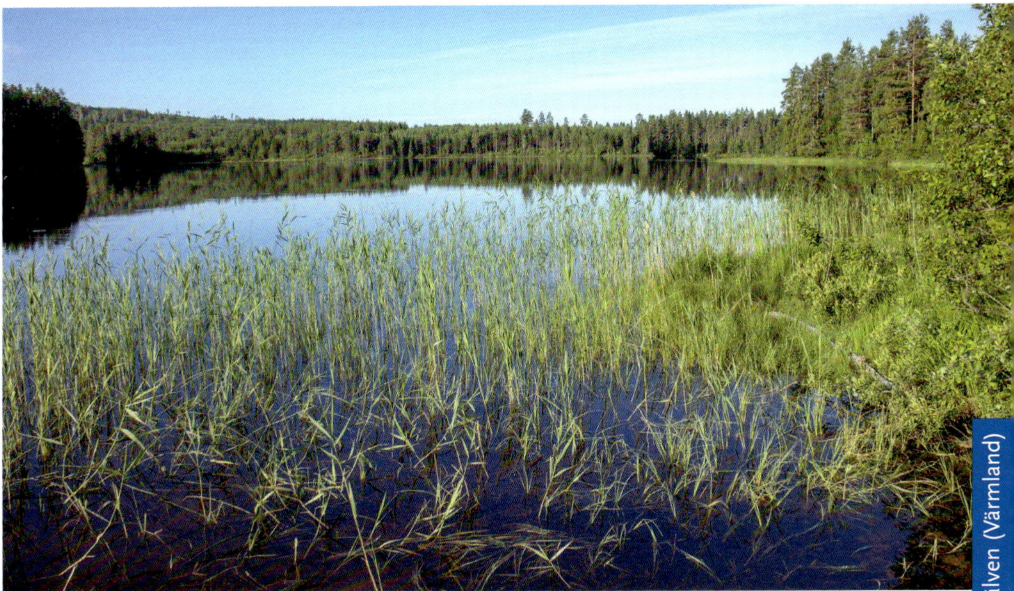

Neben ruhigen Flussabschnitten gibt es auch idyllische Seen zu entdecken.

der Anfahrt bekannten Straßenbrücke hindurch und in der Folge über eine Reihe langgestreckter Stauseen. Knapp einen Kilometer hinter der Brücke hält man sich bei der, mit einem Ferienhaus bebauten, Insel rechts und erreicht den einsamen, schmalen Norra Laggen. Die Ufer sind mit dichtem Nadelwald bestanden und nur hier und da mischen sich ein paar Birken unter die Kiefern und Fichten. Leider entdeckt das Auge aber auch die eine oder andere Kahlschlagfläche.

Die erste Portage bei Gustavsström ist nicht der Rede wert, denn das Boot muss am Damm nur einmal kurz über die Straße getragen werden. Auch die beiden nun in knappen Abständen folgenden Dämme Södra Laggen und Norra Älvsjön sind einfach und kurz (< 200 Meter), diese werden jeweils am rechten Ufer umtragen.

Hinter der nächsten Straßenbrücke liegt am linken Ufer der Lagerplatz Älvsjön mit einem Unterstand und guten Möglichkeiten zum Zeltaufschlagen. Der schmale See wird von der Insel Oxen geteilt und sowohl der Arm links oder rechts um die Insel herum ist fahrbar. Nach rund eineinhalb Kilometer treffen beide Seitenarme auf Höhe des roten Hofes am linken Ufer wieder zusammen.

Im südöstlichen Teil des Sees liegt eine Badestelle mit Steg. Der Damm in Älvsjöhyttan muss umtragen werden, die Portage folgt vom Ausstieg entlang der Schotterpiste. Die alten Gleise erinnern daran, dass die in der Region produzierten Eisenwaren einst mit Pferdegespannen nach Stockholm transportiert wurden. Bei dem eingezäunten Haus mit der roten Grillhütte führt dann ein Weg nach rechts hinab zum Einstieg mit einem Unterstand, der allerdings nur zum Rasten, jedoch nicht zum Übernachten geeignet ist, denn die Flächen zum Zelten sind begrenzt.

Es geht ein Stückchen an der vom Kraftwerk kommenden Hochspannungsleitung entlang. Der Svartälven fließt nun als breiter Fluss träge durch eine einsame Landschaft, und weiß mit einem vielfältigen Potpourri aus Buchten,

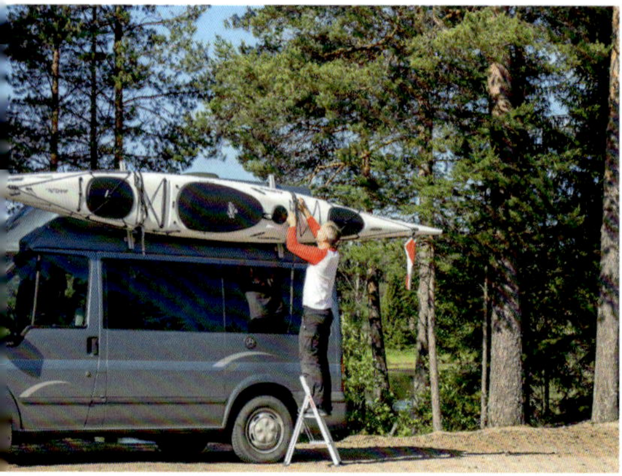

Tourenstartpunkt in Tyfors

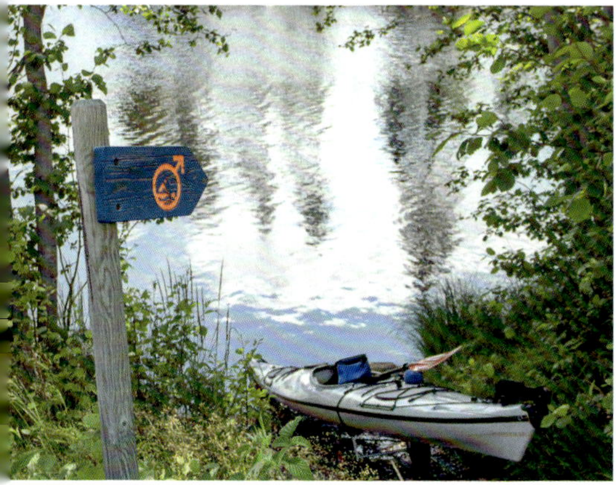

Die Umtragestrecken sind z.T. beschildert.

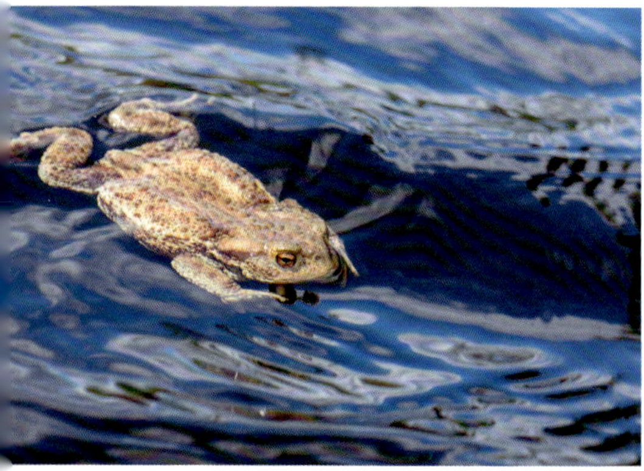

Die Region hat Naturfreunden einiges zu bieten.

Seitenarmen und Inseln zu begeistern. Auch vielen Gänsen und Enten gefällt es hier. Nach rund sieben Kilometer lädt der idyllische Lagerplatz Vraket mit seinem kleinen Sandstrand am linken Ufer dazu ein, sich nach einem heißen Sommertag mit einem Sprung in das frische Flusswasser abzukühlen, und den Abend des ersten Paddeltages in stimmungsvoller Atmosphäre ausklingen zu lassen.

Der Svartälven sucht sich nun seinen Weg in Richtung Süden in unzählige Kehren und Biegungen, und nicht immer ist auf Anhieb klar, wo genau es weitergeht. Mit ein bisschen Suchen bereitet die Wegfindung aber keinerlei Probleme. Vorbei an einem Gehöft am linken Ufer ist der kleine See Bodagen erreicht, der im Süden nahtlos in den Vintersjön übergeht. Gleich zu Beginn liegt in einer Bucht am Westufer ein weiterer Lagerplatz mit Unterstand und weiträumiger Uferwiese mit vielfältigen Möglichkeiten zum Zeltaufbau. Am Südufer des Sees erhebt sich der über 200 Meter hohe Höhenzug Vintersjöhöjden und zwingt den Svartälven zum Ausweichen nach Osten.

Die Ufer rücken wieder dichter zusammen, und vorbei am Lagerplatz Risforsberget wird die Mündung in den Stausee Flaxen erreicht. Je nach Wasserstand ragen hier und da Felsen aus dem Wasser (oder bis knapp darunter), sodass man die Fahrtroute mit Bedacht wählen sollte.

Am Südufer versperrt der Örlingsdammen die Weiterfahrt. In der kleinen Bucht links davon kann man gut anlanden und aussteigen (Trockentoilette, Picknicktisch). Die Portage verläuft dann auf dem Schotterweg nach links bis zu den Gebäuden eines Bauernhofs, und hinter dem mit Gartenzwergen ausstaffierten ehemaligen Gewächshaus geht es rechts hinunter zum Flussufer.

Die Seeufer des Örlingen sind weniger einsam als bisher. An den Fahnenmasten vor den Ferienhäusern flattern die blau-gelben Schwedenwimpel lustig im Wind und an den Stegen davor

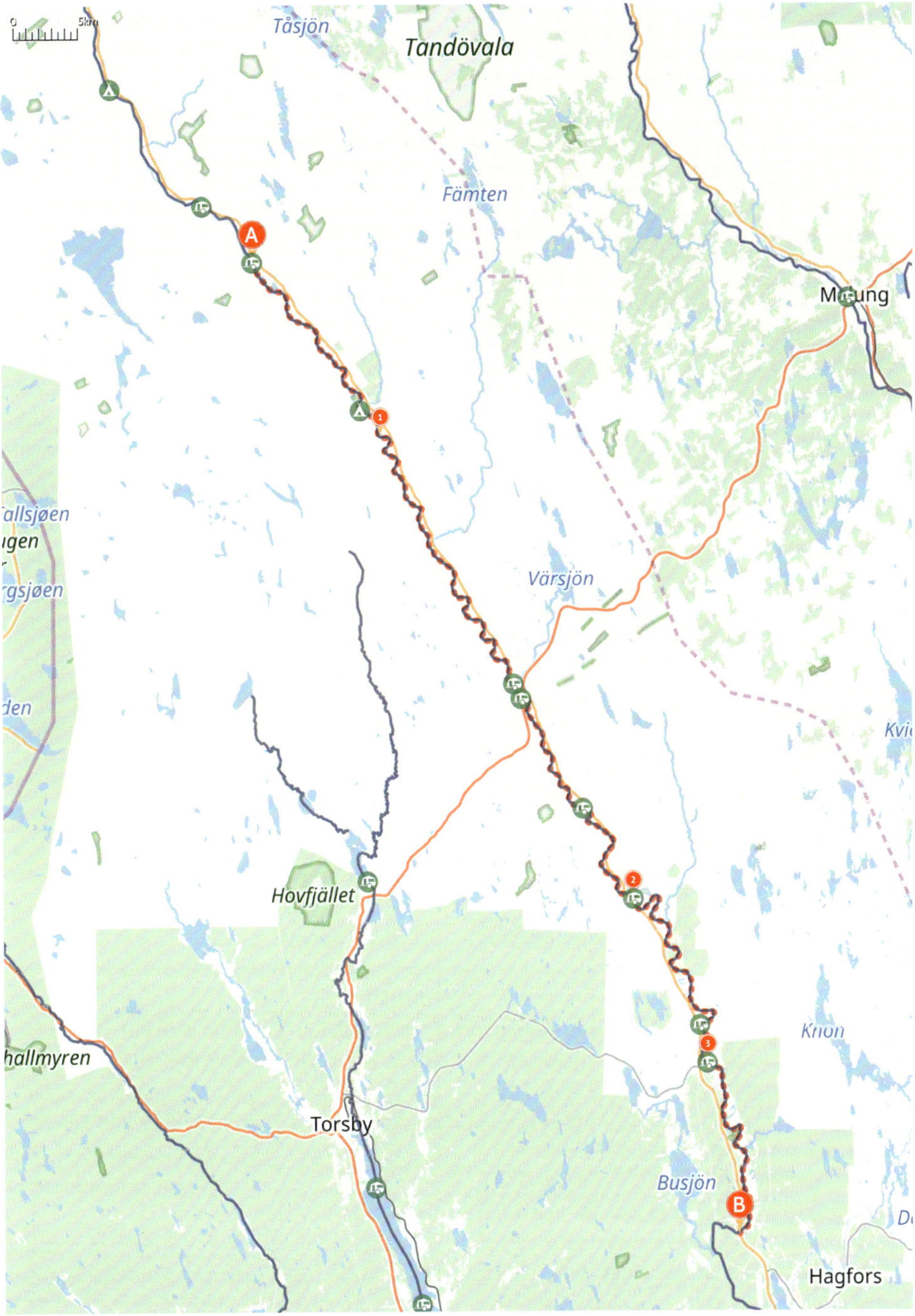
0
Tåsjön
Tandövala
Fämten
A
1
Värsjön
Hovfjället
2
Knon
3
Torsby
Busjön
B
Hagfors

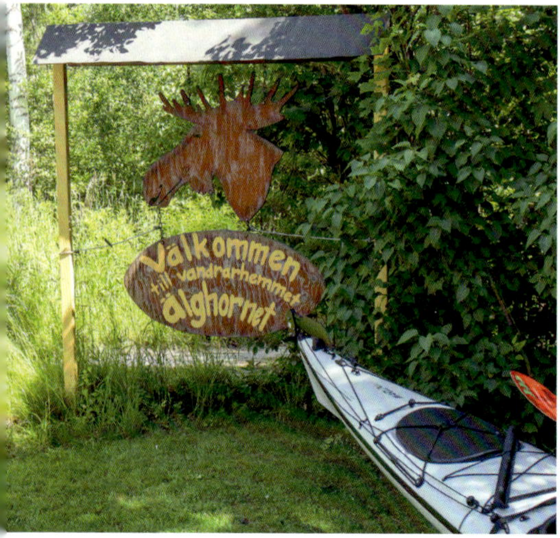

Hostel in Hällefors

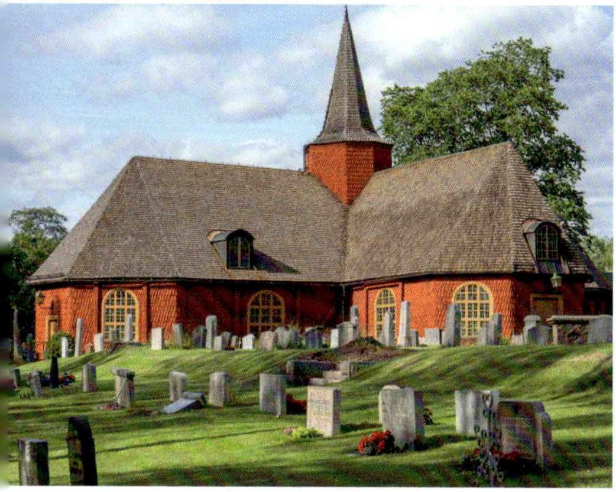

Holzkirche in Hällefors

sind meist Motorboote vertäut. Der Örlingen verjüngt sich in südöstliche Richtung und nachdem man die langgestreckte Insel Långholmen hinter sich gelassen hat, wartet am Damm in Silvergruvan die letzte Portage der Tour.

Angelegt wird wiederum in der Bucht am linken Ufer. Von hier schiebt man den Bootswagen hoch zur Straße, dort nach rechts und anschließend auf der Straße weiter bis zum Haus mit der Touristen-Infotafel. Dahinter führt dann ein Pfad nach rechts hinab zum Schwimmsteg am Ufer. Es folgen rund fünf erstaunlich einsame Flusskilometer, bis sich der Svartälven nach Passieren des Kanurastplatz Älvlägge am rechten Ufer auf Seebreite ausdehnt. Durch eine idyllische Inselgruppe geht es hinaus auf einen ruhigen Stausee, an dessen südlichen Ende ein Schornstein das Etappenende in Hällefors markiert. Am Ende künden zahlreiche verfallene Industrieruinen und Gebäude an oder zum Teil im Fluss von der hier einst betrieben Erz- und Holzverschiffung, und nachdem die Eisenbahnbrücke passiert ist, befindet sich der Ausstieg am Tourenende am linken Ufer vor dem Wehr. Mit dem Bootswagen sind es dann nach rechts über die Brücke nur etwa 250 Meter bis zum Vandrarhem.

ADRESSEN UND INFOS

Beste Zeit

Die Strecke ist in der Hochsaison recht stark frequentiert. Um „ungefilterte“ Outdoor-Romantik zu erleben, kommt man besser im Frühjahr oder Herbst.

Hindernisse

Insgesamt 6 Portagen zwischen 20 m und 300 m Länge. Ein Bootswagen ist sehr hilfreich. Die Ein- und Ausstiege sind mit kleinen Schildern markiert.

Unterkunft

Entlang der Tour gibt es mehre gut ausgestattete Lagerplätze mit Feuerstellen, Unterstand und Trockentoiletten. Hostel und Zeltmöglichkeit am Ende der Tour beim Hällefors Kanu & Kajakcenter, *www.halleforsvandrarhem.com*.

Transfer zurück zum Einstieg

Mit dem Bus nicht möglich. Entweder mit dem Kanuverleiher den Rücktransport organisieren oder dort ein Fahrrad mieten.

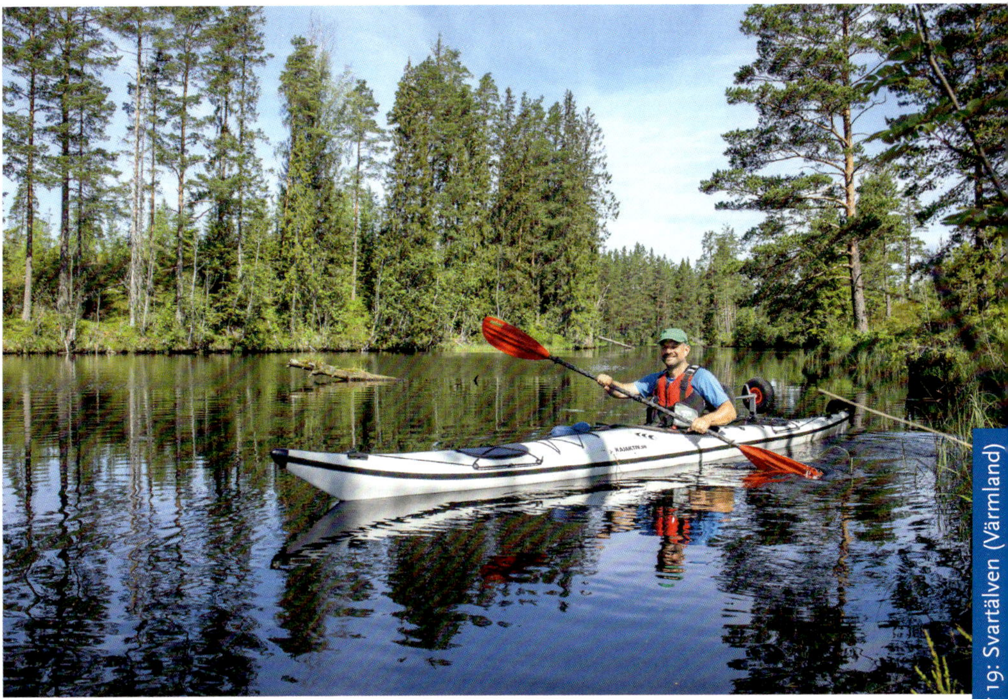

Dichter Nadelwald säumt die Ufer des Svartälven.

Bootsverleih

- Hällefors Vandrarhem & Kanotcenter
  Tel. +46 73 8125601
  www.halleforsvandrarhem.com
- BLS Valåsens Kanot, Tel. +46 70 5632126
  www.valasenkanot.se

Einkaufsmöglichkeiten/Proviant

Keine Einkaufsmöglichkeiten in direkter Wassernähe.

Sehenswertes

Reste einer alten Silbermiene in Silvergruvan, Kirche (17. Jh.) und Heimatmuseum in Hällefors. Grythyttan (pittoreskes Bergbaudorf mit historischen Holzhäusern und Holzkirche aus dem 17. Jh. südlich von Hällefors).

Alternativen

Weiterfahrt auf dem Unterlauf des Svartälven bis Karlskoga möglich. Weitere Kanurouten in der Region sind Nittälven, Svartån, Arbogaån, Rastälven und Järleån. Wandern auf dem rund 60 km langen Silverleden rund um Hällefors. Weitwanderweg Bergslagsleden (insgesamt 280 km), *www.bergslagsleden.se*.

Auskunft

Destination Bergslagen, Tel. +46 581 12050
www.bergslagen.se

Buchtipps/Karten

Topografische Karte Sverigeserien Topo50, Blatt 65: Fredriksberg, 1:50.000.
Auf der Website der Touristinformation gibt es eine englischsprachige Übersichtsskizze zur Kanuroute als PDF zum Download.

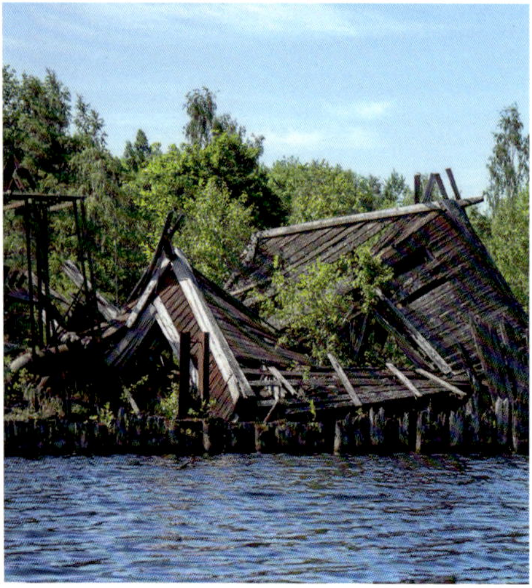

Hüttenruinen am Ufer des Svartälven...

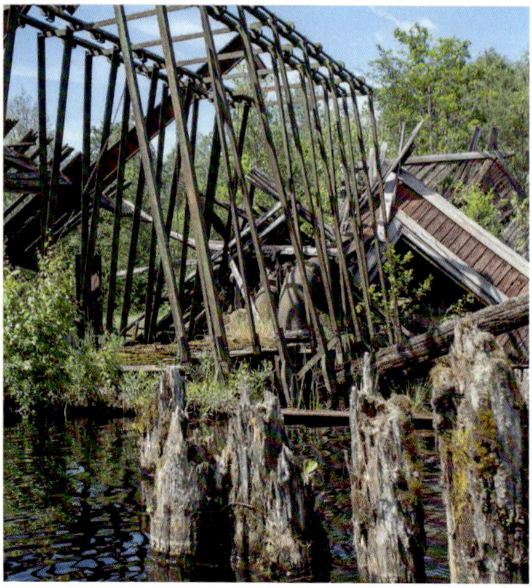

... kurz vor dem Tourenende in Hällefors.

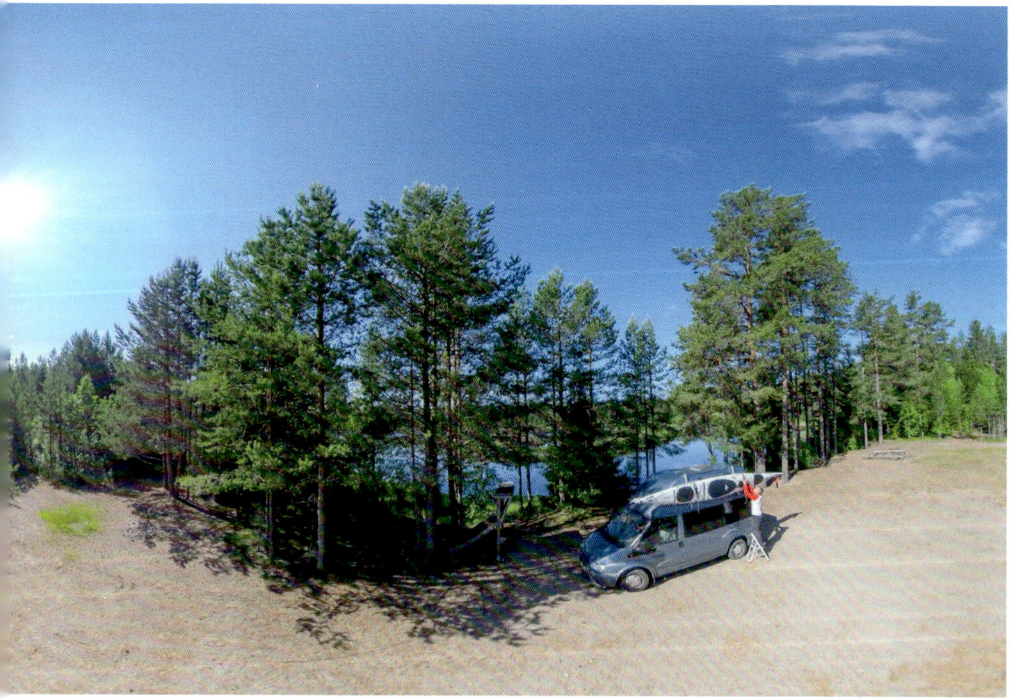

Wer möchte kann bereits am Startpunkt in Tyfors das erste Lager aufschlagen.

Tour 19: Klarälven (Värmland)

Der Klarälven nimmt seinen Ursprung im norwegischen Härjedalen im Gebiet rund um den Femund-See, und dessen Oberlauf ist Wildwasserkanuten unter seiner norwegischen Bezeichnung „Trysilelva" ein Begriff. Mit dem Übertreten der Landesgrenze ändert der Fluss nicht nur seinen Namen, sondern auch seinen Charakter. Nach einer kurzen Wildwasserpassage wird er zum unverbauten Kanuwanderfluss für die ganze Familie, da er sich breit und mit komfortabler Strömung in weiten Mäanderbögen durch eine einsame Hügel- und Berglandschaft schlängelt. Das Wildmark-Feeling wird zwar durch die Straße direkt am Ufer etwas geschmälert, da diese aber nicht übermäßig stark befahren ist, hält sich die Beeinträchtigung glücklicherweise in Grenzen, und man darf sich stattdessen über perfekte Bedingungen zum Nachholen des Autos im Anschluss an die Paddeltour freuen.

Etappen

1. Tag: Sysslebäck – Insel Baggerud (Wildzelten), ca. 18 km
2. Tag: Insel Baggerud – Stöllet, 27 km
3. Tag: Stöllet – Fastnäs, ca. 22 km
4. Tag: Fastnäs – Ekshärad, ca. 21 km

Gesamtstrecke: ca. 88 km

Für den Start der Tour bietet sich das freundliche Sysslebäcks Fiskecamping & Stugby an, wo gegen eine geringe Gebühr auch das Auto für die Dauer der Tour sicher zurückgelassen werden kann. Wer hier nicht übernachten möchte, findet einen geeigneten alternativen Startpunkt etwa drei Kilometer flussaufwärts am gegenüberliegenden Ufer der Straßenbrücke über den Klarälven, etwa auf Höhe der Ortsmitte von Sysslebäck. Das kleine Dorf bietet eine Pizzeria und einen Supermarkt, um den Proviant für die Tour aufzustocken. Naschkatzen sei der Besuch der kleinen Schokoladenmanufaktur (*www.naturpralinen.se*) unweit des Campingplatzes empfohlen, die in Värmland gesammelte Beeren und feinste französische Schokolade zu hochkalorigen

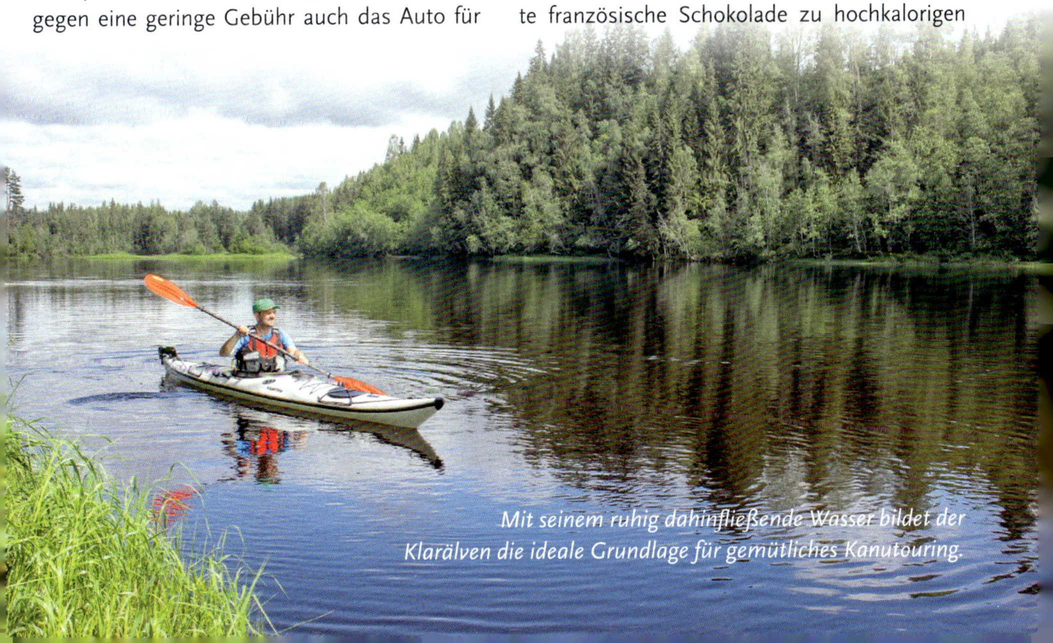

Mit seinem ruhig dahinfließende Wasser bildet der Klarälven die ideale Grundlage für gemütliches Kanutouring.

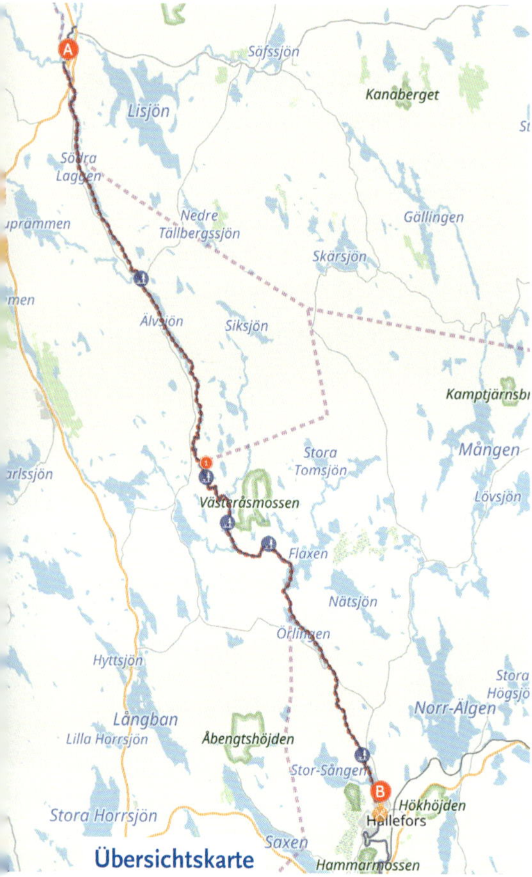

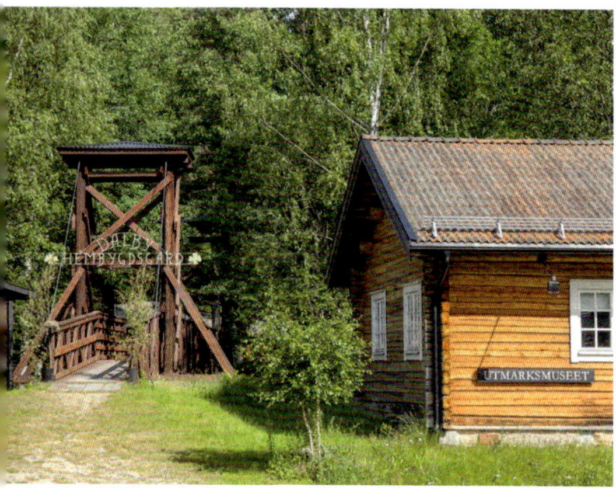

Utmarkmuseum (Wildnis-Museum) in Ransby

Köstlichkeiten verarbeitet. Im Sommer gibt es zudem ein kleines Café, in dem Eis aus hauseigener Produktion serviert wird.

Nachdem die auf den ersten Metern noch recht kräftige Strömung die Boote rasch an einer kleinen Insel vorbeigetragen hat, wird der Flusslauf breiter und die Fließgeschwindigkeit nimmt merklich ab. Sie bleibt aber spürbar und greift dem Paddler komfortabel unter die Arme. Hin und wieder zieht am Ufer ein Häuschen vorbei und schnell sind die ersten fünfeinhalb Kilometer bis zur Brücke in Ransby zurückgelegt.

Davor liegen am Ufer dicke Holzstämme für den Floßbau bereit. Der Holztransport auf dem Klarälven hat eine lange Tradition, denn schon im 17. Jahrhundert wurde der Fluss als Transportweg genutzt, um das in den weiter landeinwärts liegenden Waldgebieten geschlagene Holz zu den Häfen und den Industrieanlagen an der Küste zu bringen. Ihre Blütezeit erlebte die Flößerei im 19. Jahrhundert und der Klarälven war der letzte Fluss Schwedens, auf dem Flößerei betrieben wurde. Anfang der 1990er Jahre war es aber auch hier mit der gewerblichen Flößerei zu Ende. Inzwischen hat sich daraus eine beliebte Touristenattraktion entwickelt und eine Reihe von Tourenanbietern lockt die Kundschaft mit einem Urlaub im Tom Sawyer-Stil. Am Einstieg werden die Holzstämme zu einer schwimmenden Plattform zusammengebunden, dann kommt noch ein kleiner Wetterschutz darauf, und schon kann man sich von der Strömung gemächlich flussabwärts tragen lassen.

Wer sich die Beine vertreten möchte, kann vor der Brücke anlegen und einen kurzen Spaziergang zum Utmarksmuseum unternehmen, welches sich der Natur, Kultur und Geschichte der Region widmet. Besonders sehenswert ist die „Pilgrimstapeten". Bei dieser „Pilgertapete" handelt es sich um eine vierzig Meter lange Leinenstickerei, die in unterschiedlichen Szenen die Stationen des Pilgerwegs von Hammarö in Schweden bis Trondheim/Nidaros in Norwegen anschaulich darstellt. Für die Weiterfahrt stärken kann man sich im gemütlichen Museumscafé.

Die nächste Station auf dem Fluss ist der Ort Branäs, der sich durch den Skihang am rechten Ufer schon längere Zeit im Voraus ankündigt. Bränäsbärget ist eines der beliebtesten Skigebiete in Värmland, und vom 567 Meter hohen Gipfel bietet sich bei gutem Wetter und klarer Sicht ein einmaliger Blick auf das windungsreiche Flusstal des Klarälvens. Für den Weg hinauf ist jedoch eine gute Kondition erforderlich, denn der Wanderweg von Bränas hoch zum Gipfel ist sehr steil.

Bald hinter dem letzten Skihang zieht am gegenüberliegenden linken Ufer die Kirche von Dalby mit ihrem rund sechzig Meter hohen Holzturm vorüber. Zwei Flussbiegungen weiter findet sich links vor der Bogenbrücke in Likenäs eine gute Möglichkeit zum Anlanden, falls im etwa 800 Meter entfernten Supermarkt (über die Brücke nach links) eingekauft werden soll.

Knapp drei Kilometer hinter der Brücke bietet die große, in der Flussmitte gelegenen Insel Baggerud eine gute Möglichkeit zum Zeltaufschlagen, um den ersten Paddeltag ausklingen zu lassen.

Nun stehen knapp fünfzehn einsame Paddelkilometer an, bis sich wieder eine Straßenbrücke über den Fluss spannt. Dahinter bietet am rechten Ufer der Lagerplatz Mänäs mit kleinem Unterstand, Feuerstelle und Trockentoilette eine Möglichkeit zur Rast oder Übernachtung. Der Supermarkt in Ambjörby liegt allerdings einen zwei Kilometer langen Spaziergang entfernt.

Gut drei Kilometer flussabwärts liegt am linken Ufer der große Lagerplatz der Gemeinde Munkebol mit zahlreichen Unterständen, Grillhütte und Toilette, der kostenlos genutzt werden kann. Sogar zwei sprudelnde Wasserhähne für die Trinkwasserversorgung gibt es.

Anschließend geht es, abgesehen von der Straße am linken Ufer, einsam vorbei an schönen

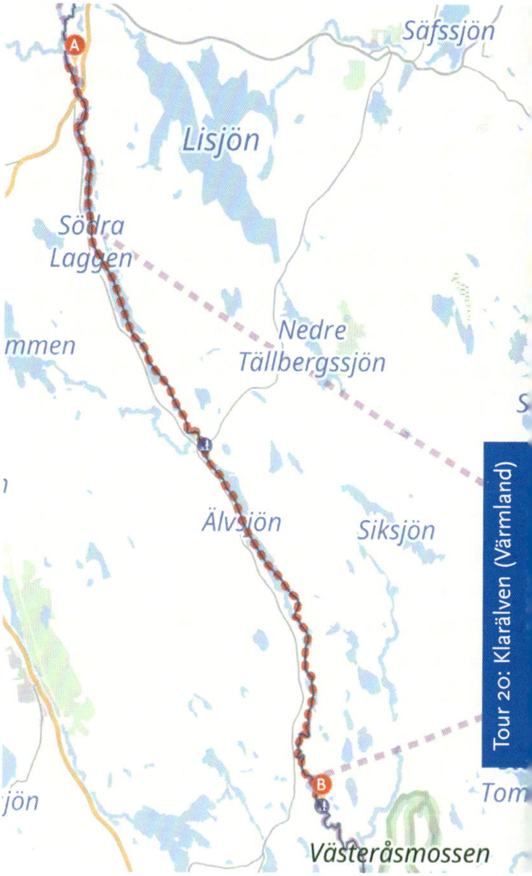

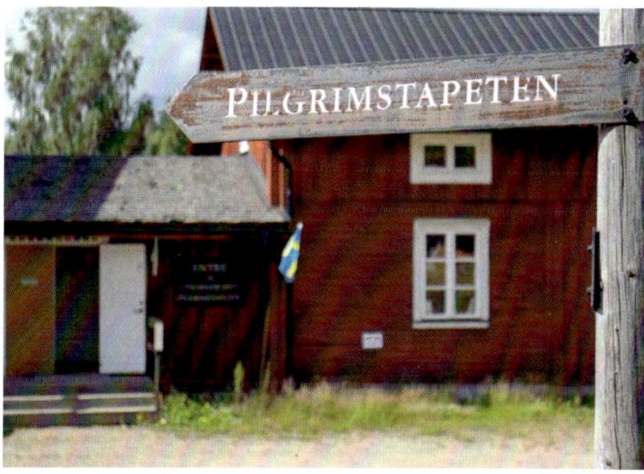

Hier gibt es einen 40 m langen Wandteppich zu bestaunen.

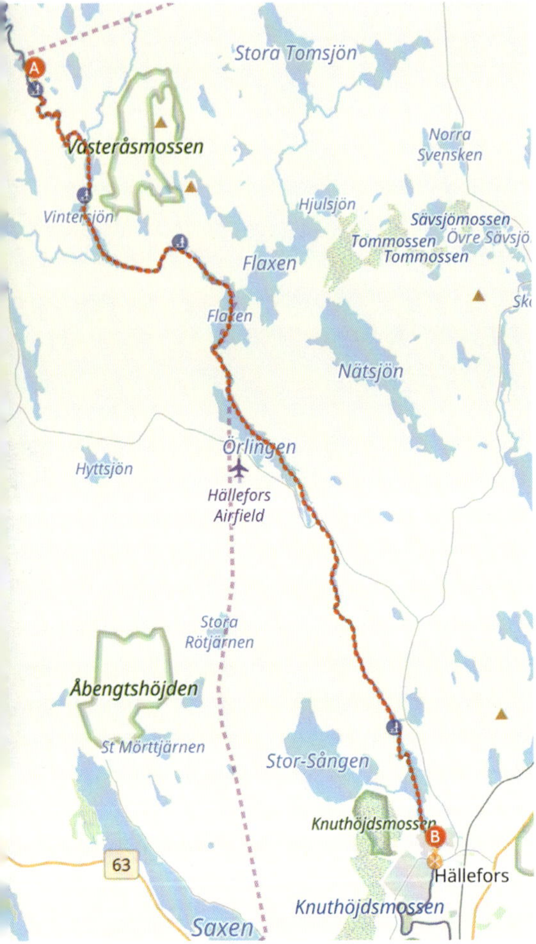

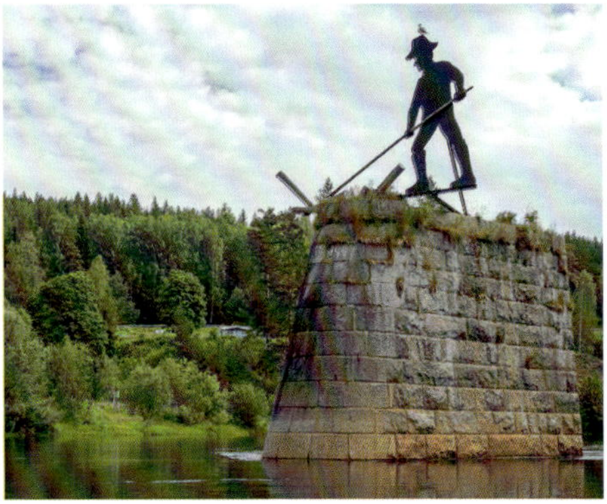

Die Flößerei auf dem Klarälven wurde 1991 aufgegeben.

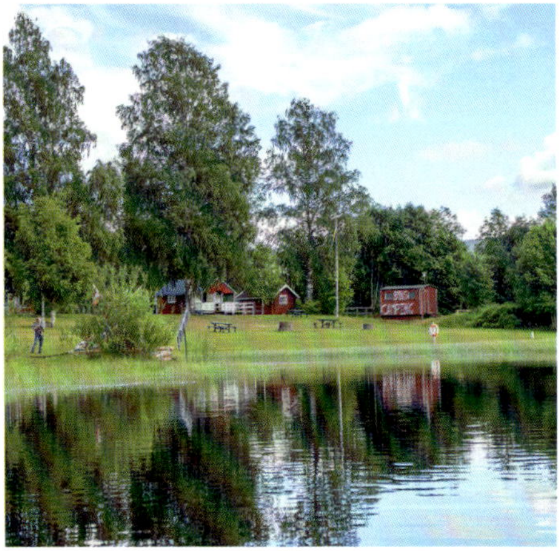

Byns Camping in Ekshärad

Sandbänken und -abbrüchen. Das nächste Zeugnis der Zivilisation, die Straßenbrücke zwischen Värnäs und Björby, ist aufgrund einer längeren geraden Passage schon weit im Voraus zu sehen. Etwa einen Kilometer davor liegt am linken Ufer der Varnäs-Camping direkt hinter der Brücke. Ebenfalls am linken Ufer ist Klarälvens Camping zu finden. Von dort sind es knapp 300 Meter bis zur Tankstelle mit kleinem Lebensmittelverkauf und Restaurant, an der Kreuzung der Straße 62 mit der E16 gelegen.

Drei Kilometer weiter ist die Fußgängerbrücke bei Osebol mit einem protzigen Holzhaus am rechten Ufer erreicht, und es dauert noch einmal rund sieben einsame Flusskilometer, bis am linken Ufer der weitläufige Björkebo-Camping mit einem Schild auf sich aufmerksam macht. Der Platz ist selbst dann einen Stopp wert, wenn hier nicht übernachtet werden soll, denn in dem kleinen Café werden auch hausgemachtes Brot und selbstgemachter Kuchen verkauft.

Vor der Brücke zwischen Åstrand und Fastnäs lädt am linken Ufer ein schöner Rastplatz mit Picknicktischen und -bänken zu einer Pause

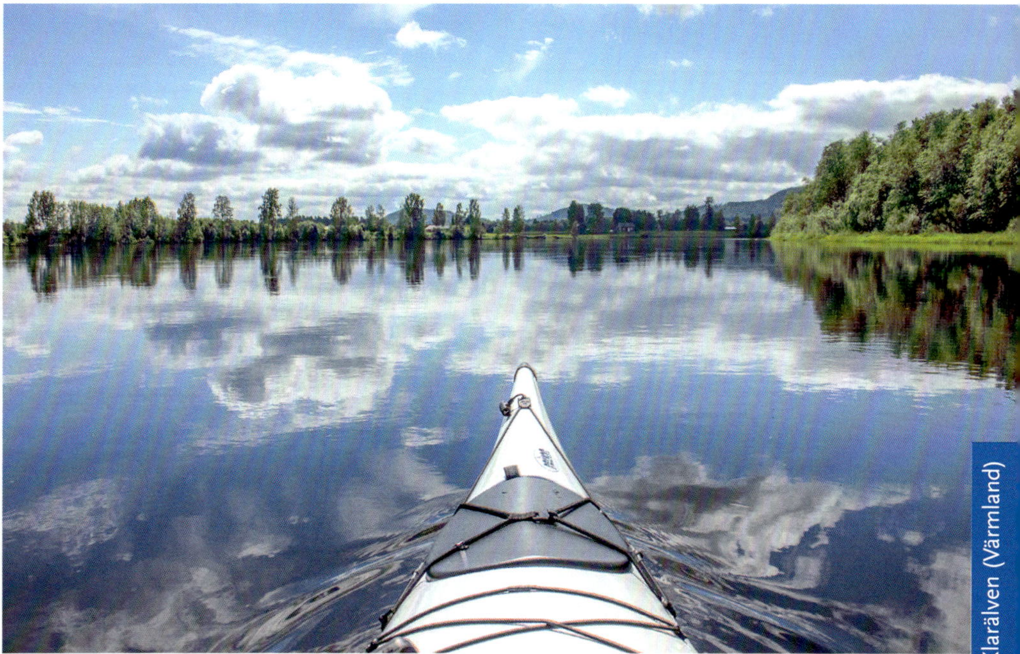

Gegen Ende der Tour rücken die Ufer weiter auseinander.

ein. Dahinter erinnert die Silhouette eines Flößers auf einem ehemaligen Brückenpfeiler an die einstige Bedeutung des Flusses. Hinter der nächsten Rechtskurve ist rechtsseitig der nächste Campingplatz erreicht.

Im weiteren Verlauf schlängelt sich der Klarälven, nun mit weniger hoch aufragenden Ufern, in eindrucksvollen Bögen durch eine Kulturlandschaft. Schließlich läutet die Straßenbrücke in Ekshärad das Tourenfinale ein und in der nächsten Bucht am linken Ufer kann man gut beim Campingplatz Byn anlegen. Von hier ist es nur ein kurzer Spaziergang zurück über die Brücke ins Zentrum von Ekshärad mit seiner schönen Holzkirche.

ADRESSEN UND INFOS

Beste Zeit

Juni bis September. Die maximale Tageslänge beträgt rund 19 Stunden zur Sommersonnenwende am 21. Juni.

Hindernisse

Keine. Bei Normalpegel ist die Tour auch für Anfänger und Familien gut geeignet. Bei Hochwasser ist durch die dann erhöhte Fließgeschwindigkeit entsprechend Vorsicht angebracht!

Unterkunft

Bei normalem Wasserstand finden sich im Sommer auf den Inseln gute Möglichkeiten zum Wildzelten. Zudem gibt es einige Unterstände mit Feuerstellen entlang der Strecke. Besonders komfortabel und schön ist der

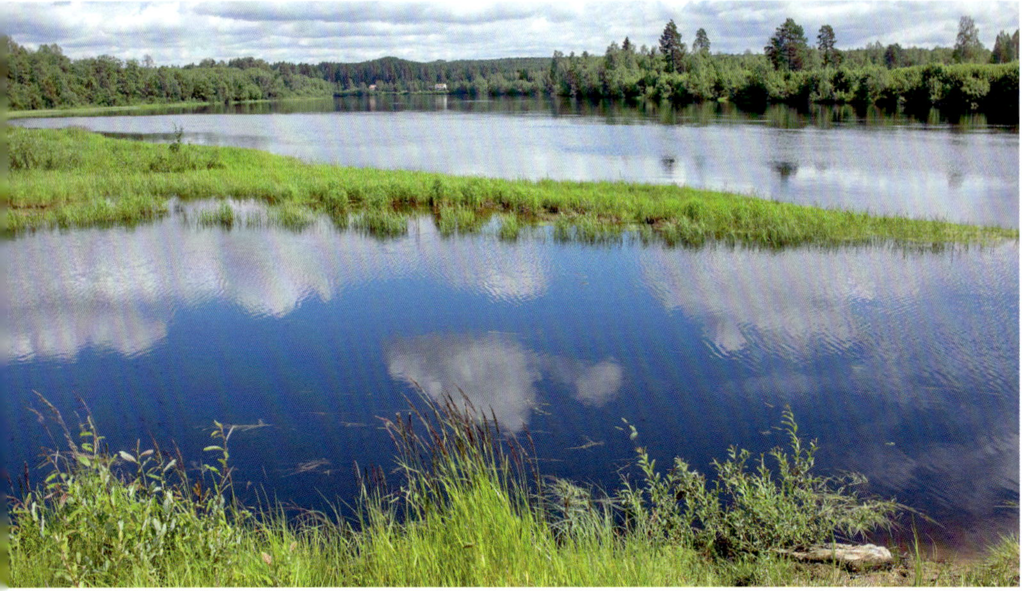

Immer wieder lädt die Flusslandschaft zum Träumen ein.

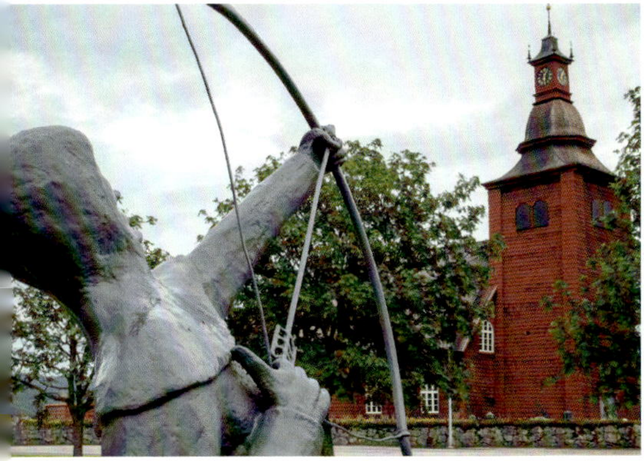

Holzkirche in Ekshärad

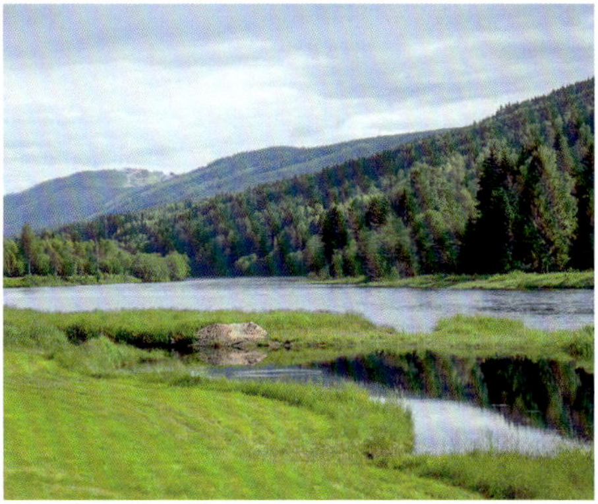

Blick über den Klarälven am Start in Sysslebäck

Lagerplatz bei Munkebol mit mehreren Unterständen und sogar einer Trinkwasserquelle. Reguläre Campingplätze in:

- Sysslebäck, *www.vildmarkscenter.com*
- Stöllet, *www.varnascamping.se*
  www.vildmark.se
  www.bjoerkebo-camping.com
- Fastnäs, *www.alevi-camping.com*
- Hara, *www.campingdjupdalen.se*
- Eckshärad, *www.bynscamping.eu*

Transfer zurück zum Einstieg

Mit dem Bus recht schnell und unkompliziert in knapp 80 Minuten mit einmal Umsteigen in Värnäs von Ekshärad nach Sysslebäck.
www.varmlandstrafik.se

Bootsverleih

- Sysslebäcks Stugby & Fiskecamping Badhusvägen 2, Tel. +46 564 10514
- Vildmark i Värmland, Tel. +46 560 14040 *www.vildmark.se*
- Klarälvdalen Kanot am Camping in Ekshärad, Tel. +46 76 8354939 *www.bynscamping.eu*

Einkaufsmöglichkeiten/Proviant

Supermärkte in Ufernähe in Likenäs, Ambjörby und Stöllet.

Sehenswertes

Wandteppich Pilgrimstapeten in Ransby, *www.utmark.se*, Holzkirche Norra Ny (1764) in Stöllet, Holzkirche (1786 – 1688) in Ekshärad und Wasserfall Brattfallet bei Ekshärad, Herrenhäuser Sahlströmsgården und Bovilgården in Torsby, *www.sahlstromsgarden.se* und *www.bovil.se*

Alternativen

Touren auf dem selbstgebauten Holzfloß, z. B. *www.vildmark.se*. Elchpark in Ekshärad, *www.moose-world.com*. Torsby Ski Tunnel (1,3 km lange, wetterunabhängige Ganzjahres-Loipe unter der Erde), *www.skidtunnel.se*. Wanderung auf den Gipfel des Brannäsberges mit tollem Blick über die Mäander des Klarälven, Radfahren auf dem Klarälvsleden (ca. 120 km von Sysslebäck nach Hagfors).

Auskunft

Torsby Turistbyrå, Kyrkogatan 5,
Tel. +46 70 2989768, *www.torsby.se*

Buchtipps/Karten

- Als Alternative zur fehlenden, passenden topografischen Karte (von der SverigeSerien Topo50 würden aufgrund des ungünstigen Blattschnitts gleich drei Blätter benötigt!) empfiehlt es sich, den entsprechenden Kartenbereich über den komfortablen und kostenlosen Service des Schwedisches Landesvermessungsamtes selbst auszudrucken: *https://kartutskrift.lantmateriet.se*
- Wandern in Värmland, Wanderführer mit Beschreibungen von insgesamt 22 Tagestouren (*www.onedaywalks.com*).

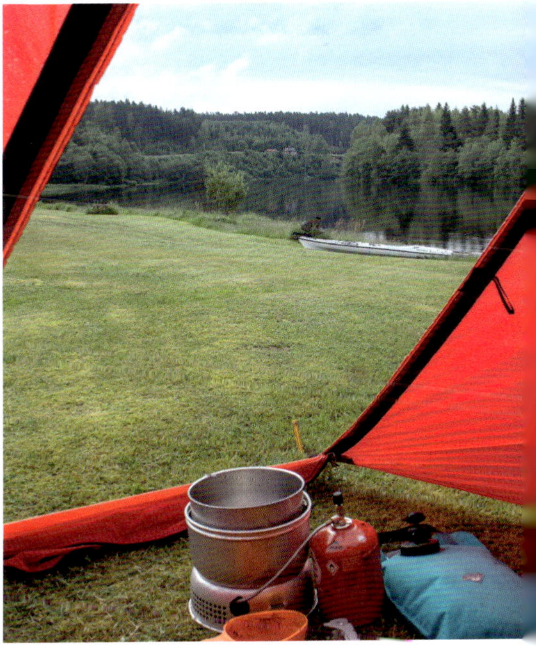

Auf dem Björkebo Camping warten tolle Stellplätze direkt am Fluss auf Wasserwanderer.